4

Logo!

Oliver Gray

Coursework section by Andy Green
Reading and Writing pages by Iain Mitchell
Grammar section by Trevor Stevens

Heinemann

Heinemann Educational Publishers
Halley Court, Jordan Hill, Oxford OX2 8EJ
Part of Harcourt Education

Heinemann is a registered trademark of
Harcourt Education Limited

First published 2001

05 06 10

A catalogue record for this book is available from the
British Library on request.

ISBN 0 435 36726 9

Produced by **AMR** Ltd

Original illustrations © Heinemann Educational
Publishers 2001

Illustrations by Art Construction, David Birdsall,
Josephine Blake, Belinda Evans, Tony Forbes,
Ann Johns, Andy Peters.

Cover photo provided by Arcaid (Richard Bryant).

Printed and bound in China by CTPS

Acknowledgements
The author and publishers would like to thank the
Knief Family and the Gray Family; Petra Becker and
the staff and students at the Johannes-Gutenberg-
Schule in Schwalbach for providing the photo
locations; Julie Green for commissioning and
developing the course; Judy Somerville and Sue
Smart for acting as consultants; Frances Reynolds for
editing the course; Sound Communication for the
audio production; Jana Kohl for the native speaker
check; Jackie Coe for project management.

Photographs were provided by:
Photos were provided by: **John Walmsley** (p10a,
p128, p154, p189); **Sally and Richard Greenhill**
(p10b, p152); **Helga Lade Fotoagentur** (p10c –
NDS, pp84 & 182, p195 – Willi Arand, p121 – Bav,
p193 – J. Henkelmann); **John Birdsall Photography**
(p10d, p34 on left, p201); **The Travel Library**
(p12h, p178 x 2 – Ch. Hermes); **Redferns** (p14 –
Mick Hutson, p126 on left – Nicky J. Sims); **Bubbles**
(p30 – Pauline Cutler, p133 – John Powell, p167 at
top – Peter Sylent); **Mike Spencer** (p52 on right);
Life File (p66 – Aubrey J. Slaughter, p69 – Jeff
Griffin); **Image Bank** (p87 – Marc Grimberg, p126 on
right – Larry J. Pierce, p163 – Steve Allen); **Julie
Green** (p180 x 2).

The author and publisher would like to thank
**Tourismus GmbH Todtnauer Ferienland,
Kurhausstr. 18. 79674 Todnauberg** for permission
to publish information and photographs from their
holiday brochure.

All other photographs were provided by **David Kyle**.
Photograph research: **Geri May**.

Every effort has been made to contact the copyright
holders of material reproduced in this book. Any
omissions will be rectified in subsequent printings if
notice is given to the publishers.

This book is dedicated to the memory of Margaret
Tumber.

Inhalt

1 Hallo! Ich bin's!

1 Wie schreibt man das?

Spelling and numbers

1 **Hör zu und beantworte die Fragen.**
Beispiel: 1 *Olaf*

1 Wie heißt Franks Vater?
2 Wie alt ist Franks Vater?
3 Wie heißt Franks Mutter?
4 Wie alt ist Franks Mutter?
5 Wie heißt Franks Tante?
6 Wie alt ist Franks Tante?

2 **Hör zu und wiederhole.**

Die Buchstaben

A (AH) B (BAY) C (TSAY) D (DAY) E (AY) F (EFF) G (GAY)

H (HA) I (EEE) J (YACHT) K (CAR) L (ELL) M (EM) N (EN)

O (OH) P (PAY) Q (COO) R (AIR) S (ESS) T (TAY) U (OOH)

V (FOW) W (VAY) X (IX) Y (OOPSILON) Z (TSETT) ß (ESS-TSETT)

Concentrate on the letters printed in brown. They are the ones you are most likely to find confusing.

3 **Hör zu! (1–6) Schreib die Tabelle ab und trag die Wörter ein.**

Wo wohnst du? — Viktoriastraße 31.

Stadt	Adresse	Postleitzahl
1 Marseille	–	–
2		–

4 **Partnerarbeit. Partner(in) A (▲) buchstabiert die Straße / die Stadt und nennt die Hausnummer / die Postleitzahl. Partner(in) B (●) schreibt die Informationen auf.**
Beispiel: 1 ● Wo wohnst du?
  ▲ Ich wohne in der Meyerstraße, M – E – Y – E – R – S – T – R – A – S – S – E, Nummer 35. Die Stadt heißt Bremen, B – R – E – M – E – N, und die Postleitzahl ist 28144.

1 Meyerstraße 35, 28144 Bremen
2 Turmstraße 12, 61476 Kronberg
3 Lindenallee 28, 60316 Frankfurt am Main
4 Viktoriastraße 36, 45920 Cloppenburg

5a **Hör zu und schreib die Zahlen auf.**
Beispiel: 1 5

5b **Schreib die Antworten auf.**
Beispiel: 1 *fünf*

6 Partnerarbeit. Macht Interviews mit der du-Form.

Beispiel: 1 ▲ Wie heißt du?   ● R – O – B – E – R – T.
● Ich heiße Robert.   ▲ Wie alt bist du?
▲ Wie schreibt man das?   ● Ich bin sechzehn.

The fact that German-speaking people have more than one way to say 'you' makes life complicated. *Du* is the 'familiar' way and *Sie* is the 'polite' way.

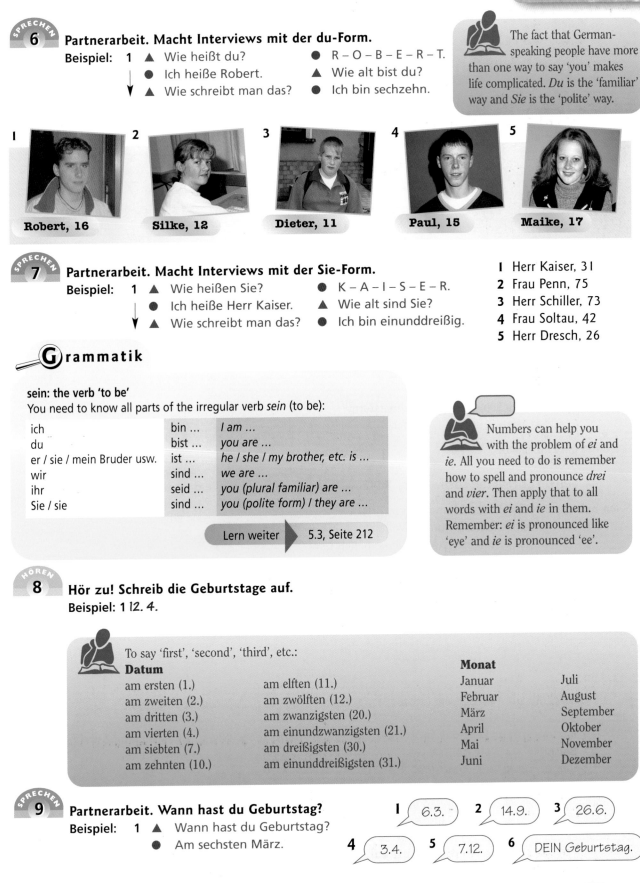

1 Robert, 16

2 Silke, 12

3 Dieter, 11

4 Paul, 15

5 Maike, 17

7 Partnerarbeit. Macht Interviews mit der Sie-Form.

Beispiel: 1 ▲ Wie heißen Sie?   ● K – A – I – S – E – R.
● Ich heiße Herr Kaiser.   ▲ Wie alt sind Sie?
▲ Wie schreibt man das?   ● Ich bin einunddreißig.

1 Herr Kaiser, 31
2 Frau Penn, 75
3 Herr Schiller, 73
4 Frau Soltau, 42
5 Herr Dresch, 26

Grammatik

sein: the verb 'to be'
You need to know all parts of the irregular verb *sein* (to be):

ich	bin ...	*I am ...*
du	bist ...	*you are ...*
er / sie / mein Bruder usw.	ist ...	*he / she / my brother, etc. is ...*
wir	sind ...	*we are ...*
ihr	seid ...	*you (plural familiar) are ...*
Sie / sie	sind ...	*you (polite form) / they are ...*

Lern weiter ▶ 5.3, Seite 212

Numbers can help you with the problem of *ei* and *ie*. All you need to do is remember how to spell and pronounce *drei* and *vier*. Then apply that to all words with *ei* and *ie* in them. Remember: *ei* is pronounced like 'eye' and *ie* is pronounced 'ee'.

8 Hör zu! Schreib die Geburtstage auf.

Beispiel: 1 l2. 4.

To say 'first', 'second', 'third', etc.:

Datum
am ersten (1.)   am elften (11.)
am zweiten (2.)   am zwölften (12.)
am dritten (3.)   am zwanzigsten (20.)
am vierten (4.)   am einundzwanzigsten (21.)
am siebten (7.)   am dreißigsten (30.)
am zehnten (10.) am einunddreißigsten (31.)

Monat
Januar   Juli
Februar August
März   September
April   Oktober
Mai   November
Juni   Dezember

9 Partnerarbeit. Wann hast du Geburtstag?

Beispiel: 1 ▲ Wann hast du Geburtstag?
● Am sechsten März.

1 6.3.   2 14.9.   3 26.6.
4 3.4.   5 7.12.   6 DEIN Geburtstag.

2 Das Familienspiel

Talking about families and pets

LESEN 1

Lies die Sätze. Wer ist wer?
Beispiel: 1 c

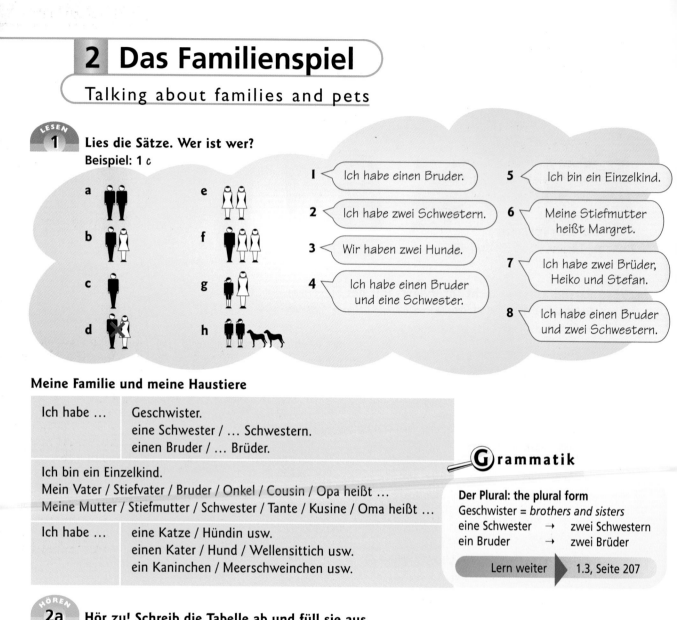

a   e

b   f

c   g

d   h

1 Ich habe einen Bruder.

2 Ich habe zwei Schwestern.

3 Wir haben zwei Hunde.

4 Ich habe einen Bruder und eine Schwester.

5 Ich bin ein Einzelkind.

6 Meine Stiefmutter heißt Margret.

7 Ich habe zwei Brüder, Heiko und Stefan.

8 Ich habe einen Bruder und zwei Schwestern.

Meine Familie und meine Haustiere

Ich habe …	Geschwister. eine Schwester / … Schwestern. einen Bruder / … Brüder.
Ich bin ein Einzelkind. Mein Vater / Stiefvater / Bruder / Onkel / Cousin / Opa heißt … Meine Mutter / Stiefmutter / Schwester / Tante / Kusine / Oma heißt …	
Ich habe …	eine Katze / Hündin usw. einen Kater / Hund / Wellensittich usw. ein Kaninchen / Meerschweinchen usw.

Grammatik

Der Plural: the plural form
Geschwister = brothers and sisters
eine Schwester   →   zwei Schwestern
ein Bruder   →   zwei Brüder

Lern weiter   1.3, Seite 207

HÖREN 2a

Hör zu! Schreib die Tabelle ab und füll sie aus.

	Wohnort	Geschwister	(Stief)Vater?	(Stief)Mutter?	Haustiere?
Anja	Woltmershausen	5 (3×B + 2×S)	Rolf, 40	Petra, 36	1 Katze
Peter					
Sylvia					

SPRECHEN 2b

Partnerarbeit. Lest das Interview vor. Macht dann Interviews mit Peter und Sylvia

Beispiel:
▲ Wie heißt du?
● Ich heiße Anja.
▲ Wo wohnst du?
● Ich wohne in Woltmershausen.
▲ Wie schreibt man das?
● W – O – L – T – M – E – R – S – H – A – U – S – E – N.
▲ Hast du Geschwister?

● Ja, ich habe drei Brüder und zwei Schwestern.
▲ Wie heißen deine Eltern?
● Mein Vater heißt Rolf und er ist vierzig. Meine Stiefmutter heißt Petra und sie ist sechsunddreißig.
▲ Habt ihr Haustiere?
● Ja, wir haben eine Katze.

Rückblick   Rückblick

 3 Welche Wörter passen in die Lücken?
Beispiel: 1 hast

1 ... du Geschwister?
2 Wir ... zwei Katzen.
3 Peter ... einen Bruder.
4 Ich ... keine Haustiere.
5 Wie viele Kaninchen ... ihr?
6 ... Sie Geschwister?
7 Jutta ... einen netten Stiefvater.
8 Herr und Frau Brinkmann ... keine Kinder.

G rammatik

haben: 'to have'

ich habe ...	I have ...
du hast ...	you have ...
er / sie / mein Bruder usw. hat ...	he / she / my brother, etc. has ...
wir haben ...	we have ...
ihr habt ...	you (familiar plural) have ...
Sie / sie haben ...	you (polite form) / they have ...

Lern weiter ▶ 5.3, Seite 212

 4 Lies die E-Mail und beantworte die Fragen (ganze Sätze, bitte!).
Beispiel: 1 Sie heißt Manja.

Von: kapuschke.manja@t-online.de An: sue.roberts@freeserve.co.uk Betrifft: Hallo!
Hallo Sue,
ich bin deine neue Brieffreundin. Ich heiße Manja und ich bin fünfzehn Jahre alt. Ich wohne in
Ültjen, in der Nähe von Kassel. Mein Vater heißt Dirk und er ist einundvierzig Jahre alt. Meine
Eltern sind geschieden*, aber ich habe eine nette Stiefmutter. Sie heißt Paula und sie ist
achtunddreißig. Meine Mutter heißt Ute und sie wohnt jetzt in München. Sie hat einen neuen Mann,
Erich. Ich habe zwei Geschwister. Mein älterer Bruder heißt Kevin. Er ist 21 und ist verheiratet**,
aber er und seine Frau haben keine Kinder. Meine jüngere Schwester heißt Stefanie und sie ist erst
drei Jahre alt. Stefanie und meine Mutter wohnen in München. Mein Geburtstag ist am ersten Oktober.
Wir haben keine Haustiere, weil wir in einer Wohnung leben und keinen Garten haben.
Bald komme ich nach England. Ich freue mich schon!
Alles Gute,
Manja

(*geschieden = *divorced;* ** verheiratet = *married*)

1 Wie heißt die Brieffreundin?
2 Wie alt ist sie? Sie ist ...
3 Wo wohnt sie? Sie ...
4 Wie heißt Manjas Vater? Er ...
5 Wie alt ist er?
6 Wie alt ist Manjas Stiefmutter?
7 Wo wohnt Manjas Mutter?
8 Wie heißt Manjas Bruder?
9 Wann ist Manjas Geburtstag?
10 Welche Haustiere hat Manja?

 5 Schreib eine E-Mail an Manja. (Nicht vergessen: Name, wie alt, wo du wohnst, Familie, Geburtstag.)

 **G rammatik**

Das Possessivum: possessive adjectives

	masculine	feminine	neuter
my:	mein Geburtstag	meine Mutter	mein Kaninchen
your:	dein Geburtstag	deine Mutter	dein Kaninchen
his:	sein Geburtstag	seine Mutter	sein Kaninchen
her:	ihr Geburtstag	ihre Mutter	ihr Kaninchen

Lern weiter ▶ 2.2, Seite 209

3 So sehe ich aus

Talking about appearance

Schau die Bilder an und lies die Sätze. Richtig oder falsch?
Beispiel: 1 *Richtig*

blond		schwarz		braun		rot	
grün	kurz	braun	kurz	blau	lang	grau	kurz

a   **b**   **c**   **d**

Udo   **Ulrike**   **Angela**   **Mike**

1 Mike hat graue Augen und kurze rote Haare.
2 Angela hat grüne Augen und blonde Haare.
3 Angela hat blaue Augen und kurze braune Haare.
4 Mike hat lange Haare.
5 Ulrike hat lange Haare.
6 Udo hat grüne Augen und blonde Haare.
7 Udo hat blaue Augen.
8 Ulrike hat braune Augen und kurze schwarze Haare.

HÖREN
2
Hör zu! Wer ist wer? Schreib Anke, Gitti, Barbara, Stefan, Alex oder Rolf.
Beispiel: *Anke 2*

1   **2**   **3**   **4**   **5**   **6**

Ich habe blaue Augen und lange graue Haare.

Mein Freund Meine Freundin Mein Bruder / Vater Meine Schwester / Mutter Peter / Paula Er / Sie	hat	braune Augen und kurze rote grüne Augen und schwarze graue Augen und blonde lange braune hellbraune dunkelbraune	Haare.
		eine Glatze. *(bald head)* einen Bart. *(beard)* einen Schnurrbart. *(moustache)*	

Remember to use 'qualifying' words like *sehr* (very) and *ziemlich* (quite). So, if a person's hair is very long, say *sehr lange Haare*. If they have fairly short hair, say *ziemlich kurze Haare*. For 'light brown', add *hell-* and for 'dark brown', add *dunkel-*: *hellbraun, dunkelbraun*.

3 **Schreib Sätze.**

Beispiel: 1 Karl hat blaue Augen und kurze schwarze Haare.

1 Karl / blau / kurz / schwarz
2 Tanja / grün / ziemlich lang / hellbraun
3 Elena / blau / sehr lang / blond
4 Paul / grün / kurz / dunkelbraun
5 Petra / braun / lang / blond
6 Martin / blau / sehr kurz / rot

Grammatik

Adjektive: adjective endings
An adjective which does not come immediately before the noun has no ending:
Meine Augen sind blau.
When an adjective and a noun come together, the adjective has an ending.
In this case (accusative = object plural), you add an -e:
Ich habe lange braune Haare.

Lern weiter ▶ 2.1, Seite 208

4 **Partnerarbeit. Schaut die Bilder an. Wer ist wer?**

Beispiel: 1 ▲ Sie hat lange blonde Haare und blaue Augen.
● Das ist Yesim.
▲ Richtig!

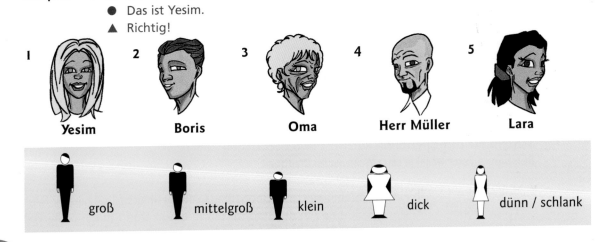

1 Yesim 2 Boris 3 Oma 4 Herr Müller 5 Lara

groß mittelgroß klein dick dünn / schlank

5 **Lies den Brief. Wer ist wer? Schreib Sonja, Freddi oder Bettina.**

Beispiel: 1 Sonja

Hallo, Emily!
Mein Name ist Sonja und ich bin deine neue Brieffreundin. Ich bin sehr groß und ziemlich schlank. Ich habe lange braune Haare und hellbraune Augen. Meine Mutter heißt Bettina. Sie ist mittelgroß und sehr schlank. Sie hat schwarze Haare und grüne Augen. Meine beste Freundin heißt Freddi. Sie ist klein und ziemlich dick. Sie hat blaue Augen und lange blonde Haare.
Tschüs,
Sonja

1 Sie ist nicht klein und nicht besonders dick.
2 Sie ist nicht sehr groß und absolut nicht dick.
3 Sie ist nicht groß und nicht schlank.
4 Ihre Augen sind nicht blau, nicht grün und nicht dunkelbraun.
5 Ihre Haare sind nicht braun und nicht blond.
6 Sie ist Emilys Brieffreundin.

You'll get better marks if you use *und* and *aber* to link short sentences to make longer ones:
Sonja ist groß. Sie ist schlank. → Sonja ist groß und schlank.

6 **Jetzt du.**

a **Beschreib dich! Nicht vergessen: deine Größe, deine Augen, deine Haare.**
Ich heiße ... Ich bin ...

b **Beschreib einen Freund / eine Freundin / einen Star / eine Person in deiner Familie.**
Er / Sie heißt / ist ...

4 Mein Zuhause

Describing where you live

1a Hör zu! Wo wohnen Peter, Sylvia, Ayse, Jürgen und Vanessa?
Schreib zwei Buchstaben für jede Person.
Beispiel: 1 Peter: b, g

a auf einem Bauernhof

b in einer Wohnung

c in einem Reihenhaus

d in einem Wohnblock

e in einem Bungalow

f auf dem Land

g am Stadtrand

h in einem Dorf

i in der Stadtmitte

1b Schreib die Informationen auf.

Beispiel: **1** Peter wohnt in einer Wohnung am Stadtrand.

Ich wohne	in einem Einfamilienhaus / Doppelhaus / Reihenhaus / Bungalow / Wohnblock.
Er / Sie wohnt	in einer Wohnung / in der Stadtmitte / in einem Dorf / in der Nähe von ...
Wir wohnen	*(near ...)* / auf einem Bauernhof / auf dem Land / am Stadtrand.

2a Ludo Kleinmann und Dieter Frost moderieren das Fernsehquiz „Wer wohnt hier?"
Hör zu und schreib auf, wo Ludo ist.
Beispiel: **1** im Wohnzimmer

(G)rammatik

Präpositionen (+ Dativ): prepositions with the dative
When you are describing where something is, using a preposition like *in, an, neben* or *auf*, remember to use the dative.

masculine (*der* words)	feminine (*die* words)	neuter (*das* words)
in dem	in der	in dem

in dem is normally shortened to *im*
an dem is normally shortened to *am*
Beispiele: am Stadtrand, im Wohnzimmer, in der Stadtmitte, in der Küche, neben dem Kühlschrank, auf dem Nachttisch

Lern weiter ▶ 6.2, Seite 221

2b Partnerarbeit. Macht Dialoge.
Beispiel:
▲ Wo bist du?
● Es gibt einen Herd.

▲ Bist du in der Küche?
● Ja!

 **rammatik**

Es gibt ...: 'there is / there are ...'

masculine (*der* words)	feminine (*die* words)	neuter (*das* words)
es gibt einen ...	eine ...	ein ...

If something else comes at the beginning of the sentence, turn *es gibt* around, so that the verb is the second item in the sentence: In der Küche **gibt es** einen Kühlschrank.

Lern weiter ▶ 5.9, Seite 214

Unser / Mein Haus Unsere / Meine Wohnung	hat	eine	Küche / Toilette (ein Klo) / Treppe.
		ein	Wohnzimmer / Esszimmer / Schlafzimmer.
		einen	Flur.
In der Küche	gibt es haben wir	eine	Badewanne / Dusche / Lampe / Spülmaschine / Waschmaschine / Heizung.
Im Wohnzimmer Badezimmer Esszimmer Flur		einen	Kühlschrank / Herd / Tisch / Stuhl / Sessel / Fernseher / Teppich.
		ein	Bett / Sofa.

 3 **Schreib Sätze.**

Beispiel: 1 Küche / Waschmaschine / Herd
> *Mein Haus hat eine Küche. In der Küche gibt es eine Waschmaschine und einen Herd.*

1 Küche / Waschmaschine / Herd
2 Wohnzimmer / Sessel / Fernseher

3 Badezimmer / Dusche / Badewanne
4 Schlafzimmer / Bett / Schrank

 4 **Lies den Text und beantworte die Fragen auf Deutsch.**

Beispiel: 1 *Es gibt (drei) Schlafzimmer.*

1 Wie viele Schlafzimmer gibt es?
2 Wo sind die Sessel?
3 Was gibt es in der Küche?
4 Was findet Olivia super?
5 Wo ist die Garage?
6 Hat Olivia einen Computer?

 **rammatik**

seit: 'for' in expressions of time
To say you have been doing something for a length of time, use *seit* and the present tense:
Ich wohne hier **seit** fünf Jahren.
Ich lerne Deutsch **seit** zwei Jahren.
Learn a couple of these for use in the Speaking Test or the Writing Test.

Lern weiter ▶ 6.4, Seite 222

Freitag, den 12. Juli

Endlich sind wir umgezogen und unser neues Haus ist echt super! Wir wohnen hier seit zwei Wochen. Wir haben drei Schlafzimmer und ein Wohnzimmer. Im Wohnzimmer gibt es einen Fernseher, ein Sofa und zwei Sessel. Die Küche ist ganz groß und dort gibt es einen Kühlschrank, einen Herd und eine Spülmaschine (das finde ich super!). Es gibt auch einen Flur und eine Garage neben dem Haus. Wir haben keinen Keller. Schade! In unserem alten Haus hatten wir einen Keller, wo wir Tischtennis gespielt haben. In meinem Schlafzimmer habe ich ein Bett (natürlich!), einen Tisch für meinen Computer und einen Kleiderschrank. Hier fühle ich mich sehr wohl, aber jetzt muss ich schlafen gehen.

 5 **Jetzt du. Beschreib dein Haus.**
Beginn: *Mein Haus ist super! Wir haben ...*

5 Mein Zimmer

Describing your bedroom

Vocabulary
Don't waste time looking up a word you don't need to look up. It could be a word made up of words you already know, like *Kleiderschrank* (clothes cupboard = wardrobe) or *Nachttisch* (night-table = bedside table). German has lots of words like this.

LESEN 1

Lies den Artikel und beantworte die Fragen auf Deutsch.
Beispiel: 1 (Die Wände sind) lila.

MEIN ZIMMER

Lena Liebchen von der Girl-Band „Die Supermädels" stellt uns ihr Schlafzimmer vor.

Hallo, Leute! Herzlich willkommen in meinem Schlafzimmer. Schaut mal, die Wände sind lila und die Gardinen sind rosa. Diese Farben finde ich super! Mein Teppich ist rot und mein Bett ist gelb. Ich mag bunte Farben! In meinem Zimmer gibt es einen großen Kleiderschrank und natürlich einen Toilettentisch, wo ich mein Make-up mache. Neben meinem Bett gibt es einen Nachttisch und auf dem Nachttisch steht eine Lampe. In der Ecke habe ich einen Fernseher. Ich sehe gern fern. Ich habe auch eine Stereoanlage, da spiele ich natürlich meine Supermädels-CDs! Ich habe einen Computer und ein Bücherregal. Ich habe auch viele Bücher. In meinem Schlafzimmer lese ich, sehe ich fern und höre ich Musik. Und natürlich schlafe ich hier! Tschüs, ich muss ins Bett.

1 Welche Farbe sind die Wände?	6 Wo sind Lenas Kleider? Im …
2 Welche Farbe sind die Gardinen?	7 Wo macht sie ihr Make-up?
3 Welche Farbe ist der Teppich?	8 Wo steht die Lampe?
4 Welche Farbe ist das Bett?	9 Wo ist der Fernseher?
5 Welche Farben findet Lena gut?	10 Was macht Lena gern?

Mein Schlafzimmer	ist	ziemlich klein / sehr groß / schön / bequem / nicht sehr ordentlich.
Die Wände Die Gardinen	sind	blau / gelb / grün / lila / rosa / rot / weiß / bunt.
Der Teppich	ist	

HÖREN 2

Hör zu und schau die Bilder an. Was gibt es in diesen Schlafzimmern?
Beispiel: 1 d, i

a   b   c   d   e   f   g   h   i   j

3 **Partnerarbeit. Beschreibt diese Schlafzimmer.**

Beispiel: **1** ▲ Wie ist Olafs Schlafzimmer?
● Es ist klein.
▲ Wie sind die Wände?
● Die Wände sind gelb.
▲ Wie sind die Gardinen?
● Die Gardinen sind blau.
▲ Wie ist der Teppich?
● Der Teppich ist rot.

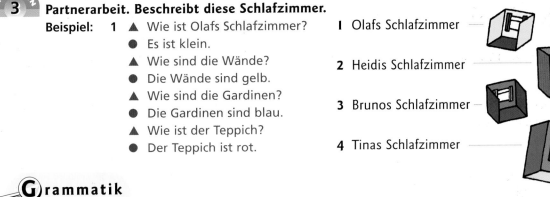

I Olafs Schlafzimmer

2 Heidis Schlafzimmer

3 Brunos Schlafzimmer

4 Tinas Schlafzimmer

Grammatik

in + Dativ: the dative after *in*
The dative form after prepositions is used with personal pronouns like this:
Masculine / neuter: in meinem / deinem / ihrem / seinem Schlafzimmer gibt es ...
Feminine: in meiner / deiner / ihrer / seiner Küche gibt es ...

 Lern weiter ▶ 6.3, Seite 221

In meinem Schlafzimmer	habe ich gibt es	einen	schönen Spiegel / modernen Nachttisch / gelben Teppich usw. Kleiderschrank / Schreibtisch / Wecker / Computer / Fernseher.
		eine	alte Kommode / kleine Stereoanlage / rote Lampe usw.
		ein	neues Bett / schönes Radio / grünes Regal usw.
		viele	Kleider / Kassetten.

4 **Vervollständige die Sätze.**

Beispiel: **1** *In meinem Zimmer gibt es einen modernen Fernseher.*

I In meinem Zimmer gibt es ein… modern… Fernseher.
2 Ich habe ein… braun… Schreibtisch.
3 In der Ecke gibt es ein… neu… Kommode.
4 Ich habe auch ein… sehr gut… Stereoanlage.
5 Auf dem Tisch gibt es ein… groß… Spiegel.
6 Neben dem Bett gibt es ein… klein… Wecker.

Grammatik

Adjektive: adjective endings
After *ich habe* ... or *es gibt* ..., you use the accusative form *(einen / eine / ein)* (or *keinen / keine / kein* if you want to say there isn't something). If there is an adjective (describing word), the endings are as follows:
Masculine (der words): Ich habe / Es gibt einen groß**en** Schrank.
Feminine (die words): Ich habe / Es gibt eine groß**e** Lampe.
Neuter (das words): Ich habe / Es gibt ein groß**es** Bett.

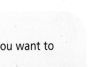 Lern weiter ▶ 2.1, Seite 208

5 **Schreib einen Artikel für eine Zeitschrift. Beschreib *dein* Schlafzimmer. Wie sind die Wände, die Gardinen und der Teppich? Was gibt es in dem Zimmer?**

6 Hausarbeit

Household tasks

1 Hör zu! Was machen Rikki, Imke, Tommy und Gabi?
Notiere die Buchstaben und dann schreib die Antworten auf.
Beispiel: 1 Rikki: g Ich bügle.

a — Ich wasche ab.
b — Ich trockne ab.
c — Ich sauge Staub.
d — Ich kaufe ein.
e — Ich räume mein Zimmer auf.
f — Ich decke den Tisch.
g — Ich bügle.

Was für Hausarbeit machst du?	
Ich	wasche (nicht) ab / trockne (nicht) ab / sauge (keinen) Staub / kaufe (nicht) ein / räume mein Zimmer (nicht) auf / decke den Tisch (nicht) / bügle (nicht).

Observe where exactly to put the nicht *if you don't do some of these things.*

2 Partnerarbeit.
Beispiel: 1 ▲ Was für Hausarbeit machst du?
● Ich trockne ab, ich wasche ab und ich decke den Tisch, aber ich bügle nicht und ich kaufe nicht ein.
▲ Du bist Nadja.

Be careful not to confuse *Hausarbeit* (housework) with *Hausaufgaben* (homework). They aren't the same at all!

Nadja	✔	✔	✔	✗	✗
Thomas	✔	✗	✗	✔	✔
Kati	✗	✗	✔	✔	✗
Hennes	✗	✔	✗	✔	✔

3 Partnerarbeit.
Beispiel: 1 ▲ Was für Hausarbeit macht dein Bruder?
● Er trocknet ab.
▲ Was macht er nicht?
● Er bügelt nicht.

4 **Lies Alis Tagebuch und beantworte die Fragen.**
Beispiel: 1 Nein

1 Mag Ali abtrocknen?
2 Mag er einkaufen?
3 Was hasst er?
4 Was mag Mutti?
5 Muss Ali Staub saugen?
6 Muss er einkaufen?
7 Was muss er denn machen?
8 Wie findet er das?

> Sonntag, 19. 11.
>
> Ich bin heute sehr sauer auf meine Eltern! Es ist unfair! Ich muss jeden Tag abwaschen, abtrocknen und Staub saugen. Es ist furchtbar. Mutti und Vati sitzen im Wohnzimmer und sehen fern, aber ich muss Hausarbeiten machen.
>
> Ich mag nicht gern abwaschen und ich hasse abtrocknen und Staub saugen. Ich muss auch den Tisch decken und bügeln. Ich mag gern einkaufen, aber Mutti mag auch gern einkaufen. Sie sagt, ich muss zu Hause bleiben und arbeiten. Das finde ich nicht in Ordnung.

(G)rammatik

Das Präsens: the present tense
When describing what someone else does, the verb ends with a -t, not an -e:

| Ich | sauge Staub / kaufe ein / räume auf / decke den Tisch. |
| Er / Sie / (name) | saugt Staub / kauft ein / räumt auf / deckt den Tisch. |

Watch out for these unusual forms:

| Ich | wasche ab / trockne ab / bügle. |
| Er / Sie / (name) | wäscht ab / trocknet ab / bügelt. |

> Lern weiter ▶ 5.2, Seite 211

Ich mag gern abwaschen / abtrocknen.
Ich mag nicht abtrocknen.
Ich hasse Staub saugen / einkaufen / aufräumen / Tisch decken / bügeln.
Abwaschen (usw.) finde ich furchtbar / schrecklich / okay usw.

(G)rammatik

Trennbare Verben: separable verbs
'Separable' verbs consist of two bits, like 'wash up' or 'tidy up'.
The 'separate' bit goes to the end of the sentence or phrase:
Ich räume mein Zimmer **auf**.
Ich trockne nicht oft **ab**.
If you use it in connection with another verb, the two bits stay together:
Ich hasse **abtrocknen**.
Ich mag nicht gern **einkaufen**.

> Lern weiter ▶ 5.4, Seite 212

5 **Partnerarbeit.**
Beispiel: 1 ▲ Was musst du machen?
● Ich muss abtrocknen.

1 ▲ Was musst du machen?
● Ich muss …
2 ▲ Was magst du?
● Ich mag …
3 ▲ Was hasst du?
● Ich hasse …

(G)rammatik

müssen: talking about what you have to do
Musst du abwaschen?
Ich muss abtrocknen.

> Lern weiter ▶ 5.6, Seite 213

6 **Schau Alis Tagebuch in Übung 4 an. Schreib einen Tagebuchausschnitt über die Hausarbeiten, die du machst.**
Schreib: Ich mag gern … / Ich muss … / Ich hasse …
Was für Hausarbeiten macht dein Vater / deine Mutter / dein Bruder / deine Schwester?

7 Guten Tag!

Meeting and greeting

1a **Hör zu, lies den Text und schreib die folgenden Sätze auf Deutsch.**
Beispiel: 1 *Komm herein.*

Susan Carter aus Bristol besucht ihre Brieffreundin Jessica in Hamburg.

Jessica:	Komm herein, Susan. Also, Mama, Papa, darf ich vorstellen? Das ist meine Freundin Susan aus England.
Susan:	Guten Tag, Frau Dresch, Guten Tag, Herr Dresch!
Frau Dresch:	Grüß Gott, Susan. Herzlich willkommen in Hamburg!
Herr Dresch:	Servus, Susan! Wie geht's?
Susan:	Danke, gut, und Ihnen?
Herr Dresch:	Auch gut. Setz dich bitte hin!
Frau Dresch:	Wie war die Reise?
Susan:	Nicht schlecht, aber ich bin ein bisschen müde.
Jessica:	Hast du Hunger?
Susan:	Nein, aber ich möchte etwas trinken.
Frau Dresch:	Gern! Eine Cola, vielleicht? Jessica, hol mal eine Cola aus dem Kühlschrank.

1 Come in.
2 Let me introduce …
3 Hello. *(Drei Formen!)*
4 Welcome.
5 How are you?
6 Sit down.
7 How was the journey?
8 Are you hungry?

> *Guten Tag* is the normal way to say 'hello'. You can also say *Guten Abend*, but not *Guten Nachmittag*. *Grüß Gott* is used in Southern Germany and Switzerland, and *Servus* is common in Austria and Switzerland.

1b **Wähle die richtige Antwort.**

1 Susan kommt aus England / Deutschland.
2 Susan geht es gut / schlecht.
3 Die Reise war schlecht / okay.
4 Susan ist nicht müde / müde.
5 Susan hat Hunger / Durst.
6 Susan wohnt in Hamburg / Bristol.
7 Susan ist jetzt in Hamburg / Bristol.
8 Jessica / Frau Dresch holt eine Cola.
9 Die Cola ist im Kühlschrank / Schrank.
10 In Norddeutschland sagt man Servus / Guten Tag.

> **You**
> To a friend or relation:
> Komm bitte herein!
> Setz dich bitte hin!
> Wie geht es dir?
> Danke gut, und dir?
>
> To an adult:
> Kommen Sie bitte herein!
> Setzen Sie sich bitte hin!
> Wie geht es Ihnen?
> Danke gut, und Ihnen?
>
> *Please come in!*
> *Please sit down!*
> *How are you?*
> *Fine thanks, and you?*
>
> You can solve the *Wie geht es Ihnen? / Wie geht es dir?* problem by just saying *Wie geht's?* This is fine no matter who you're talking to.
> If someone says *Wie geht's?* to you, respond *Danke, gut, und Ihnen?* (to an adult) or *Danke, gut, und dir?* to a friend or relation.
> If your teacher says *Wie geht's?* at the beginning of your Speaking Test, reply *Danke gut, und Ihnen?* It'll get your test off to a great start!

SPRECHEN

2a Partnerarbeit. Wählt die richtigen Sätze, um die Lücken auszufüllen.

▲ ...
● Danke schön.
▲ ...
● Danke. Wie geht's?
▲ ...
● Auch gut.
▲ Wie war die Reise?
● ...
▲ Hast du Hunger?
● ...

Nein, aber ich möchte etwas trinken.

Nicht schlecht, aber ich bin ein bisschen müde.

Setz dich bitte hin!

Danke, gut, und dir?

Komm herein!

SPRECHEN

2b Partnerarbeit. Wiederholt das Gespräch aus Übung 2a,
aber mit „Sie / Ihnen" statt „du / dich / dir".

HÖREN

3 Hör zu, lies den Text und schreib auf! Wie sagt man auf Deutsch ...?

1 Bye!
2 Come back soon!
3 Goodbye.

4 Thanks for your hospitality.
5 Don't mention it.
6 Have a good journey.

Herr Dresch:	Tschüs, Susan! Komm bald wieder!
Susan:	Auf Wiedersehen, Herr Dresch. Vielen Dank für Ihre Gastfreundschaft!
Frau Dresch:	Nichts zu danken, Susan.
Jessica:	Tschüs, Susan! Gute Reise!

SCHREIBEN

4 Wer sagt was? Schreib die Sätze auf.
Beispiel: 1 *Komm bitte herein!*

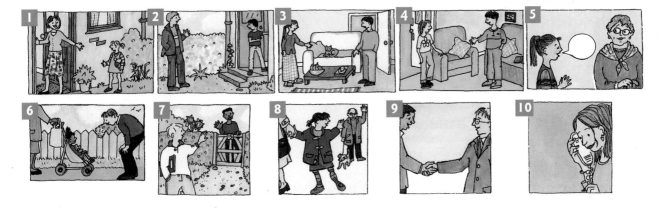

SPRECHEN

5 Partnerarbeit. Sprich mit deinem Partner / deiner Partnerin.
Benutze alle Ausdrücke aus Übung 1 und Übung 3.

Wörter

Die Zahlen
The numbers

eins (1)
zwei (2)
drei (3)
vier (4)
fünf (5)
sechs (6)
sieben (7)
acht (8)
neun (9)
zehn (10)
elf (11)
zwölf (12)
dreizehn (13)
vierzehn (14)
fünfzehn (15)
sechzehn (16)
siebzehn (17)
achtzehn (18)
neunzehn (19)
zwanzig (20)
einundzwanzig (21)
zweiundzwanzig (22)
dreiundzwanzig (23) …
dreißig (30)
vierzig (40)
fünfzig (50)
sechzig (60)
siebzig (70)
achtzig (80)
neunzig (90)
hundert (100)

Die Monate	**The months**
Januar	January
Februar	February
März	March
April	April
Mai	May
Juni	June
Juli	July
August	August
September	September
Oktober	October
November	November
Dezember	December
Wann hast du Geburtstag?	When is your birthday?
Mein Geburtstag ist am zwölften April	My birthday is on the 12th April.

Daten	**Dates**
am ersten	on the first
am zweiten	on the second
am dritten	on the third
am siebten	on the seventh
am zehnten	on the tenth
am zwölften	on the twelfth
am zwanzigsten	on the twentieth
am einundzwanzigsten	on the twenty-first
am dreißigsten	on the thirtieth
am zwanzigsten März	on 20th March
am achten Mai	on 8th May
am dreiundzwanzigsten September	on 23rd September

Ich	**Me**
Ich heiße Robert.	My name is Robert.
Mein Name ist Sonja.	My name is Sonja.
Wie schreibt man …?	How do you spell …?
Ich bin … Jahre alt.	I'm … years old.
Hast du eine große Familie?	Have you got a large family?
Ich habe (2) Geschwister.	I've got (2) brothers and sisters.
Mein Vater / Stiefvater / Bruder / Onkel / Cousin / Opa heißt …	My father / stepfather / brother / uncle / cousin / grandfather is called …
Meine Mutter / Stiefmutter / Schwester / Tante / Kusine / Oma ist (42).	My mother / stepmother / sister / aunt / cousin / grandmother is (42).
Wie alt sind Sie?	How old are you? (polite)
Ich bin sechzehn.	I am sixteen.
Wie alt bist du?	How old are you? (familiar)
Das ist mein Vater.	This is my father.

Familie und Haustiere	**Family and pets**
Ich habe einen Bruder.	I've got a brother.
Ich habe eine Schwester.	I've got a sister.
Ich habe zwei Schwestern.	I've got two sisters.
Ich habe zwei Brüder.	I've got two brothers.
Ich habe einen Bruder und eine Schwester.	I've got a brother and a sister.
Ich bin ein Einzelkind.	I'm an only child.
Ich habe eine Katze / Hündin.	I've got a cat / dog (female).
Ich habe einen Kater / Hund / Wellensittich.	I've got a cat / dog (male) / budgie.
Ich habe ein Kaninchen / Meerschweinchen.	I've got a rabbit / guinea-pig.
Ich habe … Katzen / Hunde / Wellensittiche / Kaninchen / Meerschweinchen.	I've got … cats / dogs / budgies / rabbits / guinea-pigs.

Aussehen	**Appearance**
Ich habe braune Augen und kurze rote Haare.	I've got brown eyes and short, red hair.
Ich habe grüne Augen und blonde Haare.	I've got green eyes and blond hair.
Ich habe blaue Augen und lange braune Haare.	I've got blue eyes and long, brown hair.
Ich habe braune Augen und kurze schwarze Haare.	I've got brown eyes and short, black hair.
Meine Augen sind blau.	My eyes are blue.
Meine Haare sind braun.	My hair is brown.
Ich habe einen Schnurrbart.	I've got a moustache.
eine Glatze.	I'm bald.
einen Bart.	I've got a beard.
sehr lange Haare.	I've got very long hair.
ziemlich kurze Haare.	I've got fairly short hair.
Sie hat lange blonde Haare und blaue Augen.	She's got blond hair and blue eyes.
Mein Freund hat …	My (male) friend has …
Meine Freundin hat …	My (female) friend has …
Mein Bruder / Vater hat …	My brother / father has …
Meine Schwester / Mutter hat …	My sister / mother has …
Peter / Paula hat …	Peter / Paula has …

Größe / Size

Ich bin groß.	*I'm tall.*
Ich bin klein.	*I'm short.*
Ich bin mittelgroß.	*I'm medium height.*
Ich bin dick.	*I'm fat.*
Ich bin dünn / schlank.	*I'm slim.*
Er / Sie ist …	*He / She is …*

Das Haus / The house

Ich wohne in einem Doppelhaus.	*I live in a semi-detached house.*
in einem Reihenhaus.	*in a terraced house.*
in einem Einfamilienhaus.	*in a detached house.*
in einem Bungalow.	*in a bungalow.*
in einem Wohnblock.	*in a tower block.*
in einem Dorf.	*in a village.*
in einer Wohnung.	*in a flat.*
auf einem Bauernhof.	*on a farm.*
in der Stadtmitte.	*in the town centre.*
auf dem Land.	*in the country.*
am Stadtrand.	*on the edge of town.*
in der Nähe von …	*near …*
Unser / Mein Haus hat eine Küche.	*Our / My house has got a kitchen.*
Unsere / Meine Wohnung hat eine Toilette.	*Our / My flat has got a toilet.*
ein Klo.	*a loo.*
eine Treppe.	*a staircase.*
ein Wohnzimmer.	*a living room.*
ein Esszimmer.	*a dining room.*
ein / zwei / drei Schlafzimmer.	*one / two / three bedrooms.*
einen Flur.	*a hallway.*

Die Möbel / The furniture

In der Küche gibt es einen Kühlschrank.	*In the kitchen there's a fridge.*
einen Herd.	*a cooker.*
eine Spülmaschine.	*a dishwasher.*
eine Waschmaschine.	*a washing machine.*
Im Wohnzimmer haben wir einen Sessel.	*In the living room we've got an easy chair.*
einen Fernseher.	*a TV.*
einen Teppich.	*a carpet.*
ein Sofa.	*a sofa.*
Im Badezimmer gibt es eine Badewanne.	*In the bathroom there's a bath.*
eine Dusche.	*a shower.*
Im Esszimmer gibt es einen Stuhl.	*In the dining room there's a chair.*
einen Tisch.	*a table.*

Mein Zimmer / My room

Mein Schlafzimmer ist ziemlich klein.	*My room is quite small.*
sehr groß.	*very big.*
schön.	*nice.*
bequem.	*comfortable.*
nicht sehr ordentlich.	*not very tidy.*
Die Wände sind blau.	*The walls are blue.*
Die Gardinen sind gelb.	*The curtains are yellow.*
Der Teppich ist grün.	*The carpet is green.*
lila.	*purple.*
rosa.	*pink.*
rot.	*red.*
weiß.	*white.*
bunt.	*colourful.*
In meinem Schlafzimmer habe ich einen schönen Spiegel.	*In my bedroom I've got a nice mirror.*
In meinem Schlafzimmer gibt es einen modernen Nachttisch.	*In my bedroom there is a modern bedside table.*
einen gelben Teppich.	*a yellow carpet.*
einen Kleiderschrank.	*a wardrobe.*
einen Schreibtisch.	*a desk.*
einen Wecker.	*an alarm clock.*
einen Computer.	*a computer.*
einen Fernseher.	*a TV.*
eine alte Kommode.	*an old chest of drawers.*
eine kleine Stereoanlage.	*a small stereo system.*
eine rote Lampe.	*a red lamp.*
ein neues Bett.	*a new bed.*

ein schönes Radio.	*a nice radio.*
viele Kleider.	*lots of clothes.*
viele Kassetten.	*lots of cassettes.*

Die Hausarbeit / Housework

Was für Hausarbeit machst du?	*What work do you do around the house?*
Ich wasche (nicht) ab.	*I (don't) wash up.*
trockne (nicht) ab.	*(don't) dry up.*
sauge (nicht) Staub.	*(don't) do the hoovering.*
kaufe (nicht) ein.	*(don't) go shopping.*
räume mein Zimmer (nicht) auf.	*(don't) tidy my room.*
decke den Tisch (nicht).	*(don't) lay the table.*
bügle (nicht).	*(don't) do the ironing.*
Er / Sie / (name) saugt Staub.	*He / She / (name) washes up.*
kauft ein.	*goes shopping.*
räumt auf.	*tidies up.*
deckt den Tisch.	*lays the table.*
wäscht ab.	*washes up.*
trocknet ab.	*dries up.*
bügelt.	*does the ironing.*
Ich mag gern abwaschen.	*I like washing up.*
Ich mag nicht abtrocknen.	*I don't like drying up.*
Ich hasse Staub saugen.	*I hate hoovering.*
einkaufen.	*shopping.*
aufräumen.	*tidying up.*
Tisch decken.	*laying the table.*
bügeln.	*ironing.*
Abwaschen finde ich furchtbar.	*I think drying up is awful.*
schrecklich.	*terrible.*
okay.	*okay.*
Musst du abwaschen?	*Do you have to wash up?*
Ich muss abtrocknen.	*I have to dry up.*

Vorstellungen / Introductions

Komm herein!	*Come in! (familiar)*
Kommen Sie herein!	*Come in ! (formal)*
Darf ich vorstellen?	*May I introduce …?*
Das ist Susan.	*This is Susan.*
Guten Tag!	*Hello!*
Grüß Gott!	*Hello! (south Germany.)*
Servus, Susan!	*Hello, Susan! (Switzerland)*
Herzlich willkommen!	*Welcome!*
Wie geht's?	*How are you?*
Wie geht es dir?	*How are you? (familiar)*
Wie geht es Ihnen?	*How are you? (formal)*
Danke gut, und dir?	*Fine, thanks, and you? (familiar)*
Danke, gut, und Ihnen?	*Fine, thanks, and you? (formal)*
Setz dich!	*Sit down. (familiar)*
Setzen Sie sich!	*Sit down. (formal)*
Auf Wiedersehen.	*Goodbye.*
Tschüs!	*'Bye!*
Vielen Dank für Ihre Gastfreundschaft!	*Thank you for your hospitality.*
Nichts zu danken.	*Don't mention it!*
Auf Wiederhören.	*Goodbye. (on telephone)*
Hast du Hunger?	*Are you hungry?*
Wie war die Reise?	*How was the journey?*
Gute Reise!	*Have a good journey.*
Komm bald wieder!	*Come again soon.*

2 Schulstress

1 Im Klassenzimmer

Communicating in the classroom

1 **Hör zu! Was passt zusammen?**
Beispiel: 1 e

a

b

c

d

e

f

g

2 **Verbinde die Satzteile und schreib sie auf.**
Beispiel: 1 *Kann ich bitte ein Heft haben?*

1	Kann ich bitte ein Heft	a	„stupid"?
2	Darf ich bitte auf Toilette	b	auf Englisch?
3	Wie schreibt man	c	„freckles"?
4	Wie sagt man „doof"	d	sprechen?
5	Kann ich bitte das Fenster	e	gehen?
6	Kann ich bitte Deutsch	f	haben?
7	Was bedeutet	g	aufmachen?
8	Ich	h	nicht.
9	Können Sie	i	weiß nicht.
10	Ich verstehe	j	die Frage wiederholen?

Grammatik

dürfen: to be allowed to
dürfen is a little more polite than *können* (like the difference between 'May I ...?' and 'Can I ...?'). Both verbs need an infinitive at the end of the sentence.
Kann ich bitte Englisch sprechen?
Darf ich auf Toilette gehen?

Lern weiter ▶ 5.6, Seite 213

Rückblick   Rückblick

3 Was fragst du?

1 You don't know what *Jugendherberge* means in English.
2 You want the teacher to repeat the question.
3 You don't understand something.
4 You want to know how to say 'computer' in German.
5 You don't know something.
6 You're so nervous, you need to go to the toilet!

4 Hör zu! Wer ist wer?
Beispiel: Maria 4

| Maria | Tim | Anton | Tanja | Elisabeth | Karin | Olaf | Birte |

1   2   3   4   5   6

ⓖrammatik

Der Imperativ: the imperative form
Because there are three ways to say 'you' in German, there are also three ways of telling people what to do!

informal (sing)	informal (pl)	formal (sing or pl)	
Hör zu!	Hört zu!	Hören Sie zu!	*Listen.*
Steh auf!	Steht auf!	Stehen Sie auf!	*Stand up.*
Setz dich hin!	Setzt euch hin!	Setzen Sie sich hin!	*Sit down.*
Komm hierher!	Kommt hierher!	Kommen Sie hierher!	*Come here.*
Gib mir …	Gebt mir …	Geben Sie mir …	*Give me …*
Zeig mir …	Zeigt mir …	Zeigen Sie mir …	*Show me …*
Sei ruhig!	Seid ruhig!	Seien Sie ruhig!	*Be quiet.*
Mach … zu!	Macht … zu!	Machen Sie … zu!	*Shut …*
Mach … auf!	Macht … auf!	Machen Sie … auf!	*Open …*

Lern weiter ▶ 5.12, Seite 215

5 Welche Wörter passen in die Sprechblasen?
Beispiel: 1 *Setzt euch hin!*

1   2   3   4   5

Rückblick **Rückblick**

2 Meine Schule

Describing your school

1 **Hör zu und lies den Text. Sind die Sätze unten richtig oder falsch?**
Beispiel: 1 *Falsch*

der Schulhof

der Informatikraum

die Turnhalle

Hallo! Herzlich willkommen in meiner Schule! Ich bin Dirk und meine Schule heißt die Otto-Hahn-Schule. Sie ist ein Gymnasium und liegt in Nürnberg. Ich besuche diese Schule seit zwei Jahren. Früher war ich an der Grundschule. Meine Schule ist ziemlich groß und ganz modern. Wir haben ungefähr neunhundert Schüler und Schülerinnen und sechzig Lehrer und Lehrerinnen. Wir haben viele Klassenzimmer, eine gute Bibliothek, eine große Aula, eine kleine Turnhalle, mehrere Labors und natürlich einen schönen Schulhof. Da spielen wir Fußball. Ich mag meine Schule sehr gern.

1 Die Otto-Hahn-Schule ist eine Realschule.
2 Es gibt ungefähr 900 Schüler und Schülerinnen.
3 Die Schule hat über siebzig Lehrer und Lehrerinnen.
4 Die Schule liegt in Nürnberg.

5 Auf dem Schulhof kann man Fußball spielen.
6 Die Turnhalle ist groß.
7 Die Aula ist auch groß.
8 Dirk geht nicht gern in die Schule.

2a **Korrigiere die falschen Antworten aus Übung 1 und schreib sie in ganzen Sätzen auf.**

2b **Partnerarbeit. Macht ein Interview mit Dirk über die Otto-Hahn-Schule.**

1 ▲ Wie heißt deine Schule?
 ● Meine Schule heißt ...
2 ▲ Was für eine Schule ist das?
 ● Das ist ...
3 ▲ Wo liegt sie?
 ● Sie liegt ...
4 ▲ Wie groß ist sie?
 ● Sie ...

5 ▲ Wie alt ist sie?
 ● Sie ...
6 ▲ Wie viele Schüler gibt es?
 ● Wir haben ...
7 ▲ Wie viele Lehrer gibt es?
 ● Es gibt ...
8 ▲ Beschreib die Schule!
 ● Es gibt ...

2c **Partnerarbeit. Macht jetzt mit den Fragen aus Übung 2b ein Interview über eure Schule.**
Beispiel: ▲ Wie heißt deine Schule?
 ● Meine Schule heißt die ... Schule.

Rückblick   Rückblick

Meine Schule heißt die … Schule.
Sie ist ein Gymnasium / eine Gesamtschule / eine Privatschule.
Sie ist sehr / ziemlich groß / klein / modern / alt.

Wir haben ungefähr … Es gibt / Wir haben …	… Schüler und Schülerinnen und … Lehrer und Lehrerinnen. … Klassenzimmer / eine Aula / Turnhalle / Bibliothek. einen Schulhof / Informatikraum. zwei / mehrere Labors.

Ⓖ Wiederholung

Adjektive (+ Akkusativ): adjectives with the accusative

	masculine	feminine	neuter	plural
Es gibt / Wir haben …	einen …en …	eine …e …	ein …es …	…e …

Lern weiter ▶ 2.1, Seite 208

3 Schreib die Sätze ab und füll die Lücken aus. Die Wörter stehen im Kästchen oben.

1 In meiner Schule gibt es ein… groß… Aula.
2 Wir haben auch ein… modern… Bibliothek.
3 Es gibt ein… schön… Schulhof.
4 Wir haben ein… gut… Turnhalle.

5 Es gibt auch ein… alt… Labor.
6 Wir haben nett… Lehrer.
7 Es gibt viele alt… Klassenzimmer.
8 Wir haben ein… modern… Informatikraum.

4 Partnerarbeit.

▲ Wie findest du die Schule?
● Ich finde die Schule …
▲ Wie findest du den Schuldirektor /
   die Schuldirektorin?
● Ich finde …
▲ Wie findest du die Lehrer?
● Ich …
▲ Wie findest du die Uniform?
● …
▲ Wie findest du die Hausaufgaben?
● …

Don't forget to use 'qualifying' words like *sehr* (very), *ziemlich / ganz* (quite) and *extrem* (extremely). What you say will then sound much more natural.

gut	super	toll	schlecht	streng	doof
		hässlich	furchtbar		

5 Jetzt du. Beschreib deine Schule.
Beginn: *Meine Schule heißt die …-Schule. …*

Imagine you've been asked to compile an advert for your school. Try word-processing the text and scanning in some photos. Remember to say **how long** you have been going to the school: *Ich besuche diese Schule seit … Jahren.*

Ich finde	die Schule die Uniform die Lehrer den Schuldirektor die Schuldirektorin	(sehr) interessant / gut / toll / super. (ziemlich) altmodisch. (ganz) doof / streng / nett.

Rückblick   Rückblick

3 Welche Fächer hast du?

Subjects and opinions

1 Hör zu! Schreib die Tabelle ab und füll die Lücken aus.

	1. Stunde	2. Stunde	3. Stunde
Felix			
Fatima			

Biologie   Deutsch   Englisch   Französisch   Mathematik

2a Schreib auf! Welche Stunde ist es? Um wie viel Uhr beginnt die Stunde?
Beispiel: **1** Das ist Französisch. Die Stunde beginnt um 9.20.

STUNDENPLAN

Zeit	Montag	Dienstag	Mittwoch	Donnerstag	Freitag
7.30-8.15	Mathe	Deutsch	Sport	Französisch	Englisch
8.20-9.05	Deutsch	Französisch	Englisch	Deutsch	Franz.
9.05-9.20	**Erste große Pause**				
9.20-10.10	Werken	Erdkunde	Franz.	Mathe	Erdkunde
10.15-11.00	Werken	Mathe	Erdkunde	Englisch	Geschichte
11.00-11.20	**Zweite große Pause**				
11.20-12.05	Biologie	Englisch	Geschichte	Sport	Deutsch
12.10-12.55	Biologie	Deutsch	Sport		

1 Mittwoch   **2** Donnerstag   **3** Montag   **4** Freitag

5 Dienstag   **6** Montag   **7** Donnerstag   **8** Freitag

> German students like to shorten some of the school subjects. They're more likely to say *Bio* than *Biologie*, and *Mathe* is more common than *Mathematik*.

Ich habe	DSP (darstellendes Spiel = *Drama*) / Informatik / Kunst / Musik / Naturwissenschaften (Physik, Chemie, Biologie) / Religion / Spanisch.

Meine / Deine erste / zweite / dritte / vierte / fünfte / sechste Stunde ist Chemie usw.
Ich lerne … seit … Jahren.

2b **Partnerarbeit. Schaut den Stundenplan aus Übung 2a an und stellt Fragen.**

Beispiel 1: ▲ Was hast du am Montag?
　　　　　　● Ich habe Mathe, dann Deutsch, dann …

Beispiel 2: ▲ Was ist am Mittwoch deine dritte Stunde?
　　　　　　● Ich habe Französisch. Und du? Was ist am Freitag deine vierte Stunde? usw.

Fertig? Arbeitet jetzt mit *eurem* Stundenplan.

Ich finde	Englisch Biologie	gut / super / schlecht / langweilig / interessant / schwer / einfach.

Ich hasse Französisch.
Ich liebe Kunst.
Mein Lieblingsfach ist …
Mein bestes Fach ist … usw.

3 **Lies den Brief. Du bist Kai. Schreib deine Antworten auf.**

Beispiel: 1　Warum findest du Englisch gut?
　　　　　　　Weil ich englische Popmusik mag.

I Warum findest du Englisch gut?
2 Warum findest du Deutsch langweilig?
3 Warum findest du Französisch gut?
4 Warum magst du Physik nicht?
5 Warum ist Sport dein Lieblingsfach?

> Hallo Robin,
> heute beginnt die Schule wieder. Das finde ich furchtbar! In der Schule lerne ich Englisch. Das finde ich interessant, weil ich englische Popmusik mag. Deutsch finde ich langweilig, weil der Lehrer doof ist, aber Französisch ist ganz gut, weil die Lehrerin nett ist. Physik, Chemie und Mathe mag ich nicht, weil sie schwer sind. Mein Lieblingsfach ist Sport, weil ich sehr sportlich bin. Sport haben wir morgen. Und du? Was lernst du in der Schule? Welche Fächer magst du und welche Fächer magst du nicht? Und warum?
> Gruß,
> Kai

4 **Partnerarbeit.**

Beispiel:　▲ Wie findest du Englisch?
　　　　　　● Ich finde Englisch gut.
　　　　　　▲ Warum?
　　　　　　● Weil die Lehrerin nett ist.

Es ist interessant. / Es ist leicht. / Ich bin sportlich. / Die Lehrerin ist nett. /
Ich bin gut. / Es ist langweilig. / Der Lehrer ist streng. / Ich bin nicht sehr gut.

Grammatik

weil: because
When giving a reason for something, use *weil* (because).
weil sends the verb to the end of the sentence:
Ich finde Mathe doof. Der Lehrer ist schlecht.
Ich finde Mathe doof, **weil** der Lehrer schlecht **ist**.

Lern weiter ▶ 7.5, Seite 224

Write a similar letter back to Kai. Include:
- what subjects you have (*Ich lerne …*)
- what you don't like (*… mag ich nicht*)
- what you hate (*Ich hasse …*)
- your favourite subject (*Mein Lieblingsfach ist …*)
- your best subject (*Mein bestes Fach ist …*).
- some opinions: *… finde ich super / interessant / schwer / langweilig* usw.
- some explanations (*weil …*)

5 **Jetzt du. Schreib einen Brief an Kai.**

Lieber Kai,
danke für deinen Brief. Du hast mich über meine Schule gefragt. …

4 Der Schultag

Talking about daily life at school

1

**Hör zu und beantworte die Fragen. Schreib „in England"
oder „in Deutschland".**
Beispiel: **1** *in England*

I Wo beginnt die Schule um 9 Uhr?
2 Wo gibt es 6 Stunden pro Tag?
3 Wo gibt es **keine** Vollversammlung?
4 Wo gibt es 8 Stunden pro Tag?
5 Wo beginnt die Schule um 7.45?
6 Wo gibt es eine Vollversammlung?
7 Wo dauert eine Stunde 45 Minuten?
8 Wo dauert eine Stunde 35 Minuten?

eine Stunde means an hour, but it also means
a lesson. So it's okay to say *eine Stunde dauert
35 Minuten* (a lesson lasts 35 minutes).

2

Lies den Text und beantworte die Fragen (ganze Sätze, bitte!).
Beispiel: **1** *Die erste große Pause ist um II Uhr.*

Hier in Bristol fahre ich mit dem Bus zur Schule. Der Bus ist nicht immer
pünktlich. Gestern hatte er zehn Minuten Verspätung! Es ist aber sehr
komisch! In der englischen Schule gibt es zwei große Pausen, die erste um
elf Uhr, und dann eine Mittagspause von Viertel vor eins bis Viertel vor zwei.
In der ersten Pause spreche ich mit meinen Freunden.
In Deutschland essen wir immer zu Hause, aber in England gibt es auch
Mittagessen in der Schule. Du kannst in der Kantine essen oder Butterbrote
mitbringen. Gestern habe ich eine „Cornish Pasty" gegessen. Schrecklich!
Jeden Tag gehen wir um vier Uhr nach Hause. In Deutschland gehe ich um
ein Uhr nach Hause. Der Schultag in England ist sehr lang!

I Wann ist die erste große Pause?
2 Wann ist die Mittagspause?
3 Wo isst man oft in England?

4 Wo isst man in Deutschland?
5 Wann ist die Schule in England aus?
6 Wann ist die Schule in Deutschland aus?

„Ich fahre mit dem
Bus in die Schule."

Grammatik

Wortfolge: word order
In German, the verb is always the second item in the sentence:
Ich **fahre** mit dem Bus in die Schule.
Am Montag **fahre** ich mit dem Bus in die Schule.

Lern weiter ▶ 7.2, Seite 223

3 Bau die Sätze um.

Beispiel: **1** *In Deutschland beginnt die Schule um acht Uhr.*

1 Die Schule beginnt um acht Uhr. (In Deutschland …)
2 Es gibt eine Mittagspause. (In England …)
3 Wir essen um ein Uhr. (In der Schule …)
4 Ich gehe nach Hause. (Um vier Uhr …)
5 Du kannst in der Kantine essen. (In England …)
6 Es gibt eine Vollversammlung. (Um neun Uhr …)

„Ich komme zu Fuß
zur Schule."

> Ich komme mit dem Bus / Auto / Rad / Zug zur Schule.
> Ich komme zu Fuß zur Schule.
> Die Schule beginnt um … Uhr.
> Es gibt … Stunden pro Tag.
> Eine Stunde dauert … Minuten.
> Die große Pause / Die Mittagspause ist um … Uhr.
> Die Schule ist um … Uhr aus.
> Ich fahre mit dem Bus / Auto / Rad / Zug nach Hause.
> Ich gehe zu Fuß nach Hause.

„Ich komme mit dem
Rad zur Schule."

4a Partnerarbeit.

1 ▲ Seit wann besuchst du die Schule?
  ● Ich besuche … (vier Jahren).

2 ▲ Wie kommst du zur Schule?
  ● Ich komme …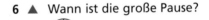

3 ▲ Wann beginnt die Schule?
  ● Die Schule beginnt …

4 ▲ Wie viele Stunden gibt es pro Tag?
  ● Es gibt … (sechs)

5 ▲ Wie lange dauert eine Stunde?
  ● Eine Stunde dauert … (40 Minuten)

6 ▲ Wann ist die große Pause?
  ●

7 ▲ Wann ist die Mittagspause?
  ●

8 ▲ Wann ist die Schule aus?
  ●

9 ▲ Wie kommst du nach Hause?
  ●

10 ▲ Was hast du gestern gelernt?
  ● Nicht viel!

**4b Partnerarbeit. Jetzt stellt und
beantwortet die Fragen für *eure* Schule.**

Question words			
Wann?	*When?*	Wie lange?	*How long?*
Was?	*What?*	Wie viele?	*How many?*
Wie?	*How?*		

**5 Schreib einen Artikel über deinen Schulalltag.
Beantworte alle Fragen in Übungen 2
und 4a.**

> Mein Schulalltag
> Ich komme mit dem Bus zur Schule.
> Die Schule beginnt um … (usw.)

Kursarbeit: Seite 176–177

5 Meinungen über die Schule

What you think about school

LESEN 1

**Welche Regeln gibt es in der Schule in Bristol?
Was schreibt Carolin? Schreib „ja" oder „nein".**
Beispiel: 1 Ja.

Liebe Mutti,

hier in Bristol ist es toll, aber die Schule ist komisch. Die Schüler müssen eine Uniform tragen! Die Mädchen müssen einen grauen Rock, eine dunkelblaue Jacke, eine weiße Bluse und einen Schlips tragen! Hosen sind verboten! Die Jungen müssen auch eine grüne Jacke, ein weißes Hemd, eine Krawatte und eine graue Hose tragen. Ich finde die Uniform doof, weil sie so hässlich ist. Was meinst du? Dann gibt es auch andere komische Regeln. In der Freistunde muss man in der Schule bleiben. Man darf nicht einkaufen gehen! Warum denn nicht? Das verstehe ich nicht. Man darf auch nicht Kaugummi kauen. Wenn der Lehrer dich kauen sieht, musst du den Kaugummi in den Papierkorb werfen. Man darf kein Handy und keinen Walkman mit in die Schule bringen, weil sie stören. Es ist furchtbar! Aber es gibt nicht so viele Klassenarbeiten wie in Deutschland. Das finde ich gut!

Liebe Grüße,
Carolin

1 Müssen die Mädchen einen Rock tragen?
2 Dürfen die Mädchen Hosen tragen?
3 Darf man ein Handy in die Schule mitbringen?
4 Darf man Walkman hören?
5 Muss man den Kaugummi wegwerfen?
6 Darf man in der Freistunde nach Hause gehen?
7 Müssen die Jungen einen Schlips tragen?
8 Gibt es so viele Klassenarbeiten wie in Deutschland?

Grammatik

Modale Verben: modal verbs

müssen	dürfen
ich muss	ich darf
du musst	du darfst
er / sie / es / (name) muss	er / sie / es / (name) darf
wir müssen	wir dürfen
ihr müsst	ihr dürft
sie / Sie müssen	sie / Sie dürfen

man darf nicht ...   *you aren't allowed to ...*
man muss nicht ...   *you don't have to ...*

Lern weiter ▶ 5.6, Seite 213

2a **Partnerarbeit.**

Beispiel: ▲ Was darf man machen?
● Man darf essen.
▲ Was darf man nicht machen?
● Man darf keinen Fußball spielen.

Schulgelände: Regeln

Erlaubt:	essen
	trinken
	Musik hören
	Karten spielen
Verboten:	Fußball spielen
	Ball werfen
	Abfall fallen lassen
	Rollschuh laufen

2b **Was darf man hier machen? Was darf man nicht machen? Schreib vier Sätze.**

Beispiel: 1 Man darf essen, aber man darf keinen Fußball spielen.

3a **Hör zu und beantworte die Fragen (kurze Antworten).**

Beispiel: 1 um 8 Uhr

1 Wann müssen Philip und Martin in der Schule sein?
2 Was muss der Lehrer machen, wenn ein Schüler zu spät kommt?
3 Was muss man in der Englischstunde machen?
4 Was müssen die Schuler in der Mathestunde machen?
5 Wohin muss man gehen, um zu essen?
6 Was muss Philip in der Sportstunde tragen?

3b **Schreib jetzt die Sätze auf.**

Beispiel: 1 Sie müssen um acht Uhr in der Schule sein.

4 **Partnerarbeit.**

Beispiel: 1 ▲ Darf man rauchen?
● Nein, man darf nicht rauchen.

1 ▲ darf / rauchen?
● ✗
2 ▲ muss / arbeiten?
● ✔
3 ▲ darf / Walkman hören?
● ✗
4 ▲ muss / Uniform tragen?
● ✔

„Man darf nicht springen."

5 **Regeln.**

• Welche Regeln gibt es in **deiner** Schule?
• Was muss man machen? Was darf man nicht machen?
• Wie findest du die Regeln? Gut oder schlecht?

6 Pläne

What to do after finishing your exams

LESEN 1 **Wer macht was nächstes Jahr? Schreib Dennis, Lars, Fiona oder Ines.**
Beispiel: 1 Ines

> Ich will nächstes Jahr auf die Oberschule gehen und Abitur machen.

> Ich will nicht Abitur machen. Ich werde die Schule verlassen und eine Lehre machen. Ich will arbeiten und Geld verdienen!

> Zuerst mache ich Urlaub in der Türkei, dann gehe ich in die Oberstufe und lerne für mein Abitur.

> Ich möchte mir einen Job suchen.

Dennis

Lars

Fiona

Ines

1 Wer möchte sich einen Job suchen?	4 Wer möchte auf die Oberschule gehen?
2 Wer fährt in die Türkei?	5 Wer will Urlaub machen?
3 Wer macht eine Lehre?	6 Wer möchte Geld haben?

HÖREN 2 **Hör zu! Was machen Marcel, Jan, Jasmin, Katharina und Florian? Schreib Sätze.**
Beispiel: 1 Marcel macht Abitur in der Oberstufe.

> verlässt die Schule

> macht Abitur auf der Oberschule

> macht eine Lehre

> geht arbeiten

> macht Abitur in der Oberstufe

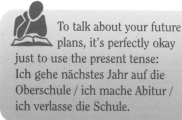 To talk about your future plans, it's perfectly okay just to use the present tense:
Ich gehe nächstes Jahr auf die Oberschule / ich mache Abitur / ich verlasse die Schule.

Abitur is the big exam you take before university, like A-Levels. The *Oberschule* is quite similar to a Sixth Form College. The *Oberstufe* is the Sixth Form of your school, if it has one. A *Lehre* is an apprenticeship or training scheme.

Was machst du nach den Prüfungen?
Ich verlasse die Schule / gehe auf die Oberschule / gehe in die Oberstufe / mache Abitur / mache eine Lehre / gehe arbeiten / mache Urlaub.

SPRECHEN 3a **Partnerarbeit.**
Beispiel: 1 ▲ Was machst du nach den Prüfungen?
● Ich mache eine Lehre.

1 ▲ Was machst du nach den Prüfungen?
● (Lehre)
2 ▲ Was machst du nach den Prüfungen?
● (Abitur)

3 ▲ Was machst du nach den Prüfungen?
● (Urlaub)
4 ▲ Was machst du nach den Prüfungen?
● (arbeiten)

3b Partnerarbeit.

Beispiel: 1 ▲ Was willst du nach den
Prüfungen machen?
● Ich will nach den
Prüfungen Urlaub machen.

1 ▲ Was willst du nach den Prüfungen
machen?
● (Urlaub)

2 ▲ Was willst du nächstes Jahr
machen?
● (Abitur)

3 ▲ Was willst du nach den
Sommerferien machen?
● (Lehre)

 3c Beantworte die Fragen (ganze Sätze,
bitte!).

Beispiel: 1 Was möchtest du nächstes Jahr
machen?
*Ich möchte nächstes Jahr eine Lehre
machen.*

1 Was möchtest du nächstes Jahr machen?
(Lehre)

2 Was möchtest du nach den
Prüfungen machen?
(arbeiten gehen)

3 Was möchtest du nach den
Sommerferien machen?
(in die Oberstufe)

 **G**rammatik

Das Futur: two more ways of expressing future intentions
Use the correct part of *wollen* or *möchten* with the infinitive at the
end.
Ich will … *(I want to …)* die Schule verlassen.
Ich möchte … *(I'd like to …)* auf die Oberschule gehen / in die
Oberstufe gehen / Abitur machen / eine Lehre machen / arbeiten
gehen / Urlaub machen.
You'll learn the **simple future** in Chapter 9.

Lern weiter ▶ 5.6, Seite 213

ich will	wir wollen
du willst	ihr wollt
er / sie / (name) will	sie / Sie wollen

ich möchte	wir möchten
du möchtest	ihr möchtet
er / sie / (name) möchte	sie / Sie möchten

 4 Lies den Artikel. Was sagen Elke, Frank, Roland, Birgit, Uli und Martha?

Beispiel: 1 *Elke sagt: Ich will die Schule verlassen und in Stuttgart eine Lehre machen.*

Und nun?

**„Karriere heute" macht Interviews mit Schülern aus
Frankfurt:**
Elke Engelhard findet die Schule nicht mehr interessant. Sie will
die Schule verlassen und in Stuttgart eine Lehre machen. **Frank
Klein** aber findet die Schule toll. Er geht in die Oberstufe und
macht Abitur. **Roland Gutovsky** ist mit der Schule fertig. Er will
nicht studieren. Er geht arbeiten, weil er Geld braucht. **Birgit
Kolkhorst** sagt, sie will nicht in Frankfurt bleiben. Sie möchte
nach Berlin fahren und dort die Oberschule besuchen. **Uli Groß**
hat sich entschieden, er möchte Abitur machen. **Martha Meyer**
möchte Urlaub machen und dann macht sie eine Lehre.

 5 Und du? Schreib auf:

• Was willst du nach den Prüfungen machen? *(Ich … / Ich will … / Ich möchte …)*
• Was möchte dein Freund / deine Freundin machen?
(Mein Freund Frank / Meine Freundin Vanessa möchte …)

7 Ausbildung

Education

1a **Lies den Artikel, verbinde die Satzteile und schreib die Sätze auf.**

Beispiel: 1 *Anke findet die Uniform doof.*

Schule in Europa

„Jugend heute" beschreibt die Unterschiede zwischen Schulen in der Europäischen Union. Diese Woche: Großbritannien.

Das Schulsystem in Großbritannien ist ganz anders als das System in Deutschland. Hier sind die wichtigsten Unterschiede.

Die Schuluniform

In Großbritannien müssen die meisten Schüler eine Uniform tragen. Warum denn? In deutschen Schulen tragen alle Schüler ganz normale Kleidung, zum Beispiel Jeans, Sweatshirts und Trainingsschuhe. Ist die Disziplin besser in britischen Schulen? Nicht immer! Aber viele Eltern finden es gut, weil die Uniform nicht sehr teuer ist.

Markenkleidung von Nike, Calvin Klein, Adidas usw. kostet viel Geld. Was sagen die Schüler dazu?

Paul Robertson, 15, aus Sheffield: „Ich finde meine Uniform okay. Ich muss eine Jacke mit Schlips tragen und auch eine graue Hose. Alle Schüler tragen die gleiche Kleidung, also kann man nicht sehen, welche Familien nicht so viel Geld haben."

Anke Kaminski 16, aus Ulm: „Was? Eine Schuluniform? Lächerlich! Ich trage, was ich will. Der Lehrer kann mir nicht sagen, welche Kleidung gut ist und welche nicht! "

1 Anke findet die Uniform	a	teuer.
2 Viele britische Eltern finden die Uniform	b	normale Kleidung.
3 Markenkleidung ist	c	nicht interessant.
4 Paul findet die Uniform	d	doof.
5 Deutsche Schüler tragen	e	okay.
6 Die meisten britischen Schüler tragen	f	gut.
7 Eine Uniform ist gut,	g	eine Uniform.
8 Die Lehrer in Deutschland finden die Kleidung der Schüler	h	wenn man nicht viel Geld hat.

1b **Lies den Artikel, schreib die Sätze ab und füll die Lücken aus. Schreib „britische Schüler" oder „deutsche Schüler".**

Beispiel: 1 *Britische Schüler machen ihre Hausaufgaben am Abend.*

Der Schultag

Der Schultag in Deutschland beginnt ganz früh, meistens um Viertel vor acht. Zwischen den Stunden gibt es immer eine Pause von fünf Minuten. Später gibt es auch eine „kleine Pause" von zehn Minuten und eine „große Pause" von zwanzig Minuten. Aber die Schule ist um ein Uhr aus und alle Schüler können nach Hause gehen und essen. Dann können sie am Nachmittag ihre Hausaufgaben machen.

In britischen Schulen ist es ganz anders. Die Schule beginnt meistens um neun Uhr und ist um halb vier aus. Die Schüler bleiben in der Mittagspause in der Schule und essen in der Kantine. Es gibt am Nachmittag Unterricht und die Schüler machen ihre Hausaufgaben am Abend. Wir haben zwei Schüler interviewt. **Harry** aus Cardiff sagt: „Es ist eine gute Idee, am Nachmittag zu Hause zu sein. Aber ich will nicht morgens um acht Uhr in der Schule sein. Ich schlafe gern!" **Ramona** aus Schwerin: „Was? Die Schüler sind am Nachmittag in der Schule? Nein! Wann machen sie denn ihre Hausaufgaben? Am Abend? Am Abend sehe ich fern!"

1 ... machen ihre Hausaufgaben am Abend.

2 ... sind am Nachmittag in der Schule.

3 ... schlafen lange.

4 ... müssen früh aufstehen.

5 ... machen ihre Hausaufgaben am Nachmittag.

6 ... essen zu Mittag in der Schule.

7 ... gehen um ein Uhr nach Hause.

8 ... haben viele kleine Pausen.

LESEN 1c Lies den Artikel und finde die deutschen Wörter im Text.

Beispiel: 1 *wiederholen*

Andere Unterschiede

- In Deutschland gibt es nicht viele Privatschulen, aber in England gibt es viele. Komisch – sie heißen „public schools", aber sie sind nicht „public", sie sind „private"! Typisch englisch!
- In Deutschland gibt es nur zwei Semester im Jahr, aber in Großbritannien gibt es drei „Terms" (Trimester).
- In deutschen Schulen gibt es viele Tests. Diese Tests heißen „Klassenarbeiten". Klassenarbeiten gibt es drei- oder viermal pro Semester. Der Lehrer korrigiert die Klassenarbeiten. Die Klassenarbeiten sind wichtig, weil man „sitzen bleiben" kann (*siehe unten*). In Großbritannien gibt es große Prüfungen. Sie heißen GCSEs und SATs.
- In deutschen Schulen kann man „sitzen bleiben". Wenn die Noten in den Klassenarbeiten sehr schlecht sind, muss man das Schuljahr wiederholen. Dieses System existiert in Großbritannien nicht.

1 to repeat	5 tests
2 stay down a class	6 strange
3 exam	7 term (three in a year)
4 marks	8 term (two in a year)

You have answered all these questions by looking in the text just for the bits of information you need. Do the same in the exam. Often the question asks about only one aspect, so don't waste time reading the whole text in detail. You need to scan the text to find the relevant information.

SCHREIBEN 2 Schreib einen Aufsatz über deine Meinungen über:

Schuluniform

- Beschreib deine Schuluniform (Ich trage ...)
- Ist eine Schuluniform eine gute Idee oder nicht?
  (Ich finde die Schuluniform ...)
  Oder:

Schule in Deutschland und in England

- Unterschiede zwischen deutschen und englischen Schulen
  (In Deutschland ...)
- Was bedeutet „sitzen bleiben"?

Your report in Germany is called a *Zeugnis*. You are marked on a 1–6 scale (1 is excellent and 6 is to be avoided).

These are ideal topics to prepare for an oral presentation. Make some notes about each of the bullet points above and say a little about your views on each area. Learn your presentation ready for the exam.

Wörter

Im Klassenzimmer

Darf ich bitte auf Toilette gehen?
Kann ich bitte das Fenster aufmachen?
Wie sagt man „...." auf Englisch?
Wie schreibt man „...."?
Kann ich bitte ein Heft haben?
Was bedeutet „...."?
Kann ich bitte Deutsch sprechen?
Hör zu! / Hört zu! / Hören Sie zu!
Steh auf! / Steht auf! / Stehen Sie auf!
Setz dich hin! / Setzt euch hin! / Setzen Sie sich hin!
Komm hierher! / Kommt hierher! / Kommen Sie hierher!
Gib mir ... / Gebt mir ... / Geben Sie mir ...!
Zeig mir ... / Zeigt mir ... / Zeigen Sie mir ...!
Sei ruhig! / Seid ruhig. / Seien Sie ruhig!
Mach ... zu! / Macht ... zu! / Machen Sie ... zu!
Mach ... auf! / Macht ... auf! / Machen Sie ... auf!

In the classroom

May I go to the toilet?
Can I open the window?
How do you say ... in English?
How do you write ...?
Please can I have an exercise book?
What does ... mean?
Please can I speak German?
Listen.
Stand up.
Sit down.
Come here.
Give me ...
Show me ...
Be quiet.
Shut ...
Open ...

Die Schulgebäuden

die Aula
die Bibliothek
das Klassenzimmer
das Labor
das Lehrerzimmer
die Turnhalle
der Schulhof
der Informatikraum

School buildings

school hall
library
classroom
science laboratory
staff room
gymnasium
school playground
IT room

Schultypen

das Gymnasium
die Gesamtschule
die Realschule
die Grundschule
die Hauptschule
die Privatschule
das Internat
Meine Schule heißt die ... Schule.
Sie ist ein Gymnasium.
  eine Gesamtschule.
  eine Privatschule.
Sie ist sehr / ziemlich groß / klein.
Sie ist sehr / ziemlich modern / alt.
Wir haben ungefähr ... Schüler und Schülerinnen und ...
  Lehrer und Lehrerinnen.
Es gibt / Wir haben ... Klassenzimmer.
  eine Aula / Turnhalle / Bibliothek.
  einen Schulhof / Informatikraum.
  zwei / mehrere Labors.

Types of school

grammar school
comprehensive school
secondary school, technology college
primary school
secondary school
private school
boarding school
My school is called ... School.
It's a grammar school.
  a comprehensive school.
  a private school.
It's very / quite big / small.
It's very / quite big / modern / old.
We've got about ... pupils and ... teachers.

There is / We've got ... classrooms.
  a school hall / gym / library.
  playground / IT room.
  two / several labs.

Meinungen über die Schule

Die Schule ist ...
Der Schuldirektor / Die Schuldirektorin ist ...
Die Lehrer sind ...
  gut / toll / nett / super.
Ich finde die Schule (sehr) interessant.
  die Uniform (ziemlich) altmodisch.
  die Lehrer (ganz) doof / streng.
  die Hausaufgaben (extrem) langweilig.
Ich besuche diese Schule seit ... Jahren.

Opinions about school

The school is ...
The head teacher is ...
The teachers are ...
  good / great / nice / super.
I think the school is (very) interesting.
  the uniform is (fairly) old-fashioned.
  the teachers are (quite) stupid / strict.
  the homework (extremely) boring.
I've been going to this school for ... years.

Schulfächer

Meine erste Stunde ist Chemie.
  zweite Stunde ist DSP (darstellendes Spiel).
  dritte Stunde ist Informatik.
  vierte Stunde ist Kunst.
  fünfte Stunde ist Musik.
  sechste Stunde sind die Naturwissenschaften.
Ich lerne ... seit ... Jahren.
Ich finde Englisch gut.
  Biologie super.

School subjects

My first lesson is chemistry.
  second lesson is drama.
  third lesson is IT.
  fourth lesson is art.
  fifth lesson is music.
  sixth lesson is science.
I've been learning ... for ... years.
I think English is good.
  biology is super.

Mathe schlecht.	*maths is bad.*
Physik langweilig.	*physics is boring.*
Religion interessant.	*RE is interesting.*
Spanisch schwer.	*Spanish is hard.*
Deutsch einfach.	*German is easy.*
Ich hasse Französisch.	*I hate French.*
Ich liebe Kunst.	*I love art.*
Mein Lieblingsfach ist …	*My favourite subject is …*
Mein bestes Fach ist …	*My best subject is …*
Ich finde Mathe doof, weil der Lehrer schlecht ist.	*I think maths is stupid because the teacher is bad.*
Ich finde Englisch gut, weil die Lehrerin nett ist.	*I think English is good because the teacher is nice.*

Schulalltag / School routine

Ich komme mit dem Bus zur Schule.	*I come to school by bus.*
mit dem Auto.	*by car.*
mit dem Rad.	*by bike.*
mit dem Zug.	*by train.*
zu Fuß.	*on foot.*
Die Schule beginnt um … Uhr.	*School begins at … o'clock.*
Es gibt … Stunden pro Tag.	*There are … lessons a day.*
Eine Stunde dauert … Minuten.	*A lesson lasts … minutes.*
Die große Pause ist um … Uhr.	*The main break is at … o'clock.*
Die Mittagspause ist um … Uhr.	*The lunch break is at … o'clock.*
Die Schule ist um … Uhr aus.	*School finishes at … o'clock.*
Ich gehe zu Fuß nach Hause.	*I go home on foot.*
Ich fahre mit dem Bus nach Hause.	*I go home by bus.*

Schulregeln / School rules

Die Mädchen müssen einen Rock tragen.	*The girls have to wear a skirt.*
Die Jungen müssen einen Schlips tragen.	*The boys have to wear a tie.*
Man darf keinen Kaugummi in die Schule mitbringen.	*You aren't allowed to bring chewing gum into school.*
Man darf keinen Walkman hören.	*You aren't allowed to listen to a walkman.*

Modalverben / Modal verbs

müssen	*to have to*
ich muss	*I must*
dürfen	*to be allowed to*
ich darf	*I am allowed to*
wollen	*to want to*
ich will	*I want to*
mögen	*to like*
ich möchte	*I would like to*

Pläne / Plans

Abitur	*A-Levels*
Oberschule	*Sixth Form College*
Oberstufe	*Sixth Form*
Lehre	*apprenticeship / training scheme*
Ich gehe nächstes Jahr auf die Oberschule.	*Next year, I'm going to Sixth Form College.*
Ich mache Abitur.	*I'll do my A-Levels.*
Ich verlasse die Schule.	*I'm leaving school.*
Ich gehe in die Oberstufe.	*I'm going into the Sixth Form.*
Ich mache eine Lehre.	*I'm doing an apprenticeship.*
Ich gehe arbeiten.	*I'm going out to work.*
Ich mache Urlaub.	*I'm going on holiday.*
Ich will die Schule verlassen.	*I want to leave school.*
Ich möchte auf die Oberschule gehen.	*I'd like to go to Sixth Form College.*
in die Oberstufe gehen.	*go into the Sixth Form.*
Abitur machen.	*do A-Levels.*
eine Lehre machen.	*do an apprenticeship.*
arbeiten gehen.	*go out to work.*
Urlaub machen.	*go on holiday.*

Ausbildung / Education

sitzen bleiben	*to stay down a class*
die Prüfung	*exam*
die Note	*mark*
die Klassenarbeit	*test*
das Zeugnis	*report*
das Trimester	*term (3 in a year)*
das Semester	*term (2 in a year)*

Speaking Tasks

Gespräch

At Higher Level, don't expect to be asked simple questions like *Wie heißt du?* and *Wie alt bist du?* The examiner will ask questions or give instructions which are 'open-ended', such as:

Beschreib … *(Describe …)*

Kannst du … beschreiben? *(Can you describe …?)*

Sag / Erzähl mir bitte etwas über … *(Tell me a little about …)*

It is then up to you to launch into as full an answer as you can, even if the question is a seemingly straightforward one, such as *Wo wohnst du?* So don't hold back, take control of the conversation and demonstrate what you can do.

In the conversation *(Gespräch)* sections, partner A asks the questions as if he or she is the examiner. It is really important to swap roles so that you both have a go at being the examiner and the candidate.

Rollenspiel

The hardest thing to prepare for is the 'unexpected' aspect to the Higher role-play. When practising using these speaking pages, take every opportunity to hinder your partner by saying that things are unavailable, too expensive or faulty, that trains are running late, entertainments have been cancelled, etc. Force your partner to react!

Watch out for the instruction *Erfinde …* This means 'Invent …' and indicates that you should just make up the answer. In this way, you can get practice in hearing responses that aren't on your card, just as you will in the exam.

⓵ Hallo! Ich bin's!

Gespräch 1

▲ Sag mir bitte etwas über dich.
● Sag:
  – wie du heißt und wie man das schreibt
  – wie alt du bist und wann du Geburtstag hast.

Gespräch 2

▲ Beschreib deine Familie.
● Sag:
  – wie viele Geschwister du hast
  – wie deine Geschwister und deine Eltern heißen
  – wie alt sie sind
  – welche Haustiere du hast
  – wie deine Eltern / Geschwister aussehen (Augen, Haare usw.).

Gespräch 3

▲ Kannst du dein Haus beschreiben?
● Sag:
  – welche Zimmer es in deinem Haus gibt
  – was es in den Zimmern gibt
  – wie du das Haus findest.

Gespräch 4

▲ Sag mir etwas über dein Zimmer.
● Sag:
  – ob du dein eigenes Zimmer hast
  – wie dein Schlafzimmer ist (Wände, Gardinen, Teppich usw.)
  – was du in deinem Schlafzimmer hast.

Gespräch 5

▲ Was für Hausarbeit machst du?
● Sag:
  – was du im Haushalt machst und was du nicht machst
  – was deine Geschwister machen
  – wie du die Hausarbeit findest.

Rollenspiel

You arrive at your German penfriend's house.

▲ Hallo!
▲ Danke schön.
▲ Danke, gut, und dir?
▲ Wie war die Reise?
▲ Bist du müde?

● (Ask your partner to come in.)
● (Ask your partner how he / she is.)
● ✗, ⬤═══════⬤
● ✗ (Explain a problem with the journey.)
● ✔,

2 Schulstress

Gespräch 1

▲ Beschreib deine Schule.
● Sag:
  – wie die Schule heißt
  – was für eine Schule sie ist
  – wo sie liegt
  – wie groß sie ist und wie alt sie ist
  – wie viele Schüler es gibt und wie viele Lehrer es gibt
  – welche Zimmer es gibt.

Gespräch 2

▲ Wie findest du die Schule?
● Sag:
  – wie du die Schule findest
  – wie du den Direktor / die Direktorin / die Lehrer findest
  – wie du die Uniform findest
  – wie du die Hausaufgaben findest.

Gespräch 3

▲ Welche Fächer hast du in der Schule?
● Sag:
  – welche Fächer du hast
  – was dein bestes Fach ist
  – was dein Lieblingsfach ist und warum
  – seit wann du es lernst
  – welches Fach du *nicht* magst und warum
  – was du nach den Prüfungen machen willst.

Gespräch 4

▲ Beschreib einen typischen Schultag.
● Sag:
  – wie du zur Schule kommst
  – wann die Schule beginnt
  – wie viele Stunden es pro Tag gibt
  – wie lange eine Stunde dauert
  – wann die Schule aus ist
  – wie du nach Hause kommst
  – was man in der Schule machen muss
  – was man in der Schule nicht machen darf
  – was du gestern alles in der Schule gemacht hast.

Rollenspiel

You are talking to your German exchange partner. Answer the questions he / she asks.

▲ Wie sieht deine Schuluniform aus?
▲ Findest du die Schuluniform eine gute Idee? Warum oder warum nicht?

▲ Wie ist ein normaler Schultag in Großbritannien?
▲ Wie sind die Prüfungen?

Vortrag

You can write up all the information about your family and your home and learn it for possible use as a presentation (*Vortrag*) in the Speaking Test. Record it as well. It should last about three minutes and include references to the past and the future, as well as some opinions. Do the same with the information about school.

3 Wir haben frei!

1 Hobbys

Talking about hobbies and interests

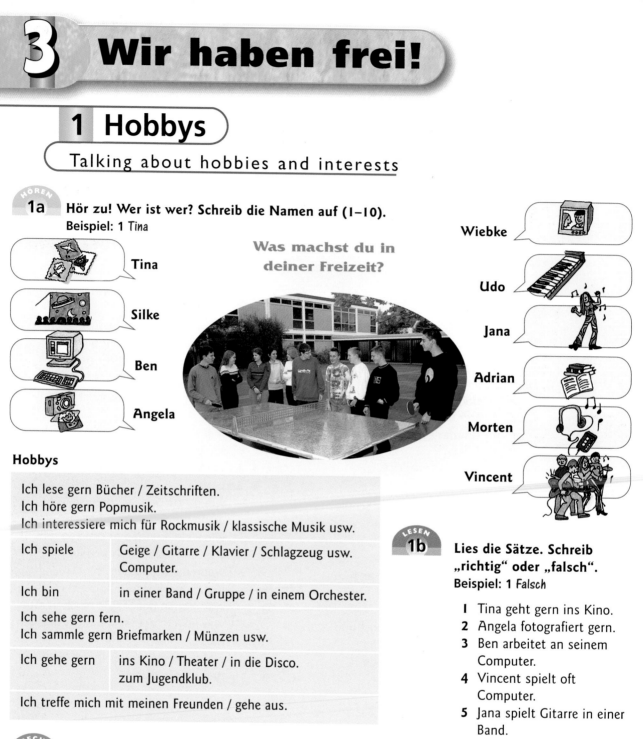

1a Hör zu! Wer ist wer? Schreib die Namen auf (1–10).
Beispiel: 1 Tina

Was machst du in deiner Freizeit?

Tina

Silke

Ben

Angela

Wiebke

Udo

Jana

Adrian

Morten

Vincent

Hobbys

Ich lese gern Bücher / Zeitschriften.
Ich höre gern Popmusik.
Ich interessiere mich für Rockmusik / klassische Musik usw.

Ich spiele	Geige / Gitarre / Klavier / Schlagzeug usw. Computer.
Ich bin	in einer Band / Gruppe / in einem Orchester.

Ich sehe gern fern.
Ich sammle gern Briefmarken / Münzen usw.

Ich gehe gern	ins Kino / Theater / in die Disco. zum Jugendklub.

Ich treffe mich mit meinen Freunden / gehe aus.

1b Lies die Sätze. Schreib „richtig" oder „falsch".
Beispiel: 1 Falsch

1 Tina geht gern ins Kino.
2 Angela fotografiert gern.
3 Ben arbeitet an seinem Computer.
4 Vincent spielt oft Computer.
5 Jana spielt Gitarre in einer Band.
6 Udo sieht gern fern.
7 Silke macht gern Fotos von ihrer Familie.
8 Adrian spielt gern Klavier.
9 Morten mag Musik, aber keine klassische Musik.
10 Wiebke hört gern Musik, meistens Rockmusik.

2 Gruppenarbeit. Was sind deine Hobbys? Was machst du in deiner Freizeit?
Stell Fragen und notiere die Antworten. (James mag / spielt / hört ... usw.)
Beispiel:
▲ Was machst du in deiner Freizeit?
● Meine Hobbys? Also ... Ich höre gern Popmusik und ich treffe mich mit meinen Freunden, aber ich gehe **nicht** gern ins Theater und ich lese **nicht** gern.

Rückblick   Rückblick

Grammatik

Das Präsens: the present tense

gehen, *hören* and *spielen* are verbs which are 'regular' in the present tense.

lesen, *sehen* and *treffen* are 'irregular' in the present tense. For more information on irregular verbs, see the verb tables on pages 226–7.

Lern weiter ▶ 5.2, Seite 211

Grammatik

gern: like

The word *gern* shows that you **like** doing something. Put it after the verb:

Ich schwimme **gern**.

Ich gehe **gern** ins Kino.

If you don't like doing something, just put *nicht gern*:

Ich schwimme **nicht gern**. Ich gehe **nicht gern** ins Kino.

Lern weiter ▶ 5.11, Seite 215

When using verb tables like those on pages 226–7, remember that if a person's name is used, you need to use the *er / sie* (singular) form:

Harry liest „Bravo". Er liest nicht Shakespeare.

If two or more names are used, use the *sie* (plural) form:

Martha und Uli gehen ins Kino. Sie gehen nicht ins Theater.

3 Beantworte Vanessas Brief.

> Hallo Mike, / Hallo Lucy,
> du fragst mich über meine Hobbys. Also, ich höre gern Popmusik und ich spiele oft mit meinem Computer. Ich spiele jeden Tag Klavier und ich sehe gern fern. Gestern, zum Beispiel, habe ich Fußball geguckt, aber es war langweilig. Mein Bruder Dirk liest gern und meine Schwester Veronica sammelt Bierdeckel. Was für ein dummes Hobby!
> Ich gehe nicht gern in die Disco, weil ich laute Musik furchtbar finde. Und du? Spielst du ein Instrument? Was machst du in deiner Freizeit? Was machst du nicht gern? Und was machen deine Geschwister?
> Schreib mir bald!
> Herzliche Grüße,
> Vanessa

> Hallo, Vanessa!
> Du fragst nach meinen Hobbys.
> Also, ich .....
> Herzliche Grüße,
> .....

In the letter, include as much information as you possibly can about your hobbies, interests and sporting activities, plus your opinions about them. Then learn it all, so you have plenty of information for your exam if this topic crops up in the Speaking or Writing Test.

Rückblick   Rückblick

2 Wir sehen fern

Talking about viewing and listening habits

1 **Hör zu und beantworte die Fragen.**
Beispiel: 1 „Liebe im Krankenhaus"

Serie

Quiz-Show

Krimi

Nachrichten

Tip 1: There's a 'false friend' here. *Das Programm* is the list of things available to watch. *Eine Sendung* is what we would call a 'programme', i.e. an individual show.
Tip 2: Another common word for *die Nachrichten* (news) is *die Tagesschau*.
Tip 3: The speakers often say *gucken*. This is a very frequently used verb meaning 'to watch'. For some reason, the *g* is pronounced *k*.

„Wer wird Millionär?"   ein Schauspieler

„Tatort"   „Liebe im Krankenhaus"

die Nachrichten   ein Krimi

eine Serie   eine Quizsendung

1 Was will Gabi sehen?	5 Was will Mutti sehen?
2 Was ist das?	6 Was ist das?
3 Was will Hans sehen?	7 Wer ist Ulrich Meyer?
4 Was ist das?	8 Was will Vati sehen?

Ich sehe gern / sehe nicht gern …	
Das ist	ein Krimi / Film.
	eine Serie / Musiksendung / Sportsendung.

Das sind die Nachrichten.
Meine Lieblingssendung heißt … / ist …
Ich finde Krimis toll / Serien interessant / Filme langweilig / Musiksendungen doof.

2 **Partnerarbeit.**
Beispiel: 1 ▲ Was für Sendungen siehst du gern?
● Ich sehe gern Krimis.
▲ Hast du eine Lieblingssendung?
● Ja, meine Lieblingssendung heißt „The Bill".

▲ Wie findest du Serien?
● Gut.
▲ Warum denn?
● Weil sie interessant sind.

1 Krimis / „The Bill" / Serien / gut / interessant
2 Musiksendungen / „Chart Show" / Sportsendungen / schlecht / langweilig
3 Serien / „Eastenders" / die Nachrichten / furchtbar / doof
4 Sportsendungen / „Die Sportschau" / Talkshows / uninteressant / blöd

Rückblick   Rückblick

3 Lies die Sätze. Wie heißt die Sendung? Wann beginnt sie?

Beispiel: **1** *Die Sendung heißt „Top Pop". Sie beginnt um 21 Uhr.*

1. Programm	2. Programm	RTL
18.00 Sportschau *Hockey aus Bonn*	„Susi" *Talkshow*	Fawlty Towers *Komödie*
19.00 Gesundheit! *Dokumentarfilm*	Tiger Tiger *Tierfilm*	Einsatz in Afrika *Film*
20.00 Tagesschau *Die Nachrichten*	Tatort *Krimi mit Ulrich Meyer*	Wer wird Millionär? *Quizsendung*
21.00 Liebe im Krankenhaus *Neue Serie*	Little Sister *Show*	Top Pop *Musik*

1 Die besten Bands aus Europa und den USA spielen ihre Hits.

2 Herr Doktor Müller verliebt sich in die hübsche neue Krankenschwester.

3 Heute Abend kann jemand sehr viel Geld gewinnen!

4 „Mein Mann liebt eine andere Frau": Studiodiskussion.

5 Polizeichef Max Klinke auf der Suche nach einem Massenmörder.

6 Chaos in einem britischen Hotel.

4 Schreib die Sätze ab und füll die Lücken aus.

Beispiel: **1** *„Tatort" ist ein spannender Krimi.*

1 „Tatort" ist ein… spannend… Krimi.

2 „Tiger Tiger" ist ein… schön…
Sendung.

3 „Wer wird Millionär?" ist ein…
neu… Quiz.

4 „Susi" ist ein… blöd… Talkshow.

5 „Liebe im Krankenhaus" ist ein…
langweilig… Serie.

Quiz (*n*)   Krimi (*m*)   Show (*f*)
Serie (*f*)   Sendung (*f*)

G **Wiederholung**

Adjektive (+ Nominativ): adjectives (+ nominative)
Whenever an adjective comes before a noun, it must have
an ending:

Masculine: Der Krimi ist spannend. Das ist ein spannend**er**
Krimi.

Feminine: Die Sendung ist toll. Das ist ein**e** toll**e** Sendung.

Neuter: Das Programm ist schlecht. Das ist ein
schlecht**es** Programm.

Lern weiter ▶ 2.1, Seite 208

5 Was siehst du gern im Fernsehen? Schreib einen Artikel über die Sendungen,
die du magst und die Sendungen, die du nicht gut findest.

Beispiel:

Ich sehe gern „Top of the Pops". Das ist eine tolle
Musiksendung. Ich sehe nicht gern „Neighbours". Das ist
eine langweilige Serie. Meine Lieblingssendung ist „Wheel
of Fortune". Das ist eine gute Quizsendung. Ich finde
Quizsendungen toll, aber ich sehe nicht gern Talkshows. Ich
finde Talkshows doof.

Rückblick **Rückblick**

3 Was hast du gemacht?

Talking about activities in the past

1 Lies den Artikel aus „Jugend heute". Wer hat was gemacht?
Beantworte die Fragen (ganze Sätze, bitte!).
Beispiel: 1 Timo hat einen Film gesehen.

Das Wochenende ist da!

Endlich ist das Wochenende da! Aber was machen junge Leute, wenn die Schule aus ist? JUGEND HEUTE fragt: Was habt ihr am Wochenende gemacht?

Timo: Also, am Freitagabend war ich sehr müde. Ich habe um 6 Uhr Abendbrot gegessen und dann habe ich ferngesehen. Ich habe „Big Brother" gesehen, das war ganz lustig. Ich bin sehr früh ins Bett gegangen, um zehn Uhr. Am Sonnabend war ich nicht mehr kaputt! Ich bin in die Stadt gegangen und habe eingekauft. Am Nachmittag habe ich mit meinen Freunden Fußball gespielt und am Abend bin ich ins Kino gegangen. Der Film war okay. Sonntag war ein fauler Tag! Ich habe gelesen und Hausaufgaben gemacht.

Linda: Am Freitag bin ich mit meinen Freunden zum Jugendklub gegangen. Da haben wir Tischtennis gespielt und getanzt. Das war okay. Am Samstag sind wir nach Hamburg gefahren und sind ins Konzert gegangen: Sven Väth, ein Techno-DJ. Das war echt toll! Am Sonntag sind wir im Park spazieren gegangen. Das war ein bisschen langweilig.

JUGEND HEUTE hat auch mit **Werner** gesprochen. Am Freitag ist er zu Hause geblieben und hat Musik gehört und Computer gespielt. Am Samstag ist er in die Stadt gegangen und danach ist er mit seiner Familie in ein italienisches Restaurant gegangen. Sie haben alle Spaghetti gegessen. Am Sonntag ist er bis Mittag im Bett geblieben!

1 Wer hat einen Film gesehen?
2 Wer hat einen Techno-DJ gesehen?
3 Wer hat eine Show im Fernsehen gesehen?
4 Wer hat italienisch gegessen?

5 Wer hat Schularbeiten gemacht?
6 Wer hat lange geschlafen?
7 Wer ist zum Jugendklub gegangen?
8 Wer ist nach Hamburg gefahren?

Grammatik

Das Perfekt: the perfect tense
The correct present part of *haben* plus the past participle at the end:
Ich **habe ferngesehen.**
Du **hast** Musik **gehört.**
Er / Sie / (*name*) **hat** Hausaufgaben **gemacht.**
Wir **haben** Spaghetti **gegessen.**
Ihr **habt getanzt.**
Sie **haben** Tischtennis / Computer / Fußball **gespielt.**

With verbs of 'motion' (plus *bleiben*), use the correct present part of *sein* plus the past participle at the end:
Ich **bin** ins Kino / in die Disco **gegangen.**
Du **bist** in die Stadt **gegangen.**
Er / Sie / (*name*) **ist** ins Bett **gegangen.**
Wir **sind** zu einer Party **gegangen.**
Ihr **seid** nach ... **gefahren.**
Sie **sind** im Bett **geblieben.**

Lern weiter ▶ 5.19, 5.20 Seite 218

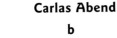

2a Hör zu und bring die Bilder in die richtige Reihenfolge.
Beispiel: 1 *e*

Carlas Abend

a   b   c   d   e   f   g   h

2b Partnerarbeit. Macht ein Interview mit Carla.
Beispiel: 1 ▲ Was hast du gestern gemacht?
      ● Ich bin um zwei Uhr nach Hause gekommen.
      ▲ Was hast du dann gemacht?
      ● Ich habe … usw.

Ich habe Wir haben	am Wochenende (Pizza) gegessen. am Samstag (Schuhe) gekauft. gestern (einen Film) gesehen. am Abend Karten (usw.) gespielt.	
Ich bin Wir sind	in die Stadt ins Kino ins Restaurant	gegangen.
	nach (Hamburg)	gefahren.
	gewandert.	

2c Schreib die Geschichte in der richtigen Reihenfolge auf.

Da hat sie eine Bratwurst gegessen und viel Bier getrunken. / Carla ist um zwei Uhr nach Hause gekommen. / Um Mitternacht war sie müde. / Sie hat mit Freunden getanzt. / Von vier bis fünf hat sie Hausaufgaben gemacht. / Sie ist nach Hause gegangen und ist ins Bett gegangen. / Am Abend ist sie zu einer Party gegangen. / Dann hat sie ferngesehen.

3 Interview.
Beispiel: 1 ▲ Was hast du am Freitag gemacht?
      ● Am Freitag habe ich Karten gespielt.

1 ▲ Was hast du am Freitag gemacht?

   ● Am Freitag … …. …. …

2 ▲ Was hast du am Abend gemacht?

   ● Am Abend … … …

3 ▲ Was hast du am Samstag gemacht?

   ● Am Samstag … … … … …

4 ▲ Was hast du am Sonntag gemacht?

   ● Am Sonntag … … … … …

> Remember that the verb (in this case, the 'auxiliary' verb *haben* or *sein*) must come as the **second** item in the sentence:
> Ich **habe** gestern ferngesehen.
> Gestern **habe** ich ferngesehen.
> Wir **sind** letztes Jahr nach Italien gefahren.
> Letztes Jahr **sind** wir nach Italien gefahren.
> In other words, after a time expression, the verb is 'inverted'.

4 Jetzt du. Was hast du am Wochenende gemacht? Wohin bist du gefahren?
Beginn: Am Freitagabend …
Benutze auch die er/sie-Form: Meine Freundin hat … / ist …

> Write your Friday evening and weekend description. When you have had your work corrected, redraft it and learn it by heart.

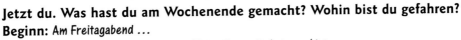

4 Sport

Describing your sporting activities

HÖREN

1a **Hör zu! Wer macht was?**

Beispiel: Jan: h, ... , ...

1 Jan: ...

2 Vanessa: ...

3 Mehmet: ...

a   c   e   g

b   d   f   h

Ich treibe gern Sport.

Ich spiele	manchmal Badminton (Federball) / jeden Tag Basketball / oft Fußball. am Wochenende Squash. / am Abend Tennis. / am Samstag Tischtennis. einmal / zweimal in der Woche Volleyball.

Ich gehe gern angeln.
Ich mag Kegeln / Radfahren / Reiten / Schwimmen / Segeln / Skifahren / Rollschuhlaufen.
Ich sehe gern ... im Fernsehen.

1b **Wer sagt was? Hör nochmal zu und vervollständige die Sätze.**

Beispiel: **1** Jan: *Ich schwimme jeden Dienstag im Hallenbad, ich ...*

1 Jan: Ich ..., ich spiele ... und ich fahre ...

2 Vanessa: Ich gehe ... und ich ...

3 Mehmet: Ich fahre ..., ich sehe ... und ich spiele ...

2 **Partnerarbeit.**

▲ Spielst du ...? / Gehst du ...?

● Nein, ich spiele / gehe nicht ...
  Oder: Ja, ich spiele ... / gehe ...

Beispiel: ▲ Spielst du Fußball?

  ● Ja, ich spiele Fußball.

 Do Exercise 2 as a guessing game.
Partner B chooses a sport and partner A
keeps asking until he / she gets it right.

⊙ Wiederholung

Das Präsens: the present tense

Another vital 'irregular' verb – *fahren*:

ich fahre	wir fahren
du fährst	ihr fahrt
er / sie fährt	sie / Sie fahren

Lern weiter ▶ 5.3, Seite 212

3 Lies die Texte und schau die Poster an.
Wer ist zu welcher Veranstaltung gegangen?
Beispiel: **1** *Otto ist zum Segelwettbewerb gegangen.*

Peter
> Ich bin sehr sportlich. Ich bin zum Beispiel in einem Sportverein. Wir haben gestern Basketball gespielt.

Sabine
> Ich bin nicht sehr sportlich, aber einmal in der Woche gehe ich abends ins Hallenbad.

Otto
> Das Wochenende war echt super! Am Samstag bin ich Rad gefahren, aber Sonntag war noch besser! Dann sind wir nämlich zum See gefahren und haben etwas Tolles gesehen.

Marcel
> Ich treibe gern Sport. Im Winter spiele ich Tischtennis und im Sommer habe ich an einem Tennisturnier teilgenommen. Das hat echt Spaß gemacht.

Kati
> Gestern bin ich in die Stadt gefahren, wo ich eine Stunde lang auf „Muffi" geritten bin.

1
SEGELWETTBEWERB
auf dem Genfer See
Sonntag, 12. Juli
14.00 Uhr

2
TENNIS-VEREIN
Schöningen
Turnier für
Jugendliche
3. August,
13.00 Uhr

3
Wer wird Mitglied
in unserer
Basketballmannschaft?
Rufen Sie bitte an:
0562-33 67 94

4
**REITHALLE
DELMENHORST**
Kurse für Anfänger,
jeden Dienstag.

5
SCHWIMMVEREIN „DELFINA"
Im Krühler Freizeitzentrum,
donnerstags um 18 Uhr.

The Germans don't have inter-school sport, so many people join sports clubs. A club is called a *Verein*. The word for 'team' is *Mannschaft*.
Ich bin im Fußballverein / Basketballverein usw.
Ich spiele für eine Mannschaft / die Stadt / meine Schule usw.
Meine Lieblingsmannschaft ist …
Ich bin ein Fan von …
Write out and learn any of this which applies to you, ready for the Speaking and Writing Test.

4 Schreib eine Anzeige für einen Brieffreund / eine Brieffreundin für *dich*.
Beispiel:

> Hallo! Ich heiße Tim und ich bin 15. Ich bin sehr sportlich. Ich mag Rugby und Handball.
> Schreib mir bitte! Meyerstraße 43, 26124 Kuddelstadt.

5 Was für Sport hast du in diesem Jahr gemacht? Schreib es auf.

Note down a few sporting activities you have done this year. Not sporty? Then make it up!

5 Einladungen

Giving and responding to invitations

1 **Wann treffen wir uns? Schreib die Antwort auf.**

Beispiel: 1 Treffen wir uns um sechs Uhr.

1   2   3   4   5   6   7

2a **Hör zu und lies das erste Gespräch zwischen Birgit und Rosita. Schreib die Tabelle ab und füll sie für alle vier Gespräche aus.**

Birgit: Müller!	*Rosita:* Um acht.
Rosita: Hallo, Birgit. Sag mal, möchtest du heute Abend ins Kino gehen?	*Birgit:* Okay. Wo treffen wir uns?
Birgit: Was läuft?	*Rosita:* Vor dem Kino?
Rosita: Ich glaube, ein Krimi.	*Birgit:* Ist gut. Bis dann!
Birgit: Und um wie viel Uhr?	

	Wohin?	Wann?	Wo treffen sie sich?
Birgit / Rosita	ins Kino		
Robert / Uli			
Petra / Felix			
Isabell / Michael			

im Sportzentrum   um acht Uhr   bei Petra   um 22 Uhr   vor dem Kino   um drei Uhr

vor dem Jugendklub   ins Schwimmbad   um ein Uhr   in die Disco   in die Stadt   ins Kino

2b **Schreib die Sätze aus Übung 2a auf.**

Beispiel: 1 Birgit und Rosita gehen heute Abend ins Kino und treffen sich um acht Uhr vor dem Kino.

Möchtest du	morgen heute Abend am Samstag	in die Disco gehen? / in die Stadt ins Kino / ins Theater / ins Schwimmbad in die Stadt schwimmen / tanzen	gehen?
		zu meiner Party kommen?	
Wann treffen wir uns?		Um … Uhr.	
Wo treffen wir uns?		Vor dem Bahnhof / der Disco. Im Kino / Theater / Jugendklub / Sportzentrum. In der Stadt / Disco.	

Grammatik

Präpositionen: prepositions

With *in, an, auf, hinter, unter, neben, über, zwischen* and *vor*:

If **motion** is involved (in**to** the building, on**to** the table, etc.), use the **accusative** form (*den / die / das*):

	masculine	feminine	neuter
Möchtest du	**in den** Sportverein	**in die** Stadt	**in das** Kino	gehen?

(*in das* is normally shortened to *ins*)

If **no motion** is involved (in the building, **on** the table, etc.), use the dative form (*dem / der / dem*):

	masculine	feminine	neuter
Treffen wir uns	**in dem** Sportverein.	**in der** Stadt.	**in dem** Kino.

(*in dem* is normally shortened to *im*)

Lern weiter ▶ 6.3, Seite 221

3 **Partnerarbeit. Schaut die Bilder an und macht Gespräche.**

Beispiel: **1** ▲ Möchtest du ins Kino gehen?   ● Wo treffen wir uns?
● Gern. Wann treffen wir uns?   ▲ Treffen wir uns im Kino.
▲ Treffen wir uns um ein Uhr.

1 das Kino 1 Uhr

3 die Disco 3 Uhr

5 die Stadtmitte 5 Uhr

2 der Supermarkt 2 Uhr

4 das Sportzentrum 4 Uhr

6 der Jugendklub 6 Uhr

Jugendklub

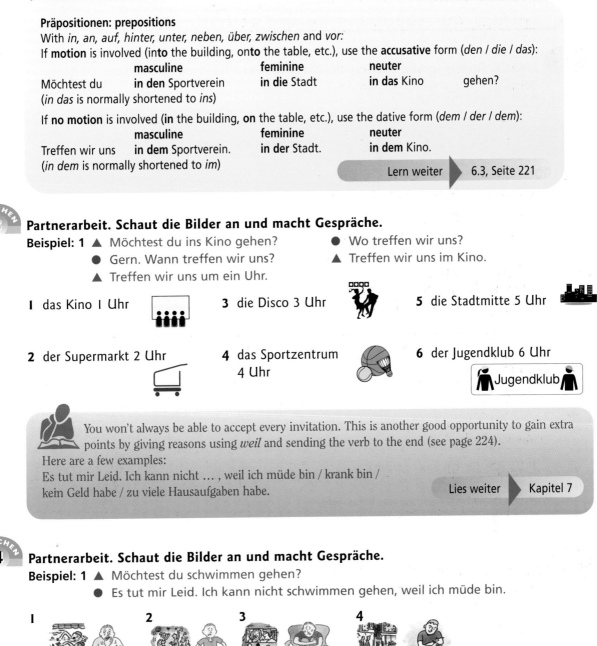

You won't always be able to accept every invitation. This is another good opportunity to gain extra points by giving reasons using *weil* and sending the verb to the end (see page 224).

Here are a few examples:

Es tut mir Leid. Ich kann nicht ... , weil ich müde bin / krank bin / kein Geld habe / zu viele Hausaufgaben habe.

Lies weiter ▶ Kapitel 7

4 **Partnerarbeit. Schaut die Bilder an und macht Gespräche.**

Beispiel: **1** ▲ Möchtest du schwimmen gehen?
● Es tut mir Leid. Ich kann nicht schwimmen gehen, weil ich müde bin.

1   **2**   **3**   **4**

5 **Lies die Einladung und schreib drei weitere Einladungen an deine Klassenkameraden. Schreib Antworten auf die Einladungen.**

Liebe Doris!
Möchtest du am Samstagabend zu meiner Party kommen? Es gibt leckeres Essen und natürlich gute Musik und viel zu trinken! Treffen wir uns am Freitag um 9 Uhr bei mir. Hoffentlich kannst du kommen.
Bis dann!
Christel

6 Wir gehen aus!

Finding out about events and activities

LESEN 1 **Lies die Anzeigen und beantworte die Fragen auf Deutsch (ganze Sätze, bitte!).**
Beispiel: 1 a *Es gibt ein Fußballspiel.*

1

Samstag, 12. Dezember, 14.00
Fußballbundesliga
BORUSSIA DORTMUND gegen
EINTRACHT FRANKFURT
Mainstadion, Kellerstraße.
Alle Karten € 15,00.
Buslinien 5, 12, 25

3

Delfina Elmshorn Freizeit-Bad

Montag–Samstag 08.00–20.00.
Sonntag 09.00–18.00.
Eintritt:
Erwachsene € 2,50,
Kinder und Jugendliche
€ 1,75.

4

Goethe-Theater

Unsere neue Vorstellung:

Romeo und Julia von
W. Shakespeare.
Täglich um 19.30.
Eintritt € 11,00.

2

Sportzentrum Nienhausen

Sonntag, 15 Uhr. Handballturnier
für Jugendliche. Eintritt frei!

5

COMPUTERAUSSTELLUNG

Stadthalle Oldenburg, 12.–15. März, 9–17 Uhr.
Eintritt frei! Computer, Scanner, Drucker usw.
Einmalige Preise!

---

1 a Was für ein Spiel gibt es?
  b Welche Mannschaften spielen?
  c Um wie viel Uhr beginnt das Spiel?
  d Was kostet der Eintritt?
  e Wie kommt man am besten dahin?

2 a Was für ein Spiel gibt es hier?
  b Wann beginnt das Turnier?
  c Wie viel muss man zahlen?

3 a Wann macht das Schwimmbad am
     Montag auf?
  b Ist es am Sonntag geschlossen?
  c Peter ist sechs. Wie viel Eintritt zahlt er?
  d Und wie viel zahlt sein Vater?

4 a Wer hat das Theaterstück geschrieben?
  b Um wie viel Uhr beginnt es?
  c Kostet der Eintritt mehr oder weniger als
     das Fußballspiel?

5 a Was für eine Ausstellung gibt es?
  b Um wie viel Uhr macht die Ausstellung auf?
  c In welchem Monat findet sie statt?
  d Wie viel Eintritt muss man zahlen?

2 **Hör zu! Schreib die Anzeigen ab und trag die Informationen ein.**

1
Freizeitbad Kronberg
Sport: ....
Beginn: ....
Preis: ....

2
Königstheater
Titel: ....
Typ: ....
Beginn: ....
Preis: ....

3
Olympiastadion München
Sport: ....
München gegen ....
Beginn: ....
Preis: ....

Was läuft	im Theater / Stadion / Freizeitzentrum? in der Stadthalle?	
Was für	ein Stück / Spiel eine Ausstellung	ist es?
Das ist ein Volleyballspiel usw.		
Wann Um wie viel Uhr	beginnt	das Stück? das Spiel?
	macht das Schwimmbad / das Stadion auf?	
Was kostet	der Eintritt eine Karte	für Erwachsene? für Kinder?
Ich nehme eine Karte / zwei Karten usw.		

It gets a bit repetitive if you always ask *Wann ...?* Try occasionally to ask *Um wie viel Uhr ...?* The meaning is the same.

3a **Partnerarbeit. A (▲) möchte ins Kino / Theater gehen. Er / Sie ruft an. B (●) antwortet. Macht *drei* Telefongespräche.**

▲ Was läuft heute?
　Wann beginnt es?
　Was kostet der Eintritt?
● (Erfindet Antworten.)

3b **Schreib die Informationen aus Übung 3a auf.**
Beispiel: *Im Sportzentrum läuft heute ein Volleyballspiel. Es beginnt um 15 Uhr.*
Der Eintritt kostet €1,50.

7 Rezensionen

Describing films, books and programmes

1a **Lies den Text rechts. Wie heißt die Sendung? An welchem Tag läuft sie?**

Beispiel: 1 Die Sendung heißt „Wer verliert?" Sie läuft am Donnerstag.

1 Heute könnte jemand sehr reich werden.
2 Rockmusik auf Tournee.
3 Informationen über tolle Sommerferien.
4 Eine traurige Sendung über Tierquälerei.
5 Ein toller Abend für Sportfans.

Diese Woche im Fernsehen

Sonntag, 20 Uhr. *Fußball: Europameisterschaft.* England fährt nach Deutschland. Live aus dem Olympiastadion München. Zwei tolle Mannschaften spielen im Endspiel. Wer gewinnt?

Dienstag, 15 Uhr. *Urlaub in Frankreich.* Siggi Meyer bleibt zwei Wochen auf einem Campingplatz in Südfrankreich. Sie liest, schwimmt und liegt in der Sonne.

Donnerstag, 18 Uhr. *Wer verliert?* Quiz mit Christoph Bannermann. Christoph stellt 25 Fragen, Roland Brandt antwortet. Gewinnt Roland € 50 000?

Freitag, 12 Uhr. *Elefanten im Zirkus.* Dokumentarfilm mit Angela Schlüter. Sind Tiere im Zirkus glücklich oder unglücklich? Angela interviewt Zirkusbesitzer und Tierfreunde und bekommt traurige Antworten.

Samstag, 21 Uhr. *Radiohead Live in Berlin.* Thom Yorke singt und die Superband aus Oxford, England, spielt ihre größten Hits.

1b **Beschreib die Sendungen aus Übung 1a. Schreib im Perfekt.**

Beispiel: Am Sonntag um 20 Uhr habe ich Fußball gesehen. Das war die Europameisterschaft, England gegen Deutschland aus dem Olympiastadion München. Zwei tolle Mannschaften haben im Endspiel gespielt. Deutschland hat gewonnen – natürlich!

Partizipien mit „haben": gesehen, gespielt, gewonnen, gelesen, gelegen, gestellt, geantwortet, gewonnen, interviewt, bekommen, gesungen
Partizipien mit „sein": geblieben, geschwommen

2 **Lies den Text auf Seite 53 und beschreib die Bücher. Schreib im Perfekt.**

Beispiel: Das letzte Buch, das ich gelesen habe, war „Harry Potter und die Kammer des Schreckens" von J.K. Rowling. Der junge Zauberer hat ...

Partizipien mit „haben": gekämpft, gewonnen, gerettet, gesucht, gefunden, gelebt, zerstört, gebaut, beschrieben, gearbeitet, gewählt
Partizipien mit „sein": gefahren

Bücher der Woche

Harry Potter und die Kammer des Schreckens von J.K. Rowling
Der junge Zauberer kämpft gegen ein Tier. Er gewinnt und rettet seine Freunde.

Einsatz in Kopenhagen von Anton Becker
Der Privatdetektiv Ulrich Meisel fährt nach Dänemark und sucht einen Drogendealer aus Hamburg. Aber in Kopenhagen findet er nur ein junges, hübsches Mädchen. Ist sie auch in der Drogengang?

Der Dschungelkönig von Anni Huber
In diesem Kinderbuch lebt der Löwe Goldi mit seiner Familie im Dschungel. Aber es gibt ein Problem. Die Menschen zerstören den Dschungel und bauen Häuser und Fabriken. Die Tiere kämpfen um ihre Heimat.

Welcher Computer ist am besten? von Dr. Emil Obermeier
Ein Computerexperte beschreibt die besten Computer, Scanner und Monitore. Dies ist ein interessantes Werk. Dr. Obermeier arbeitet mit 82 Computern und stellt die besten vor.

3a HÖREN

Hör zu! Der Rap-Star Wilko Wunderlich beschreibt seinen Lieblingsfilm. Wähle die beste Anwort.
Beispiel: 1 *b*

		a	b	c
1	Ist „Blair Witch Project":	ein Liebesfilm	ein Gruselfilm	ein Tierfilm?
2	Kommt der Film:	aus Deutschland	aus den USA	aus England?
3	Gehen die Studenten:	in den Wald	in die Stadt	ins Kino?
4	Auf Englisch, ist eine Hexe:	a hedge	a watch	a witch?
5	Wer hat alles gefilmt?	eine Hexe	ein Student	eine Studentin

3b SCHREIBEN

Beschreib den Film aus Übung 3a im Perfekt.
Beispiel: Mein Lieblingsfilm war „Blair Witch Project". Das war ...

Partizipien mit „haben": gesucht, gewusst, gefilmt
Partizipien mit „sein": gegangen

4 SCHREIBEN

Jetzt du. Beschreib einen Film, den du gesehen hast, eine Fernsehsendung, die du gesehen hast und ein Buch, das du gelesen hast.

Use these pages to help you prepare something to say about a film or programme you have seen or a book you have read. This is a question which is often asked in Speaking Tests, or you can use it for a presentation. Remember to use the perfect tense (there are plenty of useful past participles on this spread). Try and expand your answers and take a few risks. Write out your review and practise saying it as well, after it has been corrected.

Give opinions and use 'qualifiers':
Der Film war **zu** lang. Er war **ein bisschen** langweilig, aber **ziemlich** spannend. Madonna war **ganz** gut, aber Nicholas Cage war **sehr** gut!
Before launching into your description, start like this:
Gestern / Letzte Woche habe ich einen Film gesehen / eine Sendung gesehen / ein Buch gelesen. Der Film / Die Sendung / Das Buch war ...
Oder:
Der letzte / beste Film, den ich gesehen habe, war ...
Die letzte / beste Sendung, die ich gesehen habe, war ...
Das letzte / beste Buch, das ich gelesen habe, war ...

Useful simple past forms:

er / sie / es hatte ...	*he / she / it had ...*	er / sie / es war ...	*he / she / it was ...*
sie hatten ...	*they had ...*	sie waren ...	*they were ...*
		es gab	*there was / were ...*

Wörter

Hobbys

Ich lese gern Bücher / Zeitschriften.	*I like reading books / magazines.*
Ich höre gern Popmusik.	*I like listening to pop music.*
Ich interessiere mich für Rockmusik.	*I'm interested in rock music.*
klassische Musik.	*classical music.*
Ich spiele Geige.	*I play violin.*
Gitarre.	*guitar.*
Klavier.	*piano.*
Schlagzeug.	*drums.*
mit meinem Computer.	*on my computer.*
Ich bin in einer Band.	*I'm in a band.*
in einer Gruppe.	*in a group.*
in einem Orchester.	*in an orchestra.*
Ich sehe gern fern.	*I like watching TV.*
Ich sammle gern Briefmarken / Münzen.	*I like collecting stamps / coins.*
Ich gehe gern ins Kino / Theater.	*I like going to the cinema / theatre.*
in die Disco.	*to the disco.*
zum Jugendklub.	*to the youth club.*
Ich treffe mich mit meinen Freunden.	*I meet my friends.*
Ich gehe aus.	*I go out.*
gehen, ich gehe	*to go, I go*
spielen, ich spiele	*to play, I play*
hören, ich höre	*to listen, I listen*
lesen, ich lese	*to read, I read*
sehen, ich sehe	*to watch, I watch*
treffen, ich treffe	*to meet, I meet*

Fernsehen und Radio

Ich sehe gern / sehe nicht gern …	*I like / don't like watching …*
Das ist ein Krimi.	*That is a crime drama.*
ein Film.	*a film.*
eine Serie.	*a series / soap.*
eine Musiksendung.	*a music programme.*
eine Sportsendung.	*a sport programme.*
Das sind die Nachrichten.	*That is the news.*
Meine Lieblingssendung heißt … / ist …	*My favourite programme is called … / is …*
Ich finde Krimis toll.	*I think crime dramas are great.*
Serien interessant.	*series are interesting.*
Filme langweilig.	*films are boring.*
Musiksendungen doof.	*music programmes are stupid.*
Das ist ein spannender Krimi.	*That is a tense crime drama.*
eine tolle Sendung.	*a great programme.*
ein schlechtes Programm.	*a bad channel.*

Die Vergangenheit

Ich habe ferngesehen.	*I watched TV.*
Du hast Musik gehört.	*You listened to music.*
Sie hat Hausaufgaben gemacht.	*She did her homework.*
Wir haben Spaghetti gegessen.	*We ate spaghetti.*
Ihr habt getanzt.	*You danced.*
Sie haben Tischtennis gespielt.	*They played table tennis.*
Ich bin ins Kino gegangen.	*I went to the cinema.*
Du bist in die Stadt gegangen.	*You went into town.*
Er ist ins Bett gegangen.	*He went to bed.*
Wir sind zu einer Party gegangen.	*We went to a party.*
Ihr seid nach … gefahren.	*You drove to …*
Sie sind im Bett geblieben.	*They stayed in bed.*
Ich habe am Wochenende Pizza gegessen.	*I ate pizza at the weekend.*
Er hat am Samstag Schuhe gekauft.	*He bought shoes on Saturday.*
Wir haben gestern einen Film gesehen.	*We saw a film yesterday.*
Sie haben am Abend Karten gespielt.	*They played cards in the evening.*
Ich bin gestern in die Stadt gegangen.	*I went into town yesterday.*
Am Freitag habe ich Karten gespielt.	*On Friday I played cards.*
Am Sonntag sind wir ins Kino gegangen.	*On Sunday we went to the cinema.*

Sport

Ich bin (nicht sehr) sportlich.	*I am (not very) sporty.*
Ich treibe gern Sport.	*I like doing sport.*
Ich spiele manchmal Federball.	*I sometimes play badminton.*
jeden Tag Basketball.	*I play basketball every day.*
oft Fußball.	*I often play football.*
am Wochenende Squash.	*I play squash at the weekend.*
am Abend Tennis.	*I play tennis in the evening.*
am Samstag Tischtennis.	*I play table tennis on Saturday.*
einmal in der Woche Volleyball.	*I play volleyball once a week.*

Ich gehe gern angeln.	*I like going fishing.*
Ich mag Kegeln.	*I like playing skittles.*
Radfahren.	*cycling.*
Reiten.	*riding.*
Schwimmen.	*swimming.*
Segeln.	*sailing.*
Skifahren.	*skiing.*
Rollschuhlaufen.	*roller-skating.*
Ich sehe gern … im Fernsehen.	*I like watching … on TV.*
Ich habe gestern … gespielt.	*Yesterday I played …*
Ich bin letzte Woche … gegangen.	*Last week I went …*
spielen, ich spiele	*to play, I play*
fahren, ich fahre	*to drive / go, I drive / I go (by transport, not on foot)*
Ich bin im Fußballverein.	*I'm in a football club.*
Ich spiele für eine Mannschaft.	*I play for a team.*
die Stadt.	*the town.*
meine Schule.	*my school.*
Meine Lieblingsmannschaft ist …	*My favourite team is …*
Ich bin ein Fan von …	*I'm a fan of …*

Einladungen

Invitations

Möchtest du morgen in die Disco gehen?	*Would you like to go to the disco tomorrow?*
heute Abend ins Kino gehen?	*to go to the cinema this evening?*
am Samstag in die Stadt gehen?	*to go into town on Saturday?*
ins Theater gehen?	*to go to the theatre?*
ins Schwimmbad gehen?	*to go to the swimming pool?*
schwimmen gehen?	*to go swimming?*
tanzen gehen?	*to go dancing?*
zu meiner Party kommen?	*to come to my party?*
Wann treffen wir uns?	*When shall we meet?*
Um wie viel Uhr?	*At what time?*
Wo treffen wir uns?	*Where shall we meet?*
Vor dem Bahnhof.	*In front of the station.*
Im Kino.	*In the cinema.*
Im Theater.	*In the theatre.*
Im Jugendklub.	*In the youth club.*
Im Sportzentrum.	*In the sports centre.*
Vor der Disco.	*In front of the disco.*
In der Stadt.	*In town.*

Präpositionen

Prepositions

in	*in*
an	*at*
auf	*on*
hinter	*behind*
unter	*under*
neben	*next to*
über	*above*
zwischen	*between*
vor	*in front of / before*

Ausreden

Excuses

Es tut mir Leid. Ich kann nicht …, weil ich müde bin.	*I'm sorry. I can't … , because I'm tired.*
krank bin.	*I'm ill.*
kein Geld habe.	*I haven't got any money.*
zu viele Hausaufgaben habe.	*I've got too much homework.*

Ausgehen

Going out

Was läuft im Theater?	*What's on at the theatre?*
Stadion?	*stadium?*
Freizeitzentrum?	*recreation centre?*
in der Stadthalle?	*City Hall?*
Was für ein Stück ist es?	*What kind of play is it?*
ein Spiel	*game*
eine Vorstellung	*performance*
Das ist ein Volleyballspiel.	*It's a volleyball match.*
Wann beginnt das Stück?	*When does the play start?*
Um wie viel Uhr beginnt das Spiel?	*What time does the match start?*
Wann macht das Schwimmbad auf?	*When does the pool open?*
Was kostet der Eintritt für Erwachsene?	*How much is admission for adults?*
Was kostet eine Karte für Kinder?	*How much is a ticket for children?*
Ich nehme eine Karte.	*I'll have one ticket.*
zwei Karten usw.	*two tickets, etc.*
Der letzte / beste Film, den ich gesehen habe, war …	*The last / best film I have seen was …*
Die letzte / beste Sendung, die ich gesehen habe, war …	*The last / best programme I have seen was …*
Das letzte / beste Buch, das ich gelesen habe, war …	*The last / best book I have read was …*
Er / Sie / Es hatte … / Wir hatten …	*He / She / It had … / We had …*
Er / Sie / Es war … / Sie waren …	*He / She / It was … / They were …*
Es gab …	*There was / were …*

4 Urlaub

1 Woher kommst du?

Countries, nationalities and weather

1 **Hör zu! Was ist richtig? Was ist falsch?**
Beispiel: 1 *Falsch*

1 München ist in England.
2 Berlin liegt in Dänemark.
3 Köln ist in Deutschland.
4 Marseille ist in Deutschland.
5 Marseille liegt in Frankreich.
6 Avila ist in Spanien.
7 Kopenhagen ist in Spanien.
8 Arhus liegt in Dänemark.

2 **Partnerarbeit.**
Beispiel: 1 ▲ Ist Warschau in Spanien?
         ● Nein, Warschau ist in Polen.
         ▲ Richtig!

1 Warschau / Spanien
2 Madrid / Deutschland
3 Kopenhagen / Griechenland

4 Amsterdam / Spanien
5 Birmingham / Schottland
6 Cardiff / England

in	Afrika / Amerika / Belgien / Dänemark / Frankreich / Griechenland / Großbritannien / Holland / Irland / Italien / Norwegen / Österreich / Polen / Rumänien / Russland / Schottland / Schweden / Spanien / Ungarn / Wales
in den	Alpen / USA
in der	Schweiz / Slowakei / Tschechischen Republik / Türkei

3 **Schreib einen Satz für jede Person.**
Beispiel: 1 *Thomas ist Deutscher.*

1 Thomas   2 Mary   3 Johan   4 Susie   5 Paco   6 Giovanni

Rückblick   Rückblick

Das Wetter

4 Hör zu! Wo sind die Personen?
Beispiel:
1 in der Schweiz

Norwegen
es ist stürmisch

Großbritannien

Holland
es ist wolkig

es regnet

Belgien
es ist neblig

Frankreich
es ist windig

die Schweiz
es ist kalt

Spanien
es ist warm

Italien
es ist sonnig

When listening for information, remember that you don't have to understand every word. For example, *Regen* could tell you it's wet, even if you don't hear the word *nass*, or *null Grad* could tell you it's cold, even if the word *kalt* isn't used. And *Schauer* sounds exactly like an English word.

Es ist	kühl / nass / neblig / sonnig / stürmisch / trocken / warm / windig / wolkig / heiter.
Es	blitzt / donnert / friert / regnet / schneit / hagelt.
Es gibt	Frost / Gewitter / Nebel / Regen / Schauer / Schnee / Sonne / Sturm / Wind.

5 Lies die Wettervorhersage rechts und beantworte die Fragen auf Englisch.

1 Where is it likely there will be consistent rain?
2 What is the significance of the temperature seven degrees?
3 What will be happening in the north?
4 What will happen in the night?
5 What is the wind situation in the west?
6 What's the general outlook?

When reading for information, look for clues when you come across a word you don't know: *Tageshöchsttemperaturen* consists of *Tag* (day), *hoch* (high) and *Temperatur* (temperature). So it means the highest temperature of the day.

6 Schreib eine Postkarte aus dem Urlaub. Schreib, wo du bist, wie das Wetter ist und auch andere Informationen.
Beispiel:

Grammatik

Nationalitäten: nationalities
Ich bin ... / Er / sie ist ...

m	f
Amerikaner	Amerikanerin
Deutscher	Deutsche
Engländer	Engländerin
Franzose	Französin
Holländer	Holländerin
Ire	Irin
Italiener	Italienerin
Österreicher	Österreicherin
Schweizer	Schweizerin
Spanier	Spanierin

Lern weiter ▶ 1.2, Seite 206

Die Wettervorhersage für Deutschland

Im Süden und Südosten wird es wolkig sein, mit zum Teil länger andauerndem Regen. Tageshöchsttemperaturen um sieben Grad. Im Norden, bewölkt mit einzelnen Schauern. Höchsttemperaturen acht bis zwölf Grad. Nachts örtlich geringer Frost. Im Westen, schwacher Wind aus nördlicher Richtung. Aussichten: am Samstag weiterhin kühl, am Sonntag Frost.

Hallo, Mutti!
Wir sind hier in Dänemark und das Wetter ist furchtbar. Es regnet jeden Tag. Wir gehen natürlich nicht zum Strand. Aber gestern sind wir ins Legoland gefahren. Das war ganz schön, auch im Regen.
Tschüs, Rainer

2 Wohin fahren wir?

Planning a holiday

1

Hör zu! Verbinde die Namen mit den Bildern.
Beispiel: 1 Hans: a, h

1 Hans: ...
2 Helga: ...
3 Jessica: ...
4 Frank: ...

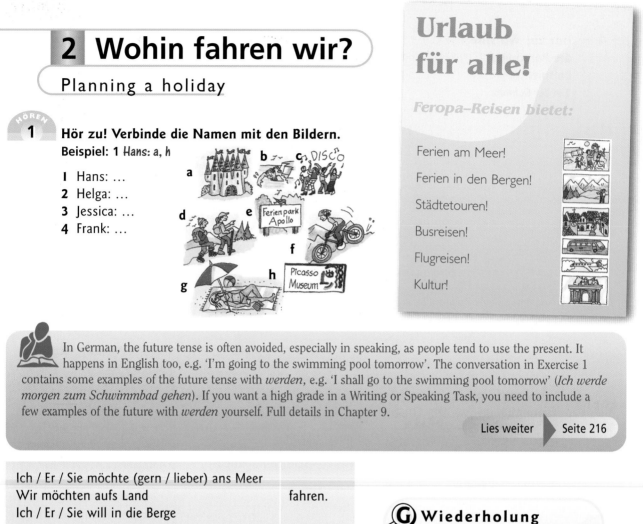

Urlaub für alle!

Feropa–Reisen bietet:

Ferien am Meer!

Ferien in den Bergen!

Städtetouren!

Busreisen!

Flugreisen!

Kultur!

In German, the future tense is often avoided, especially in speaking, as people tend to use the present. It happens in English too, e.g. 'I'm going to the swimming pool tomorrow'. The conversation in Exercise 1 contains some examples of the future tense with *werden*, e.g. 'I shall go to the swimming pool tomorrow' (*Ich werde morgen zum Schwimmbad gehen*). If you want a high grade in a Writing or Speaking Task, you need to include a few examples of the future with *werden* yourself. Full details in Chapter 9.

Lies weiter ▸ Seite 216

Ich / Er / Sie möchte (gern / lieber) ans Meer	
Wir möchten aufs Land	fahren.
Ich / Er / Sie will in die Berge	

	ins Ausland / nach Amerika / zu einem Ferienpark	fahren.
Wir wollen		
	eine Städtetour / Flugreise machen.	
Da kann man	gut schwimmen / in der Sonne liegen / faulenzen / wandern / Mountainbike fahren / in die Disco gehen.	

Ⓖ Wiederholung

können: to be able to
Man kann ... (plus infinitive at the end of the sentence) – *You can ...*
Verb as second item: Da **kann** man ...

Lern weiter ▸ 5.6, Seite 213

2 **Partnerarbeit.**

Beispiel: 1 ▲ Wohin möchtest du fahren?
● Ich möchte in die Berge fahren. Da kann man gut Mountainbike fahren.

Rückblick   **Rückblick**

3 **Lies den Brief und beantworte die Fragen auf Deutsch (ganze Sätze, bitte!).**

Beispiel: **1** *Er möchte einen kulturellen Urlaub machen.*

Lübeck, den 2. November

Sehr geehrte Damen und Herren!
Können Sie mir bitte Informationen (vielleicht eine Broschüre?)
über Urlaubsziele in Spanien schicken?
Wir haben ein Problem. Ich persönlich möchte einen kulturellen
Urlaub machen. Ich interessiere mich für Schlösser und Museen.
Aber meine Frau möchte lieber am Strand liegen und im Meer
schwimmen.
Unsere Kinder haben andere Vorstellungen. Unsere Tochter will zu
einem Ferienpark fahren, weil sie gerne abends in die Disco geht
und tanzt. Und unser Sohn möchte lieber in die Berge fahren, weil
er gern Mountainbike fährt und wandert.
Was empfehlen Sie?
Mit herzlichem Dank im Voraus.
Hochachtungsvoll,
Hans Golinski

1 Was für einen Urlaub möchte Herr Golinski machen?
2 Was möchte Frau Golinski machen?
3 Was möchte die Tochter machen?
4 Was möchte der Sohn lieber machen?

Können Sie mir bitte	Informationen eine Broschüre / Broschüren einen Prospekt / Prospekte einen Plan / Pläne eine Landkarte / Landkarten	schicken?

4 **Schreib einen Brief an einen Verkehrsverein.**
Schreib:
- was für einen Urlaub du machen möchtest
- wohin du fahren möchtest
- was du sehen und machen möchtest.
Bestelle Broschüren, Prospekte usw.

Sehr geehrter Herr Golinski,
wir haben die Lösung! Barcelona ist eine sehr
historische Stadt mit viel Kultur. Da gibt es
auch einen tollen Strand, viele Ferienparks
und die Pyrenäen sind nur 30 Minuten
entfernt. Wir haben Ihnen per Post eine
Broschüre über Barcelona geschickt. Viel
Spaß!
Ihr Spanischer Fremdenverkehrsverein

← Die Lösung!

When writing a formal letter, begin:
Sehr geehrter Herr … / Sehr geehrte Frau …, if you know the name of the person to whom you are writing.
If you don't know the name, begin: *Sehr geehrte Damen und Herren!*
Finish with *Hochachtungsvoll, …* or *Mit freundlichen Grüßen, …*
Don't forget to use *Sie* and *Ihr* for 'you' and 'your':
Vielen Dank für **Ihren** Brief. / Schicken **Sie** mir bitte eine Broschüre.

Lern weiter ▶ 4.1, Seite 210

Rückblick   Rückblick

3 Unterkunft

Finding and booking accommodation

1 **Hör zu! Welches Zimmer nimmt Herr Franz?**

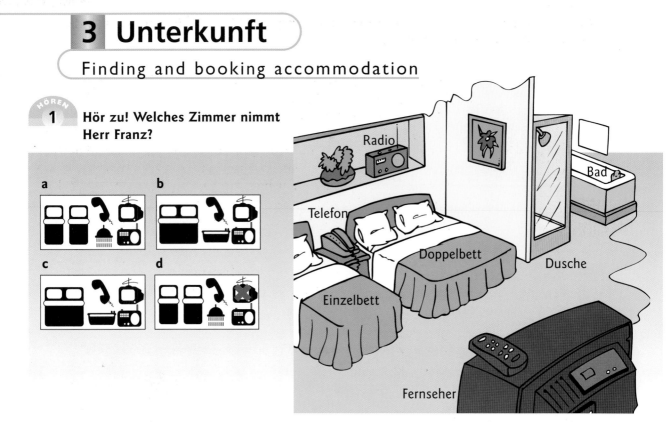

Radio
Bad
Telefon
Doppelbett
Dusche
Einzelbett
Fernseher

a b

c d

Haben Sie ein Zimmer frei für eine Person / zwei Personen?
Haben Sie / Wie viel kostet ein Einzelzimmer / Doppelzimmer?
Ich möchte ein Einzelzimmer usw. reservieren.
Ich möchte eine Nacht bleiben.
Wir möchten zwei Nächte / eine Woche bleiben.
Ist das Zimmer mit Dusche / Bad / Fernsehen / inklusive Frühstück?
Gibt es einen Aufzug / ein Restaurant?
Ich möchte Halbpension / Vollpension.
Um wie viel Uhr ist Frühstück / Abendessen?
Kann ich bitte meinen Schlüssel haben / die Rechnung zahlen?

2 **Partnerarbeit. Partner(in) A (▲) stellt die Fragen. Partner(in) B (●) erfindet Antworten.**

Beispiel: ▲ Haben Sie ein Zimmer frei für zwei Personen?
● Nein, leider nicht.

1 ▲ Haben Sie 👥 ?
   ● …
2 ▲ Haben Sie 👤 ?
   ● …
3 ▲ Haben Sie 🛏 ?
   ● …
4 ▲ Wie viel kostet 🛏 ?
   ● …
5 ▲ Ich möchte 🌙 bleiben.
   ● …

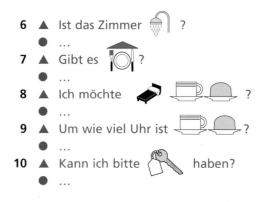

6 ▲ Ist das Zimmer 🚿 ?
   ● …
7 ▲ Gibt es 🍽 ?
   ● …
8 ▲ Ich möchte 🛏 ☕ 🍽 ?
   ● …
9 ▲ Um wie viel Uhr ist ☕ 🍽 ?
   ● …
10 ▲ Kann ich bitte 🔑 haben?
   ● …

3a **Hör zu, lies das Gespräch und beantworte die Fragen auf Deutsch (ganze Sätze, bitte!).**
Beispiel: **1** *Es kostet € 60,00 pro Person.*

Herr Franz:	Gut. Und was kostet das pro Nacht?
Empfangsperson:	Sechzig Euro.
Herr Franz:	Für das Zimmer oder pro Person?
Empfangsperson:	Pro Person.
Herr Franz:	Hmm, das ist aber ganz schön teuer. Ist das mit Frühstück?
Empfangsperson:	Jawohl. Es gibt ein ausgiebiges Frühstücksbuffet.
Herr Franz:	Also gut. Wir nehmen das Zimmer. Kann ich gleich zahlen?
Empfangsperson:	Gern. Haben Sie eine Kreditkarte?
Herr Franz:	Ja, eine Visakarte, Bitte schön. Ach, übrigens … Wo ist das Restaurant?
Empfangsperson:	Der Frühstücksraum ist im ersten Stock.
Herr Franz:	Und um wie viel Uhr ist Frühstück?
Empfangsperson:	Von acht Uhr bis neun Uhr dreißig.

1 Was kostet es pro Person?
2 Wie viel kostet das Doppelzimmer pro Nacht?
3 Ist der Preis inklusive Frühstück?
4 Bezahlt Herr Franz mit Scheck?
5 Wo ist das Restaurant?
6 Wann gibt's Frühstück?

3b **Partnerarbeit. Lest das Gespräch aus Übung 3a und ändert es.**
Die neuen Informationen:
- Preis pro Nacht: € 125,00 (das Zimmer) – ohne Frühstück
- American Express
- Frühstück (2. Stock), 7–9 Uhr

4 **Schau die Hotelwerbung an. Richtig, falsch oder nicht im Text?**
Beispiel: **1** *Falsch*

1 Das Hotel Meyerhof ist ein altes, historisches Hotel.
2 Es liegt direkt in der Stadt.
3 Es gibt nur Doppelzimmer.
4 Das Hotel hat ein Sonnenstudio.
5 In allen Zimmern kann man fernsehen.
6 Alle Zimmer sind mit Bad.
7 Man kann hier Abendbrot essen.
8 Die Preise sind sehr hoch.

HOTEL MEYERHOF   Modernes Hotel in
der Stadtmitte

Einzelzimmer / Doppelzimmer / Restaurant / Sauna / Solarium

Alle Zimmer mit Dusche / WC und Farbfernseher

VOLLPENSION / HALBPENSION

Bahnhofstr. 24–28, 74320 Rothenburg

---

5 **Schreib eine Anzeige für ein Hotel, wenn möglich auf Computer.**
- Was gibt es im Hotel?
- Wie sind die Preise?
- Was für Zimmer gibt es?
- Was gibt es zu tun?

Die Anzeige muss natürlich sehr interessant sein!

4 Probleme mit der Unterkunft

Coping with accommodation problems

Lies das Telefax und beantworte die Fragen auf Deutsch (ganze Sätze, bitte!).
Beispiel: 1 *Sie möchte zwei Zimmer reservieren.*

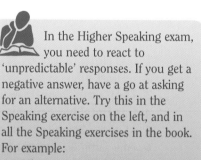

> ### Telefax
>
> An: Hotel Prinzmeier
> Hansastr. 93
> 24263 Lübeck
>
> Sehr geehrte Damen und Herren!
> Ich komme im Juli mit meiner Familie nach Lübeck und wir wollen in
> Ihrem Hotel übernachten. Wir möchten bitte zwei Zimmer
> reservieren: ein Doppelzimmer (mit Doppelbett) für mich und meinen
> Mann und ein Doppelzimmer (mit zwei Einzelbetten) für unsere zwei
> Kinder. Wir wollen zwei Nächte bleiben. Die Zimmer sollen bitte
> Dusche und Fernseher haben. Wir möchten nur Halbpension, nicht
> Vollpension.
> Zum Schluss noch ein paar Fragen: Gibt es einen Aufzug in Ihrem
> Hotel? (Mein Mann hat sein Bein gebrochen.) Wie viel kostet ein
> Zimmer pro Nacht? Und um wie viel Uhr ist das Frühstück?
> Mit freundlichen Grüßen,
> Kirsten Haas

1 Wie viele Zimmer möchte Frau Haas reservieren?
2 Was für ein Zimmer möchte sie für die Kinder reservieren?
3 Wann will Frau Haas nach Lübeck fahren?
4 Wie lange möchte sie bleiben?
5 Möchte sie Frühstück **und** Abendbrot?
6 Warum möchte Frau Haas wissen, ob es einen Aufzug gibt?

Partnerarbeit. Partner(in) A (▲) stellt Fragen.
Partner(in) B (●) erfindet Antworten.
Beispiel: 1 ▲ Gibt es ein Restaurant?
　　　　　 ● Nein, leider nicht.
　　　　　 ▲ Also, wo ist das nächste Restaurant?

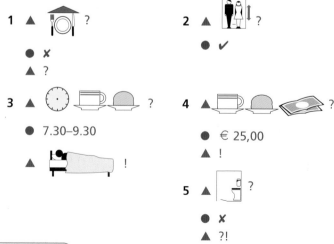

> In the Higher Speaking exam,
> you need to react to
> 'unpredictable' responses. If you get a
> negative answer, have a go at asking
> for an alternative. Try this in the
> Speaking exercise on the left, and in
> all the Speaking exercises in the book.
> For example:
> ▲ Gibt es ein Restaurant?
> ● Nein, leider nicht.
> ▲ Wo kann man essen? / Wo ist das
> 　nächste Restaurant? / Gibt es
> 　einen Imbiss in der Nähe?
> You can be as flexible as you like.

3 Schreib einen Brief an ein Hotel.
Reserviere diese Zimmer.

Schreib:
- den Namen and die Adresse des Hotels
- das Datum
- Wie viele Zimmer du brauchst (Ich möchte … Zimmer reservieren)
- Was für Zimmer du möchtest
- Was in den Zimmern sein soll (Ich möchte Zimmer mit …)

Stell Fragen über den Preis and das Abendessen.

In the exam, you may be asked to write a letter, fax or an e-mail, booking a hotel room. It's amazing what you can achieve just by using sentences beginning:

Ich möchte / Wir möchten …	*I'd like / We'd like …*
Ich will / Wir wollen …	*I want / We want …*
Kann ich / Können wir …?	*Can I / Can we…?*

All these 'modal' verbs are used with the infinitive of another verb at the end of the sentence.
Also useful are phrases with *Gibt es …?* (Is there …?) or *Haben Sie …?* (Have you got …?).
Add other question words to *gibt es …?* like this:

Was gibt es …?	*What is there …?*
Um wie viel Uhr gibt es …?	*What time ist there …?*
Wo gibt es …?	*Where is there …?*

4 **Hör zu! Richtig, falsch oder nicht im Text?**
Beispiel: 1 *Nicht im Text*

1 Das Frühstück war kalt.
2 Der Aufzug war in Ordnung.
3 Die Zimmer waren sauber.
4 Die Zimmer sind groß.
5 Das Bett war kaputt.
6 Die Zimmer sind preiswert.

Die Dusche	ist	kalt!
Der Fernseher	war	kaputt!
Das Zimmer		schmutzig!
Das Hotel		zu teuer!
Das Essen		

Ich möchte mit dem Direktor sprechen.

5 **Partnerarbeit.**

▲ Haben Sie ein Problem?
● (*Complain that the room is cold.*)
▲ Ist das alles?
● (*The shower is broken.*)

▲ Es tut mir Leid!
● (*The hotel is too expensive. Ask to speak to the manager.*)
▲ Natürlich!

6 **Schreib einen Brief an ein schreckliches Hotel. Was war nicht in Ordnung?**

Dusche kalt　Fernseher kaputt　Frühstück teuer　Bett hart

Musik laut　Geld zurück!

5 Die letzten Ferien

Describing a holiday in the past

HÖREN

1a
Hör zu und lies die Texte. Welche vier Buchstaben passen zu Jasmin, zu Benjamin und zu Samira?

Beispiel: Jasmin: c, … , … , …

Jasmin

Also, ich bin mit meinen Freunden und Freundinnen nach Spanien gefahren. Wir waren in einem Wohnwagen in der Nähe von Tarragona. Wir sind mit dem Zug dorthin gefahren. Wir sind zwei Wochen geblieben. Das Wetter war super! Nur Sonne!

Benjamin

Hier spricht der Benjamin! Also, ich war mit meiner Familie in Polen. Wir waren drei Wochen dort. Wir sind mit dem Auto nach Polen gefahren.
Wir haben auf einem Campingplatz übernachtet. Es war okay, aber das Wetter war schlecht. Nur Regen! Auf dem Campingplatz! Furchtbar!

Samira

Ich war eine Woche mit meiner Freundin in Amerika, in Kalifornien. Wir sind natürlich mit dem Flugzeug geflogen. Fliegen ist sehr schnell. Wir haben in einem Hotel gewohnt. Glücklicherweise war das Wetter schön warm.

a ✈

b 🚗

c 🚆

d 21 Tage

e 7 Tage

f 14 Tage

g 🏨

h 🚐

i ⛺

j ☀

k 🌡

l 🌧

LESEN

1b
Lies die Texte aus Übung 1a nochmal und beantworte die Fragen (ganze Sätze, bitte!).

Beispiel: 1 Sie ist nach Spanien gefahren.

1 Wohin ist Jasmin gefahren?
2 Wie lange ist sie geblieben?
3 Wie ist sie gefahren?
4 Wo hat sie gewohnt?
5 Mit wem ist sie gefahren?
6 Wie war das Wetter?

Jetzt beantworte die Fragen für Benjamin und Samira.

Ich war / Wir waren in Spanien / Dänemark / Schottland usw.		
Ich bin Wir sind	mit meiner Familie mit (meinen) Freunden	dorthin gefahren.
	eine Woche / zwei Wochen	geblieben.

SPRECHEN

1c
Partnerarbeit. Hier sind Jasmins Antworten. Du bist Benjamin oder Samira. Beantworte die Fragen. Dann erfinde Antworten für *dich*.

1 ▲ Wohin bist du gefahren?
 ● Ich bin nach Spanien gefahren.

2 ▲ Wie lange bist du geblieben?
 ● Ich bin zwei Wochen geblieben.

3 ▲ Wie bist du gefahren?
 ● Ich bin mit dem Zug gefahren.

4 ▲ Wo hast du gewohnt?
 ● Ich habe in einem Wohnwagen gewohnt.

5 ▲ Mit wem bist du gefahren?
 ● Ich bin mit meinen Freunden gefahren.

6 ▲ Wie war das Wetter?
 ● Das Wetter war super.

2a **Lies die E-Mail und beantworte die Fragen auf Deutsch (ganze Sätze, bitte!).**
Beispiel: 1 *Nein, er ist nach Irland gefahren.*

Hallo, Lars!
Na, wie geht's? Es tut mir Leid, dass ich nicht früher zurückgeschrieben habe. Wir waren auf Urlaub. Ich bin für zwei Wochen mit meiner Familie nach Irland gefahren. Wir sind mit dem Auto dorthin gefahren. Leider war das Wetter nicht gut - es war neblig und es hat auch geregnet. Dieses Wetter ist typisch für Irland! Wir haben in einem Hotel in der Nähe von Dublin übernachtet. Es war nicht schlecht, aber ziemlich teuer.
Bis bald!
Uli

1 Ist Uli nach Italien gefahren?
2 Wie viele Wochen ist er geblieben?
3 Wie ist er dorthin gefahren?
4 Wie war das Wetter dort?
5 Mit wem ist er dorthin gefahren?
6 Wo haben sie übernachtet?

When reading an e-mail in German, you may find that, instead uf using an umlaut, the writer adds an *-e* after the vowel (*ä = ae, ü = ue, ö = oe*). This is because computers occasionally fail to reproduce umlauts at the other end! The same applies to *ß*. To be safe, use *ss* instead.

Ich bin mit dem Auto / Bus / Rad / Zug gefahren.
Wir sind mit dem Flugzeug geflogen.
Ich habe in einem Hotel / Gasthaus / Wohnwagen übernachtet.
Wir haben auf einem Campingplatz gewohnt.

Das Wetter war	sonnig / stürmisch / regnerisch / windig / neblig / warm / kalt / heiß / super / okay / schlecht / gut / nicht gut.

Es hat (viel) geregnet.

It gets very boring if you only say *ich* all the time. Try to use *wir* as well, especially in a topic like holidays where you probably weren't on your own.

ⓖ Wiederholung

Das Perfekt: perfect
Using the perfect tense to talk about the past:
Ich habe / Wir haben … übernachtet / gewohnt / gesehen / gespielt / gegessen.
Verbs of motion (plus *bleiben*):
Ich bin / Wir sind … gefahren / geflogen / gegangen / geblieben.

Lern weiter ▶ 5.19, 5.20 Seite 218

ⓖrammatik

war / waren: was
The simple way to say 'was':
Ich **war** / Wir **waren** in Spanien.
Es **war** gut / langweilig / lustig / toll usw.

Lern weiter ▶ 5.27, Seite 219

2b **Du bist Lars. Schreib eine E-Mail an Uli mit den Informationen unten rechts.**

Hallo, Uli!
Danke für deine E-Mail. Wir waren auch im Urlaub. Ich bin für eine Woche …

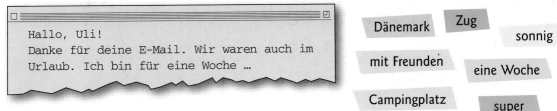
Dänemark Zug sonnig mit Freunden eine Woche Campingplatz super

2c **Erfinde jetzt eine E-Mail für dich.**

6 Urlaubsspaß

Saying what you did on holiday

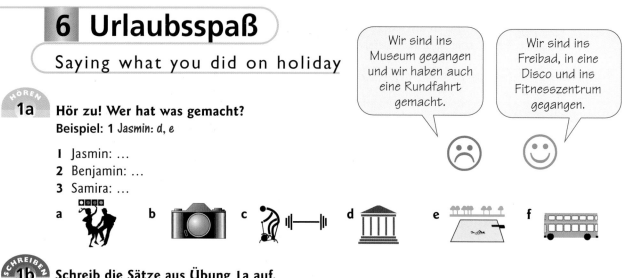

Wir sind ins Museum gegangen und wir haben auch eine Rundfahrt gemacht. ☹

Wir sind ins Freibad, in eine Disco und ins Fitnesszentrum gegangen. ☺

HÖREN

1a **Hör zu! Wer hat was gemacht?**

Beispiel: 1 *Jasmin: d, e*

1 Jasmin: …
2 Benjamin: …
3 Samira: …

a b c d e f

SCHREIBEN

1b **Schreib die Sätze aus Übung 1a auf.**

Beispiel: 1 *Jasmin ist ins Museum und ins Freibad gegangen.*

LESEN

2 **Lies die Broschüre und beantworte die Fragen auf Deutsch (ganze Sätze, bitte!).**

Beispiel: 1 *Sie war auf Mallorca.*

Urlaub am Mittelmeer!

Letztes Jahr ist Erika mit Medi-Reisen auf Urlaub gefahren. Hier schreibt sie über ihre Erfahrungen:

„Ich war mit meiner Familie auf Mallorca. Wir fanden es sehr, sehr gut!

Am ersten Tag haben wir einen Ausflug nach Palma gemacht. Da haben wir eingekauft und die Stadt angesehen. Wir sind auch am Strand spazieren gegangen. Es war wunderbar. Am Abend sind wir ins Restaurant gegangen und wir haben da Fisch gegessen. Paella, lecker!

Am zweiten Tag bin ich im Meer geschwommen. Das hat Spaß gemacht! Am Nachmittag habe ich Tischtennis gespielt. Dann sind wir ins Konzert gegangen. Wir haben eine Band gesehen, aber die Musik war schlecht!

Jeden Tag haben wir uns am Strand gesonnt. Es war sehr warm, aber spitze! Am letzten Abend sind wir alle in eine Disco gegangen und haben bis drei Uhr früh getanzt. Es war laut, aber gut!"

Erleben Sie auch tolle Tage auf Mallorca mit Medi-Reisen!

1 Wo war Erika?
2 Wo war sie am ersten Tag?
3 Was hat sie angesehen?
4 Wohin ist sie am Abend gegangen?
5 Was hat sie gegessen?
6 Wo ist sie geschwommen?
7 Was hat sie gespielt?
8 Wohin ist sie dann gegangen?
9 Was war schlecht?
10 Wo hat sie sich jeden Tag gesonnt?
11 Was hat sie am letzten Abend gemacht?
12 Um wie viel Uhr ist sie nach Hause gegangen?

3 Partnerarbeit.

Beispiel: ▲ Was hast du am ersten Tag gemacht?
● Am ersten Tag habe ich Tennis gespielt.

▲ Was hast du am ersten Tag gemacht?
● (Tennis)
▲ Wie war es?
● (toll)
▲ Wohin bist du am zweiten Tag gegangen?
● (ins Kino)

▲ Wie war es?
● (langweilig)
▲ Was hast du am Abend gemacht?
● (Fisch gegessen)
▲ Wie war es?
● (super)

Ich habe	in Paris	gegessen / geangelt / getanzt / eingekauft.
Wir haben	auf Urlaub	Fotos gemacht.
Er / Sie hat	am ersten Tag	mich / uns / sich gesonnt.
Sie haben	am zweiten Tag	eine Rundfahrt gemacht.
	am Abend	Tennis (usw.) gespielt.
	am nächsten Tag	Freunde getroffen.

Ich bin	in die Disco	
Wir sind	ins Kino / Restaurant / Schwimmbad	gegangen.
Er / Sie ist	ins Museum / Sportzentrum usw.	
Sie sind	zum Strand	

geschwommen / gewandert / spazieren
gegangen / Ski gefahren / ausgegangen.

Begin your answers: *Am ersten Tag / Am zweiten Tag / Am Abend,* then follow up with the appropriate form of *haben* or *sein* and the past participle of the verb at the end of the sentence.

4a Schreib einen Brief aus Frankreich. Füll die Lücken aus.

Liebe Svenja,
ich bin hier in .... (1). Es ist .... (2). Am ersten Tag sind wir nach .... (3) gefahren.
Wir sind ins .... (4) gegangen und dann sind wir in die .... (5) gegangen.
Am zweiten Tag bin ich ins .... (6) gegangen. Das war .... (7). Aber am Abend sind wir
ins .... (8) gegangen. Das war sehr .... (9). Heute Morgen war ich am .... (10).
Tschüs! Anke

1   2   3   4   5   6   7   8   9   10

4b Schreib jetzt deinen eigenen Brief wie der Brief in Übung 4a.

- Wo bist du?
- Wie ist es?
- Was hast du gemacht?
- Wie hast du alles gefunden?

5 Partnerarbeit. Partner(in) A stellt die Fragen.
Partner(in) B erfindet Antworten.

1 Was hast du am ersten Tag gemacht?
2 Wie hast du das gefunden?
3 Wohin bist du am zweiten Tag gegangen?
4 Wie hast du das gefunden?
5 Was hast du am Abend gemacht?
6 Wie hast du das gefunden?

Collect your answers, add them to those from the previous spread, get them checked by your teacher and learn them by heart. They can be used in the Speaking or Writing Test, or for a presentation.

Kursarbeit: Seite 178–179

This is an example of an authentic text. You don't need to understand every word by any means. Just pick out the information you need.

Mitten im Wald – Todtnau gehört zu den waldreichsten Gemeinden Baden-Württembergs – mit sehr vielen Wanderwegen und einer Vielzahl bequemer Spazierwege bietet das TODTNAUER FERIENLAND ideale Voraussetzungen für einen erholsamen Urlaub; vor allem auch wegen seines guten Klimas. Sport- und Kureinrichtungen, ein abwechslungsreiches Veranstaltungsprogramm, u. a. Kurkonzerte und Tanzabende, Vorträge, Waldspaziergänge mit dem Förster, Ausflugsfahrten und Sehenswürdigkeiten ergänzen das Angebot.

Ideal ist das TODTNAUER FERIENLAND auch für Wintersport und Wintererholung. Todtnau ist berühmt als Wiege des deutschen Skisports, wo deutsche und internationale Skimeisterschaften stattfinden.

Das Todtnauer Skigebiet hat 20 Skilifte und eine Sesselbahn mit Abfahrten bis zu 3 km von einfach bis schwierig. Das »Langlaufzentrum Notschrei-Loipe« bietet herrliche Skiwanderungen. Es gibt für alle Gäste viele Möglichkeiten zu Spaziergängen auf präparierten Wegen in einer besonders hübschen Winterlandschaft.

Muggenbrunn (970 m). Ferienort. Eingangstor zum Todtnauer Ferienland. Hotel-Hallenbad, Sauna, Solarium, Tennisplatz. Leseraum, Leihbücherei. Sommer- und Wintercampingplatz. 5 Skilifte (teils mit Flutlicht), Skischule. Wintersportgeräte-Verleih.

Todtnau (660 m). Luftkurort und Hauptort des Todtnauer Ferienlandes. »Haus des Gastes« mit Leihbücherei, Leseraum und anderen Gästeräumen. Beheiztes Freibad, Tennisplätze, Kleingolfplatz, Kegelbahn, Gartenschach, Tischtennis, Halle für sportliche und kulturelle Veranstaltungen. Sesselbahn zum Hasenhorn (1158 m), Ferien-Fahrschule, Sportgeräte-Verleih, Krankengymnastik, Massagepraxis.

Todtnauberg (1021 m). Höchstgelegener Luftkurort ohne Durchgangsverkehr in einem Hochtal an der Feldberg-Südseite. Kurhaus mit Kursaal, Leseraum, Fernsehen, Restaurant und Café. Beheiztes Freibad, 5 Hotel-Hallenbäder mit Saunas und Solarien (teilweise öffentlich zugänglich) Tennisplätze, Kegelbahn, Kleingolfplatz, Tischtennis, Leihbücherei, Kosmetikpraxis. 7 Skilifte (teils mit Flutlicht), Skischule, Wintersportgeräte-Verleih.

Aftersteg (780 m). Staatlich anerkannter Erholungsort. Kleine Kuranlage mit Wassertretbecken, Kegelbahn, Gartenschach. Naturparkweg zum Todtnauer Wasserfall. Skilift, Wintercamping.

Brandenberg-Fahl (800–850 m). Zwei Ferienorte unter dem Feldberg-Pass. Kleines Kurzentrum mit Gästeräumen. Hallenbad und Sauna. Lifte, Slalom / Riesenslalom, Alpine Skischule.

1a **Beantworte die Fragen mit „Ja, das kann man" oder „Nein, das kann man nicht".**
Beispiel: 1 *Ja, das kann man.*

1 Kann man in Muggenbrunn ein Buch ausleihen?
2 Kann man in Todtnau kegeln?
3 Kann man in Aftersteg zelten?
4 Kann man in Brandenberg-Fahl zelten?
5 Kann man in Todtnauberg übernachten?
6 Kann man in Muggenbrunn Skilaufen lernen?
7 Kann man in Aftersteg Tischtennis spielen?
8 Kann man in Todtnauberg Kaffee trinken?
9 Kann man in Brandenberg-Fahl Minigolf spielen?
10 Kann man in Todtnau eine Massage haben?

1b **Partnerarbeit. Partner(in) A (▲) stellt die Fragen aus Übung 1a.**
Partner(in) B (●) antwortet.
Beispiel: 1 ▲ Kann man in Muggenbrunn ein Buch ausleihen?
● Ja, das kann man.

1c **Schreib Informationen über die Ferienorte auf.**
Beispiel: *In Muggenbrunn kann man ein Buch ausleihen, zelten, Tennis spielen und Ski laufen.*
In Todtnau kann man … (schreib weiter).

2 **Mach mit Hilfe eines Computers eine Broschüre für eine Region, die du kennst**
(z. B. Peak District, Pennines, New Forest). Was kann man da machen?
Beispiel:

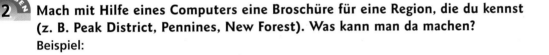

Willkommen in Südengland

Salisbury Plain ist eine hübsche Gegend
in Südengland. Die Landschaft ist toll und
man kann wandern und Rad fahren. In
der Nähe liegt Salisbury. Hier kann
man gut einkaufen und die Kathedrale
besichtigen … (usw.)

Try to include plenty of detail and make
your brochure as enticing as possible!
This topic is suitable for an illustrated presentation
or a piece of coursework. (See pages 178–179.)

Wörter

Länder	Countries
in Afrika	*in Africa*
in Amerika	*in America*
in Belgien	*in Belgium*
in Dänemark	*in Denmark*
in Frankreich	*in France*
in Griechenland	*in Greece*
in Großbritannien	*in Great Britain*
in Holland	*in Holland*
in Irland	*in Ireland*
in Italien	*in Italy*
in Norwegen	*in Norway*
in Österreich	*in Austria*
in Polen	*in Poland*
in Rumänien	*in Romania*
in Russland	*in Russia*
in Schottland	*in Scotland*
in Schweden	*in Sweden*
in Spanien	*in Spain*
in Ungarn	*in Hungary*
in Wales	*in Wales*
in den Alpen	*in the Alps*
in den USA	*in the USA*
in der Schweiz	*in Switzerland*
in der Slowakei	*in Slovakia*
in der Tschechischen Republik	*in the Czech Republic*
in der Türkei	*in Turkey*

Das Wetter	The weather
Es ist kalt.	*It's cold.*
neblig.	*foggy.*
stürmisch.	*stormy.*
sonnig.	*sunny.*
windig.	*windy.*
wolkig.	*cloudy.*
warm.	*warm.*
kühl.	*cool.*
nass.	*wet.*
heiter.	*bright.*
Es regnet.	*It's raining.*
blitzt.	*There's lightning.*
donnert.	*There's thunder.*
friert.	*It's freezing.*
schneit.	*It's snowing.*
hagelt.	*It's hailing.*
Es gibt Frost.	*There's frost.*
Gewitter.	*There's a storm.*
Nebel.	*There's fog.*
Regen.	*There's rain.*
Schauer.	*There are showers.*
Schnee.	*There's snow.*
Sonne.	*There's sunshine.*
Wind.	*There's wind.*

Nationalitäten	Nationalities
Ich bin …	*I am …*
Er / Sie ist …	*He / She is …*
Amerikaner / Amerikanerin.	*American.*
Deutscher / Deutsche.	*German.*
Engländer / Engländerin.	*English.*
Franzose / Französin.	*French.*
Holländer / Holländerin.	*Dutch.*
Ire / Irin.	*Irish.*
Italiener / Italienerin.	*Italian.*
Österreicher / Österreicherin.	*Austrian.*
Schweizer / Schweizerin.	*Swiss.*
Spanier / Spanierin.	*Spanish.*
männlich.	*male.*
weiblich.	*female.*

Die Ferien	The holidays
Ich / Er / Sie möchte (gern / lieber) ans Meer fahren.	*I / He / She would like (prefer) to go to the seaside.*
Wir möchten aufs Land fahren.	*We would like to go to the country.*
Wir wollen in die Berge fahren.	*We want to go to the mountains.*
ins Ausland fahren.	*go abroad.*
nach Amerika fliegen.	*fly to America.*
zu einem Ferienpark fahren.	*go to a holiday park.*
eine Städtetour machen.	*do a city break.*
eine Flugreise machen.	*make a plane trip.*
Da kann man schwimmen.	*There you can swim.*
in der Sonne liegen.	*lie in the sun.*
faulenzen.	*be lazy.*
wandern.	*go walking.*
Mountainbike fahren.	*go mountain-biking.*
in die Disco gehen.	*go to the disco.*
Können Sie mir bitte Informationen schicken?	*Can you please send me information?*
eine Broschüre / Broschüren	*a brochure / some brochures*
einen Prospekt / Prospekte	*a leaflet / some leaflets*
einen Plan / Pläne	*a town plan / some town plans*
eine Landkarte / Landkarten	*a map / some maps*
Sehr geehrte Damen und Herren!	*Dear Sir or Madam*
Hochachtungsvoll	*Yours sincerely (very formal)*
Mit freundlichen Grüßen	*Yours sincerely*
Vielen Dank für Ihren Brief.	*Many thanks for your letter.*

Unterkunft

Haben Sie ein Zimmer frei für eine Person?
  zwei Personen?
Haben Sie ein Einzelzimmer?
  ein Doppelzimmer?
Wie viel kostet …?
Ich möchte reservieren.
Ich möchte eine Nacht bleiben.
Wir möchten zwei Nächte bleiben.
  eine Woche
Ist das Zimmer mit Dusche / Bad /
  Fernsehen / inklusive Frühstück?
Gibt es einen Aufzug / ein Restaurant?
Ich möchte Halbpension / Vollpension.
Um wie viel Uhr ist Frühstück / Abendessen?
Kann ich bitte die Rechnung haben?
  meinen Schlüssel haben?
  zahlen?

Accommodation

Have you got a room for one person?
  two people?
Have you got a single room?
  a double room?
How much is …?
I'd like to book.
I'd like to stay one night.
We'd like to stay two nights.
  a week.
Does the room have a shower / bath /
  TV / include breakfast?
Is there a lift / restaurant?
I'd like half-board / full board.
What time is breakfast / supper?
Can I have the bill, please?
  my key?
  pay?

Probleme mit der Unterkunft

Die Dusche ist kalt.
Der Fernseher ist kaputt.
Das Zimmer ist schmutzig.
Das Hotel ist zu teuer.

Problems with accommodation

The shower is cold.
The TV is broken.
The room is dirty.
The hotel is too expensive.

Die letzten Ferien

Ich war in Spanien / Dänemark.
Wir waren in Schottland.
Ich bin mit meiner Familie dorthin gefahren.
Wir sind mit Freunden dorthin gefahren.
Wir sind eine Woche / zwei Wochen geblieben.
Das Wetter war super.
Ich bin mit dem Auto gefahren.
Wir sind mit dem Bus gefahren.
  mit dem Rad.
  mit dem Zug.
  mit dem Flugzeug geflogen.
Ich habe in einem Hotel übernachtet.
Wir haben in einem Gasthaus gewohnt.
  in einem Wohnwagen
  auf einem Campingplatz
Das Wetter war sonnig.
  stürmisch.
  regnerisch.
  windig.
  neblig.
  warm.
  kalt.
  heiß.
  super.
  okay.
  schlecht.
  (nicht) gut.
Es hat (viel) geregnet.

Last holidays

I was in Spain / Denmark.
We were in Scotland.
I went there with my family.
We went there with friends.
We stayed one week / two weeks.
The weather was great.
I went by car.
We went by bus.
  by bike.
  by train.
  by plane.
I spent the night in a hotel.
We stayed in a guest house.
  in a caravan.
  on a campsite.
The weather was sunny.
  stormy.
  rainy.
  windy.
  foggy.
  warm.
  cold.
  hot.
  super.
  okay.
  bad.
  (not) good.
It rained a lot.

Urlaubsspaß

Ich habe in Paris gegessen.
Wir haben im Urlaub geangelt.
Er / Sie hat am ersten Tag getanzt.
Sie haben am zweiten Tag eingekauft.
  am Abend Fotos gemacht.
  am nächsten Tag mich / uns gesonnt.
  eine Rundfahrt gemacht.
  Tennis gespielt.
  Freunde getroffen.
Ich bin in die Disco gegangen.
Wir sind ins Kino gegangen.
  ins Restaurant
  ins Schwimmbad
Er / Sie ist ins Museum gegangen.
  ins Sportzentrum
Sie sind zum Strand gegangen.
  geschwommen.
  gewandert.
  spazieren gegangen.
  Ski gefahren.
  ausgegangen.

Holiday fun

I ate in Paris.
We went fishing on holiday.
He / She went dancing on the first day.
They went shopping on the second day.
  took photos in the evening.
  sunbathed on the next day.
  did a tour.
  played tennis.
  met friends.
I went to the disco.
We went to the cinema.
  to the restaurant.
  to the swimming pool.
He / She went to the museum.
  to the sports centre.
They went to the beach.
  went swimming.
  went hiking.
  went for a walk.
  went skiing.
  went out.

SPRECHEN   SPRECHEN   SPRECHEN   SPRECHEN   SPRECHEN

Speaking Tasks

Gespräch
Remember: use all the prompts to help you piece together a long, detailed response. Further details on page 38.

Rollenspiel
Remember: take it in turns to act out the parts of the role-play and try to include as many 'unexpected' responses as you can. Further details on page 38.

3 Wir haben frei!

Gespräch 1

▲ Was machst du in deiner Freizeit?

● Sag:
  – was du gern (und nicht gern) im Fernsehen siehst und warum
  – was für Musik du magst (und nicht magst) und warum
  – ob du ein Musikinstrument spielst
  – was du sammelst
  – was du machst, wenn du ausgehst
  – was du gestern und am letzten Wochenende gemacht hast
  – was der letzte Film war, den du gesehen hast.
  – wie du den Film gefunden hast.

Gespräch 2

▲ Interessierst du dich für Sport?

● Sag:
  – ob du gern Sport treibst
  – was du spielst und wie oft
  – wie du die Sportarten findest
  – wann du zum letzten Mal Sport getrieben hast
  – ob du im Fernsehen Sport siehst
  – ob du eine Lieblingsmannschaft hast.

Rollenspiel 1
You are talking to a German friend.

▲ Schwimmen?   ● ✗, krank.
▲ Stadt?   ● ✗, kein Geld.
▲ Kino?   ● ✗, müde.

Rollenspiel 2
You ring up a cinema.

▲ Film?   ● Titel, Filmtyp.
▲ Beginn?   ● Zeit.
▲ Preis?   ● Preis.
▲ ???!!!?

72 zweiundsiebzig

Gespräch 1

▲ Was möchtest du in den nächsten Ferien machen?

● Sag:
- wohin du gern fahren möchtest
- was man da machen kann
- wie das Wetter dort ist.

Gespräch 2

▲ Was hast du in den letzten Ferien gemacht?

● Sag:
- wo du in den letzten Ferien warst
- mit wem du gefahren bist
- wie du gefahren bist
- wo du gewohnt hast
- wie lange du geblieben bist
- wie das Wetter war
- was du gemacht hast
- wie du es gefunden hast.

Rollenspiel 1
You ring up a hotel.

▲ Zimmer / 2 Personen?
▲ 2 Zimmer / 1 Person?
▲ Preis?
▲ (Wie lange.) Dusche?
▲ Restaurant?
▲ Frühstück?

● ✗
● ✔
● (Preis.) Wie lange?
● ✔
● ✔ 1. Etage.
● Zeit.

Rollenspiel 2
You are speaking to a hotel receptionist.

▲ Problem?
▲ Alles?
▲ Pech!
▲ Pech!

● Zimmer kalt.
● Fernseher kaputt.
● Essen teuer.
● Direktor sprechen.

Vortrag
You can write up all the information about your free time, hobbies and holidays and learn it for possible use as a presentation (*Vortrag*) in the Speaking Test. Record it as well. It needs to last about three minutes and include references to the past and the future, as well as some opinions. You can use a photo and describe it as part of the presentation.

5 Meine Stadt

1 Wo ich wohne

Talking about your home town

1a Lies den Text. Sind die Sätze richtig oder falsch?
Beispiel: 1 *Falsch*

LOGOSTADT Machen Sie Urlaub in Österreich? Dann vergessen Sie nicht, Logostadt zu besuchen! Logostadt ist eine niedliche Kleinstadt in der Nähe von Wien in Südösterreich. Logostadt ist eine historische Stadt, die im Jahr 1623 gegründet wurde. Logostadt hat ungefähr 6000 Einwohner. Der Fluss Wimme fließt durch Logostadt, wo es auch einen Park gibt. Wie kommt man am besten nach Logostadt? Na, mit dem Zug, natürlich. Es gibt einen Bahnhof. Das Rathaus ist interessant und liegt direkt in der Stadtmitte, in der Nähe vom Marktplatz. Die Landschaft um Logostadt ist sehr schön, mit Bergen und Wäldern, wo man gut wandern kann. Logostadt ist auch ein Einkaufsparadies! Hier gibt es ein modernes Einkaufszentrum mit vielen Geschäften. Früher gab es hier ein Schloss, aber jetzt nicht mehr.

1 Logostadt ist eine große Stadt.
2 Logostadt liegt in Süddeutschland.
3 Es gibt 60 000 Einwohner in Logostadt.
4 Logostadt hat keinen Bahnhof.
5 Logostadt hat zwei Krankenhäuser.
6 Logostadt hat ein Rathaus.
7 Es gibt kein Einkaufszentrum in Logostadt.
8 Die Landschaft um Logostadt ist gut für Wanderer.
9 Man kann mit dem Zug nach Logostadt fahren
10 Es gibt einen Fluss in Logostadt.

1b Schreib die richtigen Antworten aus Übung 1a auf.
Beispiel: 1 *Logostadt ist eine Kleinstadt.*

2 Hör zu! Wer lügt? Wer wohnt in Logostadt? Wer wohnt nicht in Logostadt?
Mach Notizen und schreib „er / sie lügt" oder „er / sie lügt nicht" (lügen = to lie).
Beispiel: 1
Richard: Fluss ✔, Zoo ✘. Er lügt, er wohnt nicht in Logostadt.

Rückblick Rückblick

3 Partnerarbeit.

Beispiel:

▲ Was für eine Stadt ist Malton?
● Malton ist eine Kleinstadt.
▲ Wo liegt Malton?
● Malton liegt in Nordengland.
▲ Was gibt es in Malton?
● Es gibt eine Kirche und einen Marktplatz.
▲ Wie viele Einwohner hat Malton?
● Malton hat (ungefähr) 7000 Einwohner.

Grammatik

kein: no, not a

There is a …:

	masculine	feminine
Es gibt	einen Marktplatz	eine Kirche

There isn't a …:

	masculine	feminine	neut…
Es gibt	keinen Marktplatz	keine Kirche	kein Ra…

> Lern weiter ▶ 5.13, Seite 21…

I	2	3

Ich wohne auf dem Land / an der Küste / am Meer.				
Ich wohne in …				
Das ist	eine Kleinstadt / Großstadt / Hafenstadt / Industriestadt / Touristenstadt. ein Dorf. die Hauptstadt von … ein Vorort von …			
… liegt in	Nordengland / Ostschottland / Südwales / Westirland / Nordirland.			
… liegt in der Nähe von …				
In … gibt es / haben wir	einen Bahnhof / Dom / Fluss / Marktplatz / Park / Zoo. eine Brücke / Kirche / Tankstelle / Universität. ein Krankenhaus / Museum / Rathaus / Schloss. viele Geschäfte / einige Schulen.			
… hat ungefähr … Einwohner.				

4 Beschreib *deine* Stadt.

In … gibt es … In … gibt es auch Wir haben auch …	viele Restaurants / Sehenswürdigkeiten / Hotels / Kneipen / Kaufhäuser. einen Hafen / Sportplatz / Golfplatz / Campingplatz / Strand. eine Polizeiwache / Kunsthalle / Bibliothek / Post / Stadtmauer / Sporthalle. ein Freizeitzentrum / Stadion / Schwimmbad.

This topic is suitable for an illustrated oral presentation.

Kursarbeit: Seite 180–181

...es zu tun?

...lo in town

neuter
...ein Rathaus.
...thaus.

...richtige Antwort. Schreib Sätze.
...tanzen gehen.

> Am Abend geht es in Logostadt erst richtig los! Logostadt ist klein, aber fein. In der Stadtmitte gibt es für junge Leute so viel zu erleben! Wir haben eine tolle Auswahl an Restaurants mit Spezialitäten aus vielen Ländern, mehrere Diskotheken, zwei Kinos und ein großes Theater. Nächstes Jahr wird es hier ein Shakespeare-Festival geben.
> Auch sportlichen Personen hat Logostadt viel zu bieten: Das Logostädter Sportzentrum hat mehrere Tennisplätze, zwei Schwimmbäder (ein Hallenbad und ein Freibad) und einen Golfplatz. Letztes Jahr fand die deutsche Golfmeisterschaft hier statt. Logostadt: die historische Stadt mit dem jugendlichen Image!

1 In Logostadt kann man gut / nicht so gut tanzen gehen.
2 In Logostadt kann man gut / nicht so gut essen gehen.
3 In Logostadt kann man einen Film sehen / keinen Film sehen.
4 In Logostadt kann man ein Theaterstück sehen / kein Theaterstück sehen.
5 Logostadt ist gut / nicht so gut für Sport.
6 Am Abend ist in Logostadt viel / nicht viel los.

2a HÖREN
Hör zu! Wer wohnt wo?
Beispiel: 1 f

2b SCHREIBEN
Was kann man in den Städten in Übung 2a machen?
Beispiel: 1 Man kann gut essen gehen.

Rückblick   Rückblick

3 Partnerarbeit. Partner(in) A (▲) stellt die Fragen. Partner(in) B (●) antwortet.

Beispiel: ▲ Kann man in Toddletown gut essen gehen?
● Ja, man kann gut essen gehen.
▲ Kann man in Toddletown gut Sport treiben?
● Nein, man kann nicht gut Sport treiben.
▲ Kann man in Toddletown gut einkaufen?
● Ja, …
▲ Ist Toddletown gut für junge Leute?
● Nein, …

Toddletown	✔	✘	✔	✘
Trippburg	✔	✔	✔	✔
Trappstadt	✘	✘	✘	✘

Was gibt es in deiner Stadt zu tun?
Man kann gut / nicht gut essen gehen. Es gibt viele / nicht viele Kneipen und Restaurants.
Man kann gut / nicht gut Sport treiben. Es gibt ein Sportzentrum / kein Sportzentrum usw.
Man kann gut / nicht gut einkaufen. Es gibt viele Geschäfte. / Es gibt nicht viele Geschäfte.
… ist gut / nicht gut für junge Leute.
Wir haben ein Kino / ein Jugendzentrum / eine Disco usw.
Wir haben kein Kino / kein Jugendzentrum / keine Disco usw.

4 Beschreib deine eigene Stadt / dein eigenes Dorf (80–100 Wörter).

Use the questions from Exercise 3 to write a description of your own town or village. If you live in the country, write about the nearest town. If there's not much to say, invent some things. Mention eating out, sport, shopping and things to do for young people. Also include some opinions and, if possible, a past tense. Give as much detail as you can. When it has been checked, you can learn it for a presentation.

5 Verbinde die Schilder mit den Anweisungen.

Beispiel: 1 *e*

1 Das Stadtzentrum.
2 Hier kann man kein Auto stehen lassen.
3 Hier darf man nur zu Fuß gehen.
4 Hier fahren die Züge.
5 Man darf nicht auf das Gras gehen.
6 Hier kann man hinausgehen, wenn es brennt!
7 Keine Zigaretten, bitte!
8 Hier hält die Straßenbahn.
9 Hier darf man nicht hineinfahren.
10 Von rechts nach links ist okay, aber nicht von links nach rechts.

a **Rasen nich betreten**
b **Rauchen verboten**
c **Einbahnstraße**
d **Haltestelle**
e **Stadtmitte**
f **Parken nicht erlaubt**
g **Einfahrt verboten**
h **Hauptbahnhof**
i **Notausgang**
j **Fußgängerzone**

Rückblick   Rückblick

3 Wie komme ich ...?

Finding the way

1a **Hör zu und finde die Gebäude.**
Beispiel: 1 *b*

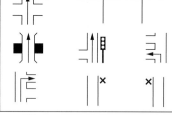

Gehen Sie	geradeaus / links / rechts / um die Ecke. über die Brücke / Ampel / den Marktplatz bis zur Brücke / Ampel / zum Marktplatz. am Kino / an der Kirche vorbei.

Nehmen Sie die erste / zweite Straße links / rechts.
Er / Sie / Es ist auf der rechten / linken Seite.

Listening

When asking for directions, the problem often is, even in your own language, that the reply is really fast and you can't remember it. Luckily, the range of possibilities is limited, so listen out for the most important words such as *links, rechts, geradeaus, erste, zweite,* etc. Make notes as you go along. In real life, it would be quite natural to say *bitte?* or *wie bitte?* and get the person to repeat the instruction.

1b LESEN

Lies die Anweisungen, finde das Gebäude und schreib die Frage auf.
Beispiel: 1 *Wie komme ich am besten zum Bahnhof?*

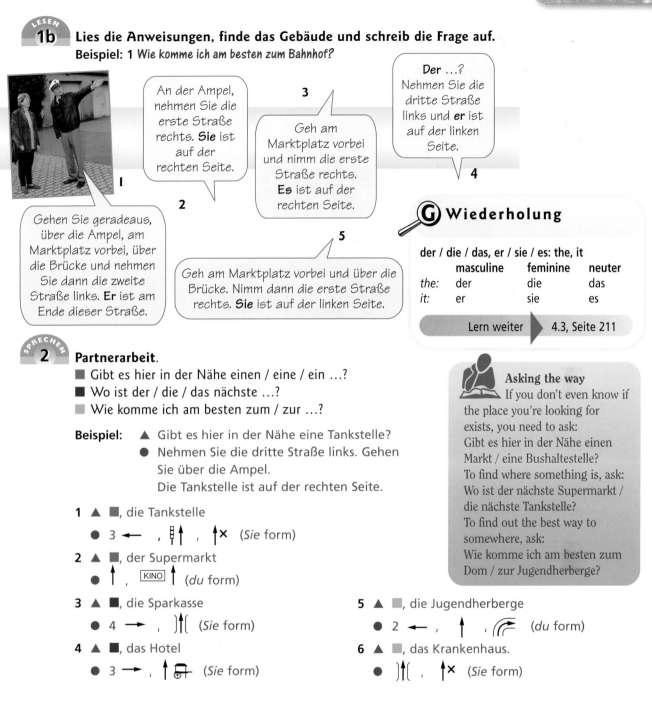

> **1** Gehen Sie geradeaus, über die Ampel, am Marktplatz vorbei, über die Brücke und nehmen Sie dann die zweite Straße links. **Er** ist am Ende dieser Straße.

> **2** An der Ampel, nehmen Sie die erste Straße rechts. **Sie** ist auf der rechten Seite.

> **3** Geh am Marktplatz vorbei und nimm die erste Straße rechts. **Es** ist auf der rechten Seite.

> **4** Der …? Nehmen Sie die dritte Straße links und **er** ist auf der linken Seite.

> **5** Geh am Marktplatz vorbei und über die Brücke. Nimm dann die erste Straße rechts. **Sie** ist auf der linken Seite.

G Wiederholung

der / die / das, er / sie / es: the, it

	masculine	feminine	neuter
the:	der	die	das
it:	er	sie	es

Lern weiter ▶ 4.3, Seite 211

2 SPRECHEN

Partnerarbeit.

- Gibt es hier in der Nähe einen / eine / ein …?
- Wo ist der / die / das nächste …?
- Wie komme ich am besten zum / zur …?

Beispiel:
▲ Gibt es hier in der Nähe eine Tankstelle?
● Nehmen Sie die dritte Straße links. Gehen Sie über die Ampel.
Die Tankstelle ist auf der rechten Seite.

1 ▲ ■, die Tankstelle
  ● 3 ←, ⛟↑, ↑✕ (*Sie* form)

2 ▲ ■, der Supermarkt
  ● ↑, KINO ↑ (*du* form)

3 ▲ ■, die Sparkasse
  ● 4 →, ⫩ (*Sie* form)

4 ▲ ■, das Hotel
  ● 3 →, ↑⊝ (*Sie* form)

5 ▲ ■, die Jugendherberge
  ● 2 ←, ↑, ⤶ (*du* form)

6 ▲ ■, das Krankenhaus.
  ● ⫩, ↑✕ (*Sie* form)

> 📖 **Asking the way**
> If you don't even know if the place you're looking for exists, you need to ask:
> Gibt es hier in der Nähe einen Markt / eine Bushaltestelle?
> To find where something is, ask:
> Wo ist der nächste Supermarkt / die nächste Tankstelle?
> To find out the best way to somewhere, ask:
> Wie komme ich am besten zum Dom / zur Jugendherberge?

3 SCHREIBEN

Schreib einen Zettel an deinen neuen Freund / deine neue Freundin. Wie kommt man am besten vom Bahnhof zu deinem Haus?

Geh geradeaus und über …

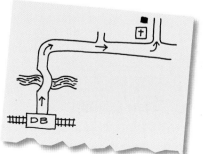

4 Transportmöglichkeiten

Getting around by public transport

1 **Hör zu! Welches Bild passt zu welchem Dialog?**
Beispiel: 1 c

I Wie fahre ich am besten zum Hauptbahnhof?

2 Wo ist die nächste Toilette?

3 Ist das weit von hier?

4 Haben Sie einen Fahrplan für die U-Bahn?

5 Kann ich hier eine Fahrkarte kaufen?

6 Haben Sie eine Broschüre über die Stadt?

a

b

c

d Köln

e

f

Im Verkehrsverein

Wie	fahre komme	ich am besten	zum Hafen / Flughafen? zur Stadtmitte? nach Berlin / Leipzig / Frankfurt?	
Fahren Sie	mit der U-Bahn / S-Bahn / Straßenbahn, mit dem Bus,		Linie …, Richtung …	
Gehen Sie zu Fuß.				
Haben Sie einen Fahrplan für die Bundesbahn / Straßenbahn / S-Bahn / U-Bahn / Busse? Haben Sie einen Stadtplan von Berlin? Haben Sie eine Broschüre / eine Hotelliste über Berlin?				

Grammatik

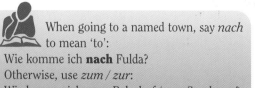

When going to a named town, say *nach* to mean 'to':
Wie komme ich **nach** Fulda?
Otherwise, use *zum / zur*:
Wie komme ich **zum** Bahnhof / **zur** Sparkasse?

mit + …: travelling by …
mit dem Bus ('with the bus' – in English 'on the bus')

masculine	feminine	neuter
mit dem Zug	mit der Bahn	mit dem Rad

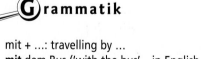

Lern weiter   6.2, Seite 221

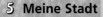

2 **Partnerarbeit.**

Beispiel: 1 ▲ Wie fahre ich am besten zum Schloss?
● Fahren Sie mit dem Bus, Linie 3.

1 ▲ [🏰] ?
● [🚌] 3

2 ▲ [✈] ?
● [🚊] 9

3 ▲ [🏙] ?
● [🚋] 2

4 ▲ Haben Sie eine [HOTELS 🏢] ?
● Ja, bitte schön.

5 ▲ [HAMBURG] ?
● Nein, leider nicht.

6 ▲ [Dortmund 🗺] ?
● Ja, bitte schön.

3 **Lies den Text. Was ist der Preis?**
Beispiel: 1 *Eine Broschüre über Berlin kostet € 1,00.*

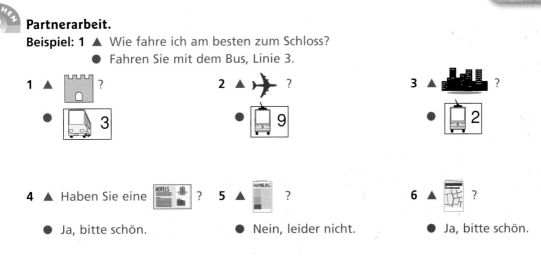

Suchen Sie eine Broschüre über Berlin (1) oder einen Stadtplan von Frankfurt (2)? Im deutschen Fremdenverkehrsbüro finden Sie alles, was Sie über die Attraktionen und die Transportmöglichkeiten in Deutschland informiert.

Möchten Sie eine Busfahrt machen? Dann brauchen Sie natürlich einen Fahrplan für die Busse (3). Oder wenn Sie lieber mit der Bahn fahren möchten, finden Sie hier sämtliche Bundesbahnfahrpläne (4).

Wenn Sie Unterkunft brauchen, dann haben wir alles, was Sie brauchen. Wir haben Informationen über die besten und die preiswertesten Hotels Deutschlands (5). Kurz gesagt, wenn Sie einen Deutschlandurlaub planen, dann nichts wie los ins deutsche Fremdenverkehrsbüro.

www.fremdenverkehr.de

Busse
€ 0,50

die Bahn
€ 2,50

HOTELS   Kostenlos

BERLIN
€ 1,00

FRANKFURT
€ 1,50

5 Die Bundesbahn

Asking for information at a train station

Wann fährt der nächste Zug nach …?

Von welchem Gleis fährt der Zug?

Einmal einfach, bitte!

Einmal, hin und zurück.

Wann kommt der Zug in … an?

Muss ich einen Zuschlag zahlen?

Muss ich umsteigen?

1 Hör zu! Wähle die richtige Antwort.
Beispiel: 1 Bornholm

1 Der Herr fährt nach Bromberg / Bornholm / Berlin.
2 Der Zug fährt um 4 Uhr 30 / 14 Uhr 15 / 14 Uhr 30.
3 Der Zug fährt von Gleis 4 / 21 / 14 ab.
4 Die Fahrkarte ist einfach / hin und zurück.
5 Die Fahrkarte kostet € 6,00 / € 2,00 / € 11,00.
6 Der Zug kommt um 16 Uhr 45 / 14 Uhr 54 / 14 Uhr 45 an.
7 Der Herr muss in Bornholm / in Strande / nicht umsteigen.

2 Hör zu, lies den Dialog und beantworte die Fragen (ganze Sätze, bitte!).
Beispiel: 1 Er fährt nach Bromberg.

Kunde:	Guten Tag! Wann fährt der nächste Zug nach Bromberg?
Beamtin:	Um 14.40 Uhr.
Kunde:	Von welchem Gleis?
Beamtin:	Gleis 14.
Kunde:	Einmal, bitte.
Beamtin:	Einfach oder hin und zurück?
Kunde:	Einfach. Was kostet die Karte?
Beamtin:	Sechs Euro.
Kunde:	Muss ich einen Zuschlag zahlen?
Beamtin:	Nein, das ist nicht nötig.
Kunde:	Wann kommt der Zug in Bromberg an?
Beamtin:	Um 14.54 Uhr.
Kunde:	Muss ich umsteigen?
Beamtin:	Nein.

1 Wohin fährt der Herr?
2 Wann fährt der Zug ab?
3 Von welchem Gleis?
4 Will der Herr einfach oder hin und zurück?

5 Was kostet die Fahrkarte?
6 Muss er einen Zuschlag zahlen?
7 Wann kommt der Zug an?
8 Muss der Herr umsteigen?

3 Partnerarbeit.

Beispiel: 1 ▲ Wann fährt der Zug nach Nordenham?
● Um 10.00 Uhr.
▲ Und wann kommt er an?
● Um 12.33 Uhr.
▲ Von welchem Gleis fährt der Zug?
● Von Gleis 2.

einmal / zweimal / dreimal	einfach ⟶ hin und zurück ⟷

eine einfache Karte / eine Rückfahrkarte
erste / zweite Klasse

Muss ich umsteigen?
Muss ich einen Zuschlag zahlen?

Fahrplan ab Bremen

	Ab	An	Gleis
1	10.00	Nordenham 12.33	2
2	10.10	Cloppenburg 13.23	4
3	10.42	Oldenburg 12.18	8
4	10.59	Jever 13.10	6
5	11.06	Hamburg 13.01	3
6	11.12	Bremerhaven 12.57	7

4 Partnerarbeit. Lest den Dialog und macht Gespräche.

Beispiel: 1 ▲ Einmal nach Stuttgart, bitte.
● Einfach oder hin und zurück?
▲ Einfach.
● Erste oder zweite Klasse?
▲ Zweite Klasse, bitte.
● Bitte schön.
▲ Was kostet die Karte?
● Zwölf Euro.
▲ Muss ich umsteigen?
● Ja, in Heidelberg.

1 Stuttgart / ⟶ / 2. Kl. / €12,00 / Heidelberg
2 Wismar (x2) / ⟷ / 2. Kl. / €94,50 / nein
3 Kiel / ⟶ / 1. Kl. / €34,50 / Hamburg
4 Wien / ⟷ / 2. Kl. / 46 Schillinge / nein
5 Konstanz (x3) / ⟶ / 1. Kl. / 76 Franken / Luzern
6 Frankfurt / ⟷ / 2. Kl. / €21,00 / Koblenz

Role-play
When doing role-play exercises, always be sure to look carefully at the instructions. Don't throw away marks by omitting part of a task. At Higher Level, be prepared for an unexpected response from the examiner, requiring you to change what you plan to say.

5 Beschreib drei Fahrten mit dem Zug.

Beispiel: Roland: Ich bin nach Mainz gefahren. Ich habe eine einfache Karte gekauft, zweite Klasse.
Die Karte hat fünfzehn Euro gekostet und ich bin in Wiesbaden umgestiegen.

1 Roland: Mainz / ⟶ / 2. Kl. / €15,00 / Wiesbaden
2 Ilse: Graz (x2) / ⟷ / 2. Kl. / 66 Schillinge / nein
3 Jens: Bern / ⟶ / 1. Kl. / 62 Franken / Luzern

6 Welche Schilder haben welche Bedeutung?

Beispiel: 1 j

1 smoking
2 non-smoking
3 where to get in
4 where to get out
5 departures
6 arrivals
7 timetable
8 information
9 to the platforms
10 tickets

a Einstieg   b Ausstieg   c Zu den Gleisen

d Nichtraucher   e Fahrscheine   f Abfahrt

g Ankunft   h Fahrplan

i Auskunft   j Raucher

6 Meine Traumstadt

Advantages and disadvantages of where you live

1a Hör zu! Wer wohnt wo? Wohnt er / sie gern oder nicht gern da? Schreib die Tabelle ab und füll sie aus.

	Auf dem Land	In der Großstadt	In einem Dorf	In einer Kleinstadt	Gern	Nicht gern
1 Matthias		✔			✔	
2 Irena						
3 Ricky						
4 Viktoria						

1b Schreib die Sätze aus Übung 1a auf.

Beispiel: **1** Matthias wohnt gern in der Großstadt.

G Wiederholung

weil: because
Remember that *weil* sends the verb to the **end** of the sentence.
Beispiel: Ich wohne gern in Hamburg, **weil** es abwechslungsreich **ist**.

Lern weiter ▶ 7.5, Seite 224

Hamburg ist eine Großstadt.

| Ich | wohne | gern nicht gern | in der Großstadt, in einer Kleinstadt, | weil | sie | abwechslungsreich laut schön | ist. |
| | lebe | lieber am liebsten | in einem Dorf, auf dem Land, | | es | ruhig schmutzig langweilig | |

2 Partnerarbeit.

Beispiel: **1** ▲ Wohnst du gern in der Großstadt?
● Ja, ich wohne gern in der Großstadt, weil sie abwechslungsreich ist.

1 ▲ Großstadt?
● ✔ abwechslungsreich
2 ▲ Dorf?
● ✗ langweilig

3 ▲ Land?
● ✔ ruhig
4 ▲ Kleinstadt?
● ✗ schmutzig

3 Lies den Artikel und beantworte die Fragen (ganze Sätze, bitte!).
Beispiel: 1 *Er wohnt in München.*

Wo würdest du gern leben, wenn du im Lotto gewinnen würdest? *Supa!* fragt drei Personen

Frank Farian: Im Moment wohne ich in München. Ich würde lieber in den Alpen leben, weil man da so toll Ski laufen kann. Da ist die Luft auch so schön sauber. Aber ich würde am liebsten in der Karibik leben. Ich mag das warme Wetter und das Meer.

Teddi Petersen: Ich gewinne im Lotto?! Ha, ha! Aber ... wenn ich im Lotto gewinnen würde, würde ich am liebsten in Paris leben. Das ist meine Traumstadt. Ich muss sagen, ich wohne nicht sehr gern hier in Dortmund, ich würde lieber am Meer leben.

Sofia Töllner: Wenn ich im Lotto gewinnen würde, würde ich nach Amerika ziehen. Ich wohne jetzt gern in Österreich, aber ich würde lieber in Spanien oder Italien leben. Aber am liebsten würde ich in New York leben. Da ist so viel los!

1 Wo wohnt Frank?	6 Wo würde sie am liebsten wohnen?
2 Wo würde er lieber wohnen?	7 Wo wohnt Teddi?
3 Wo würde er am liebsten wohnen?	8 Wohnt er gern da?
4 Wo wohnt Sofia?	9 Wo würde er lieber wohnen?
5 Wo würde sie lieber wohnen?	10 Wo würde er am liebsten wohnen?

Grammatik

wenn ich ..., würde ich ...: if I ..., I would ...
Saying what you **would** do, if ...:

Wenn ich Zeit hätte,	würde ich	reisen.
Wenn ich viel Geld hätte,		in Amerika leben.
Wenn ich im Lotto gewinnen würde,		ein Haus / einen Sportwagen kaufen usw.

> Lern weiter ▶ 5.16, Seite 217

4 Und du? Was würdest du machen, wenn du im Lotto gewinnen würdest? Wo würdest du leben? Was würdest du kaufen?

Wenn ich im Lotto gewinnen würde, würde ich ...

7 Deutsche Städte, englische Städte

Comparing English and German towns

1 Lies die Texte über die drei Städte und beantworte die Fragen auf Deutsch
(ganze Sätze, bitte!).

Beispiel: 1 *Delmenhorst ist die beste Stadt für junge Leute.*

Bridport

Willkommen in Bridport!
Bridport ist eine
hübsche Kleinstadt in der
Grafschaft Dorset in
Südengland. Bridport hat
10 000 Einwohner und ist
sehr alt. Die Stadt wurde im
Jahr 1227 gegründet.
Bridport ist sehr ruhig: ideal
für ältere Leute!

Engelberg

Willkommen in Engelberg!
Engelberg ist eine ziemlich
große Stadt in der Schweiz.
Engelberg hat 40 000
Einwohner und ist ganz alt
und ziemlich historisch. Die
Stadt wurde 1460 gegründet.
Engelberg ist auch ganz ruhig:
gut für Kinder und auch für
ihre Eltern!

Delmenhorst

Herzliche Grüße aus
Delmenhorst. Delmenhorst ist
eine ziemlich große Stadt im
Land Niedersachsen in
Norddeutschland.
Delmenhorst hat 60 000
Einwohner und ist ganz
modern. Die Stadt wurde
1725 gegründet. Delmenhorst
ist sehr abwechslungsreich:
perfekt für junge Leute!

1 Welche Stadt ist die beste für junge Leute?	5 Welche Stadt ist die älteste?
2 Welche Stadt ist die ruhigste?	6 Welche Stadt ist die abwechslungsreichste?
3 Welche Stadt ist die größte?	7 Welche Stadt ist die modernste?
4 Welche Stadt ist die kleinste?	8 Welche Stadt ist die beste für Kinder?

Grammatik

Der Komparativ: the comparative
... ist besser / schlechter / größer / kleiner / älter / moderner / ruhiger / abwechslungsreicher / teurer / billiger als ...
Der Superlativ: the superlative
... ist der / die / das beste / schlechteste / größte / kleinste / älteste / modernste / ruhigste / abwechslungsreichste / teuerste /
billigste ...

Lern weiter   ▶   2.3, Seite 209

2 Vergleiche die drei Städte.

Beispiel: 1 *Engelberg ist größer als Bridport, aber Delmenhorst ist die größte Stadt.*

1 groß   **2** klein   **3** alt   **4** modern   **5** ruhig   **6** abwechslungsreich

	Bridport	Engelberg	Delmenhorst
Einwohner:	10 000	40 000	60 000
Gegründet:	1227	1460	1725
Gut für:	ältere Leute	Kinder / Eltern	junge Leute

3 Jetzt vergleiche diese Restaurants.

Beispiel: 1 „Bei Heino" ist größer als „Pizza Palast", aber „Lukullus" ist das größte Restaurant.

	Pizza Palast	Bei Heino	Lukullus
Platz für:	40 Personen	60 Personen	100 Personen
Preislage:	€ 25,00 pro Person	€ 40,00 pro Person	€ 50,00 pro Person
Musik:	laut	nicht laut	keine

1 groß 3 teuer 5 ruhig
2 klein 4 billig 6 lebendig

4a Lies den Artikel und beantworte die Fragen. Schreib entweder „in England" oder „in Deutschland".

Beispiel: 1 In England.

1 Wo gibt es mehr Regen?
2 Wo ist es teurer?
3 Wo gibt es viel Abfall?
4 Wo ist das Frühstück nicht so gut?
5 Wo sind die Menschen „steif"?
6 Wo ist es kälter?
7 Wo sind die Hotels billiger?
8 Wo ist es sauberer?

4b Vergleiche die Länder. Schreib Sätze.

Beispiel: 1 England ist teurer als Deutschland.

1 teuer?
2 billig?
3 Frühstück groß?
4 Frühstück klein?
5 Wetter schlecht?
6 Wetter gut?
7 Wetter kalt?
8 Wetter warm?
9 schmutzig?
10 sauber?
11 Menschen freundlich?
12 Menschen steif?

England oder Deutschland?

Der Schauspieler Freddi Frapp hat einen Film in London gedreht. Hier schildert er seine Eindrücke von England.

„Meine Aufenthalt in England hat mir viel Spaß gemacht. Ich habe in einem Hotel in Notting Hill gewohnt. Was mir aufgefallen ist: London ist unheimlich teuer! Das Hotel hat £150 pro Nacht gekostet. Die Hotels in Berlin sind viel billiger. Aber natürlich bekommt man das tolle englische Frühstück mit Schinken, Spiegelei und Toast. Das ist viel besser als das langweilige deutsche Frühstück: nur Brötchen, Marmelade und Käse.

In England hat es viel geregnet. Ich muss sagen, das englische Wetter ist schrecklich. In Deutschland gibt es nicht so viel Regen. Dafür ist es aber in Deutschland viel kälter. In England schneit es auch nicht viel.

Eine Sache, die ich in England nicht so toll finde: Die Städte sind oft schmutzig. Es gibt viel Abfall auf der Straße. Das finde ich hässlich und schlecht für die Umwelt. Deutschland ist ein sauberes Land. Aber englische Menschen sind warm und freundlich, nicht so ‚steif' wie die Deutschen!"

Kursarbeit: Seite 180–181

Wörter

Wo ich wohne — *Where I live*

Ich wohne auf dem Land / an der Küste / am Meer.	*I live in the country / on the coast / at the seaside.*
Ich wohne in …	*I live in …*
Das ist eine Kleinstadt.	*It's a small town.*
eine Großstadt.	*a city.*
eine Hafenstadt.	*a port.*
eine Touristenstadt.	*a tourist town.*
ein Dorf.	*a village.*
eine Industriestadt.	*an industrial town.*
die Hauptstadt von …	*the capital of …*
ein Vorort von …	*a suburb of …*
… liegt in der Nähe von …	*… is near …*
in Nordengland.	*in the north of England.*
in Ostschottland.	*in east Scotland.*
in Südwales.	*in south Wales.*
in Westirland.	*in west Ireland.*
in Nordirland.	*in Northern Ireland.*
In … gibt es einen Bahnhof.	*In … there's a train station.*
In … haben wir einen Dom.	*In … we've got a cathedral.*
einen Fluss.	*a river.*
einen Marktplatz.	*a market-place.*
einen Park.	*a park.*
einen Zoo.	*a zoo.*
einen Hafen.	*a port.*
einen Sportplatz.	*a sports ground.*
einen Golfplatz.	*a golf course.*
einen Campingplatz.	*a campsite.*
einen Strand.	*a beach.*
eine Brücke.	*a bridge.*
eine Kirche.	*a church.*
eine Tankstelle.	*a petrol station.*
eine Universität.	*a university.*
eine Polizeiwache.	*a police station.*
eine Kunsthalle.	*an art gallery.*
eine Bibliothek.	*a library.*
eine Post.	*a post office.*
eine Stadtmauer.	*a city wall.*
eine Sporthalle.	*a sports hall.*
ein Krankenhaus.	*a hospital.*
ein Museum.	*a museum.*
ein Rathaus.	*a town hall.*
ein Schloss.	*a castle.*
ein Freizeitzentrum.	*a leisure centre.*
ein Stadion.	*a stadium.*
ein Schwimmbad.	*a swimming pool.*
viele Geschäfte.	*lots of shops.*
viele Restaurants.	*lots of restaurants.*
viele Sehenswürdigkeiten.	*lots of things to see.*
viele Hotels.	*lots of hotels.*
Kneipen.	*pubs.*
Kaufhäuser.	*big department stores.*
einige Schulen.	*several schools.*
… hat ungefähr … Einwohner.	*… has got about … inhabitants.*
Es gibt keinen Marktplatz.	*There is no market-place.*
keine Kirche.	*no church.*
kein Rathaus.	*no town hall.*

Unterhaltung — *Entertainment*

Man kann (nicht) gut essen gehen.	*It's (not) good for eating out.*
Es gibt (nicht) viele Kneipen und Restaurants.	*There are (not) many pubs and restaurants.*
Man kann (nicht) gut Sport treiben.	*It's (not) good for sport.*
Es gibt (k)ein Sportzentrum.	*There is(n't) a sports centre.*
Man kann (nicht) gut einkaufen.	*It's (not) good for shopping.*
Es gibt (nicht) viele Geschäfte.	*There are (not) many shops.*
… ist (nicht) gut für junge Leute.	*… is (not) good for young people.*
Wir haben ein Kino.	*We've got a cinema.*
ein Jugendzentrum.	*a youth centre.*
eine Disco.	*a disco.*
Wir haben kein Kino.	*We have no cinema.*
kein Jugendzentrum.	*no youth centre.*
keine Disco.	*no disco.*

Anweisungen — *Instructions*

Rasen nicht betreten.	*Keep off the grass.*
Rauchen verboten.	*No smoking.*
Einbahnstraße	*one-way street*
Haltestelle	*bus / tram stop*
Stadtmitte	*town centre*
Parken nicht erlaubt.	*No parking.*
Einfahrt verboten.	*No entry.*
Hauptbahnhof	*main station*
Notausgang	*emergency exit*
Fußgängerzone	*pedestrian zone*
verboten	*not allowed*
untersagt	*forbidden*
nicht erlaubt	*not allowed*
nicht gestattet	*not permitted*

Wie komme ich …? — *How do I get to …?*

Gehen Sie geradeaus.	*Go straight on.*
(nach) links.	*to the left.*
(nach) rechts.	*to the right.*
Gehen Sie über die Brücke.	*Go over the bridge.*
Gehen Sie über die Ampel.	*Go over the traffic lights.*
Gehen Sie über den Marktplatz.	*Go over the bridge.*
Gehen Sie bis zur Brücke.	*Go as far as the bridge.*
Gehen Sie bis zur Ampel.	*Go as far as the traffic lights.*
Gehen Sie bis zum Marktplatz.	*Go as far as the market-place.*
Gehen Sie am Kino / an der Kirche vorbei.	*Go past the cinema / church.*
Gehen Sie um die Ecke.	*Go round the corner.*
Nehmen Sie die erste Straße links.	*Take the first left.*
Nehmen Sie die zweite Straße rechts.	*Take the second right.*
Er / Sie / Es ist auf der rechten Seite.	*It's on the right.*
Er / Sie / Es ist auf der linken Seite.	*It's on the left.*
Entschuldigen Sie.	*Excuse me.*
Gibt es hier in der Nähe einen Markt?	*Is there a market near here?*
eine Bushaltestelle?	*a bus stop*
ein Krankenhaus?	*a hospital*
Wo ist der nächste Supermarkt?	*Where is the nearest supermarket?*
die nächste Tankstelle?	*the nearest petrol station?*
das nächste Hotel?	*the nearest hotel?*
Wie komme ich am besten zum Dom?	*What's the best way to the cathedral?*
zur Jugendherberge?	*to the youth hostel?*
zum Informationsbüro?	*to the tourist office?*

Transport — *Transport*

Haben Sie einen Fahrplan für die U-Bahn?	*Have you got a timetable for the underground?*
Kann ich hier eine Fahrkarte kaufen?	*Can I buy a ticket here?*
Haben Sie eine Broschüre über die Stadt?	*Have you got a brochure about the town?*
Kann ich Ihnen helfen?	*Can I help you?*
Wie fahre ich am besten zum Hafen?	*What's the best way to the harbour? (by transport)*
zum Hauptbahnhof?	*to the station?*
zum Flughafen?	*to the airport?*
zur Stadtmitte?	*to the town centre?*
Ist es weit (von hier)?	*Is it far (from here)?*
Wie fahre ich am besten nach Berlin?	*What's the best way to travel to Berlin?*
nach Leipzig?	*to Leipzig?*
nach Frankfurt?	*to Frankfurt?*
Fahren Sie mit der U-Bahn, Linie …, Richtung …	*Take the underground number … in the direction of …*
mit der S-Bahn	*the urban railway*
mit der Straßenbahn	*the tram*
mit dem Bus	*the bus*
Gehen Sie zu Fuß.	*Go on foot.*

Im Verkehrsverein

Haben Sie eine Broschüre über Berlin?
  eine Hotelliste?
  einen Stadtplan von Berlin?
Haben Sie einen Fahrplan für die Bundesbahn?
  die Straßenbahn?
  die S-Bahn?
  die U-Bahn?
  die Busse?

At the tourist information office

Have you got a brochure about Berlin?
  a list of hotels?
  a map of Berlin?
Have you got a timetable for the trains?
  the trams?
  the urban railway?
  the underground?
  the buses?

Am Bahnhof

Wann fährt der nächste Zug nach ...?
Von welchem Gleis fährt der Zug?
Einmal / Zweimal einfach, bitte.
Einmal / Zweimal hin und zurück.
Wann kommt der Zug in ... an?
Muss ich einen Zuschlag zahlen?
Muss ich umsteigen?
eine einfache Karte / eine Rückfahrkarte
erste / zweite Klasse
der Eilzug
der Schnellzug
der D-Zug
der Inter-City
der ICE (Inter-City Express)

At the train station

When's the next tain to ...?
Which platform does the train go from?
One / Two single(s), please.
One / Two return ticket(s).
When does the train get to ...?
Do I have to pay a supplement?
Do I have to change?
a single ticket / return ticket
first / second class
slow, local train
fairly slow train
fast train
express train
high-speed train

Schilder am Bahnhof

Einstieg
Ausstieg
zu den Gleisen
Nichtraucher
Fahrscheine
Abfahrt
Ankunft
Fahrplan
Auskunft
Raucher

Railway signs

entrance (to the train)
exit (from the train)
to the platforms
non-smoking
tickets
departure
arrival
timetable
information
smoking

Traumstadt

Ich wohne gern in der Großstadt, weil es abwechslungsreich ist.
Ich lebe nicht gern in einer Kleinstadt, weil es langweilig ist.
Ich lebe lieber in einem Dorf, weil es schön ist.
Ich lebe am liebsten auf dem Land, weil es ruhig ist.
Wenn ich Zeit hätte, würde ich reisen.
Wenn ich viel Geld hätte, würde ich in Amerika leben.
Wenn ich im Lotto gewinnen würde, würde ich ein Haus kaufen /
  einen Sportwagen kaufen

Ideal town

I like living in the city because it's lively.
I don't like living in a small town because it's boring.
I prefer living in a village because it's beautiful.
I most like living in the country because it's peaceful.
If I had time, I would travel.
If I had a lot of money, I would live in America.
If I won the lottery, I would buy a house / a sports car.
a house / a sports car.

Komparativ

... ist besser
schlechter
größer
kleiner
älter
moderner
ruhiger
abwechslungsreicher
teurer
billiger als ...

Comparative

... is better
worse
bigger
smaller
older
more modern
quieter
livelier
more expensive
cheaper than ...

Superlativ

... ist der / die / das beste
schlechteste
größte
kleinste
älteste
modernste
ruhigste
abwechslungsreichste
teuerste
billigste ...

Superlative

... is the best
worst
biggest
smallest
oldest
most modern
quietest
most lively
most expensive
cheapest ...

Einkaufen

1 Geschäfte und Öffnungszeiten

Shops and opening times

1 **Welches Geschäft ist das?**
Beispiel: **1** *die Apotheke*

der Supermarkt 08.00 – 18.30

die Apotheke 07.30 – 19.00

die Bäckerei 06.30 – 17.30

die Buchhandlung 09.00 – 18.00

die Drogerie 09.00– 18.30

die Metzgerei 07.45 – 18.00

das Kaufhaus 08.30 – 19.00

die Konditorei 08.15 – 17.30

das Schreibwarengeschäft 09.30 – 18.00

1 Bist du krank? Hier kann man Tabletten kaufen.
2 Hier habe ich ein gutes Buch für meinen Urlaub gekauft.
3 Musst du einen Aufsatz schreiben? Hier gibt's Papier und Kulis.
4 Brötchen? Bitte schön! Wie viele möchten Sie haben?
5 Dieses Geschäft ist nicht gut für Vegetarier!
6 Hier können wir Kuchen und Torten kaufen, weil Tante Anni zum Kaffee kommt.
7 Wenn du keine Zahnpasta hast, kannst du sie hier kaufen.
8 Hier haben wir Äpfel für unser Picknick gekauft.

2 **Hör zu und lies. Richtig oder falsch?**
Beispiel: **1** *Richtig*

Katharina: Also, was brauchen wir für unser Picknick?
Jasmin: Auf jeden Fall Brot. Wo ist die nächste Bäckerei?
Katharina: Weiß ich nicht. Aber hier ist die Metzgerei. Hier können wir Schinken kaufen.
Jasmin: Ja, aber … Moment, die Metzgerei ist geschlossen.
Katharina: Hmm … Aber ich möchte Kuchen kaufen. Gibt es hier in der Nähe eine Konditorei?
Jasmin: Nein, die nächste Konditorei ist sehr weit. Da können wir nicht zu Fuß gehen.
Katharina: Mensch! … Also, was brauchen wir noch? Tomaten, Äpfel, Apfelsinen … Wo ist der nächste Obst- und Gemüseladen?
Jasmin: Hier vorne, aber der ist auch geschlossen.
Katharina: Was? Weißt du was, Jasmin? Wir gehen zum Supermarkt!

Rückblick   Rückblick

1 Die Mädchen wollen Brot kaufen.
2 Die Metzgerei ist geschlossen.
3 Die Konditorei ist hier gleich um die Ecke.
4 Man kann zu Fuß zur Konditorei gehen.
5 Der Obst- und Gemüseladen ist geöffnet.
6 Jasmin und Katharina gehen zum Markt.

LESEN

3 **Lies die Sätze und schau die Geschäfte in Übung I an. Welches Geschäft ist das?**
Beispiel: **1** *die Metzgerei*

1 Dieses Geschäft macht um Viertel vor acht auf und um achtzehn Uhr zu.
2 Dieses Geschäft macht um Viertel nach acht auf und um siebzehn Uhr dreißig zu.
3 Dieses Geschäft macht um neun Uhr auf und um achtzehn Uhr dreißig zu.
4 Dieses Geschäft macht um halb neun auf und um neunzehn Uhr zu.
5 Dieses Geschäft macht um acht Uhr auf und um achtzehn Uhr dreißig zu.

Wo ist der Laden?

Wo ist	der nächste Supermarkt? die nächste Apotheke / Bäckerei / Buchhandlung / Drogerie / Konditorei / Metzgerei? das nächste Kaufhaus / Schreibwarengeschäft?

Wann macht die Drogerie auf?	Wann macht die Metzgerei zu?

Listening skills
Before any listening exercise, be prepared. Have a look at the task, read through the questions and work out what you should be listening for. In this case, it's obvious you need to listen for clues about what kind of shop it is and what the opening hours are. Everything else, for the purpose of the exercise, is irrelevant. In an exam, you will always hear the piece twice and you will have as much time as you need to write the answers. So, during the first hearing, just jot down notes.

HÖREN

4 **Hör zu, schreib die Tabelle ab und füll sie aus (1–5).**

Geschäft	Öffnet um …	Schließt um …
1 Buchhandlung	9 Uhr	18 Uhr
2		

SPRECHEN

5 **Partnerarbeit.**

Beispiel: **1** ▲ Wo ist die nächste Apotheke?
     ● In der Meyerstraße.
     ▲ Wann macht sie auf?
     ● Um 8 Uhr.
     ▲ Wann macht sie zu?
     ● Um 18 Uhr.

1 Bären-Apotheke, Meyerstr. 12, Öffnungszeiten 8-18 Uhr

2 Supermarkt Magnus, Bergstr. 21, Öffnungszeiten 0900-1900

3 Konditorei Krüger, Marktstr. 47, Geschäftszeiten 0930-1700

4 La Papeterie, Schreiwaren, Isarstr. 14, Öffnungszeiten 0900-1730

5 Bahnhofs-Bäckerei, Bahnhofstr. 1, Geschäftszeiten 0700-1700

SCHREIBEN

6 **Beantworte diese Frage:**

Kann man in deiner Stadt gut einkaufen?

Write a reply to the question, describing what shops there are in your town. Make your information as detailed as you can manage, giving opinions and using other tenses.
Beispiel: Es gibt ein großes Kaufhaus, aber es ist nicht sehr gut. Gestern habe ich dort einen Walkman gekauft …

2 Preise usw.

Numbers, prices and food

1 **Hör zu! Was kaufen Jasmin und Katharina? Vervollständige den Satz:**

Jasmin und Katharina
kaufen ein Kilo
Erdbeeren, ..., ... und ...

2 **Partnerarbeit.**

Beispiel: 1 ▲ Guten Tag. Was kann ich für Sie tun?
● Guten Tag. Ich möchte bitte ein Kilo Birnen.
▲ Bitte schön. Sonst noch etwas?
● Ja, geben Sie mir bitte auch eine Flasche Rotwein.
▲ Bitte schön. Ist das alles?
● Ja. Was macht das insgesamt?
▲ € 3,50.

1 € 3,50

2 € 2,20

3 € 1,50

4 € 1,80

5 € 2,10

6 € 2,00

Ich möchte / Wir möchten	250 Gramm Äpfel / zwei Kilo Erdbeeren.
Ich hätte gern / Wir hätten gern	500 Gramm Bananen / Birnen
Ich nehme / Wir nehmen	ein Kilo Kirschen / Kartoffeln.

Geben Sie mir bitte	Pfirsiche / Tomaten / Butter / Zucker.
	... Scheiben Käse / Schinken / Salami.
	eine Packung Chips / zwei (usw.) Packungen Kekse.
	eine Dose Cola / zwei (usw.) Dosen Limonade / Sprudel.
	eine Bockwurst.
	eine Flasche Mineralwasser / zwei (usw.) Flaschen Bier / Rotwein / Weißwein.
	eine Tüte Milch / zwei (usw.) Tüten Apfelsaft / Orangensaft.
	sechs Eier / Brötchen / Apfelsinen.

Rückblick **Rückblick**

3 **Schreib an deinen Bruder.**

Lieber Thomas, gehst du in die Stadt? Kaufe bitte zwei Packungen Chips, ..., ...

4 **Was hast du heute Morgen im Supermarkt gekauft? Erfinde die Sachen.**
Beginn: Heute Morgen war ich im Supermarkt. Ich habe ...

5a **Hör zu! Was kosten die Picknicksachen?**
Beispiel: 1 zwei Packungen Chips, €1,00.

1 2 `500g` 3

4 5 `1kg` 6

5b **Schreib die Sätze aus Übung 5a auf.**
Beispiel: 1 Zwei Packungen Chips kosten €1,00.

6 **Welches Schild passt zu welchem Satz?**
Beispiel: 1 f

Wir bleiben draußen!

wegen Krankheit geschlossen

1 Hier kann man Eier, Nudeln und andere Lebensmittel kaufen.
2 Für Tiere verboten.
3 Nicht so teuer wie letzte Woche.
4 Hier bezahlt man die Sachen, die man gekauft hat.
5 Man darf nicht hinein.
6 Aber jetzt darf man!
7 So kommt man in die erste oder in die zweite Etage, ohne die Treppe zu benutzen.
8 Heute geschlossen (aber nur heute).
9 Ein besonders billiger Preis.
10 Alles ist billig, weil man Platz für neue Waren braucht.

a geschlossen
b geöffnet
c Ruhetag
d Kasse
e Reduziert!
f Lebensmittel
g Wir bleiben draußen
h Aufzug
i Ausverkauf!
j Sonderangebot

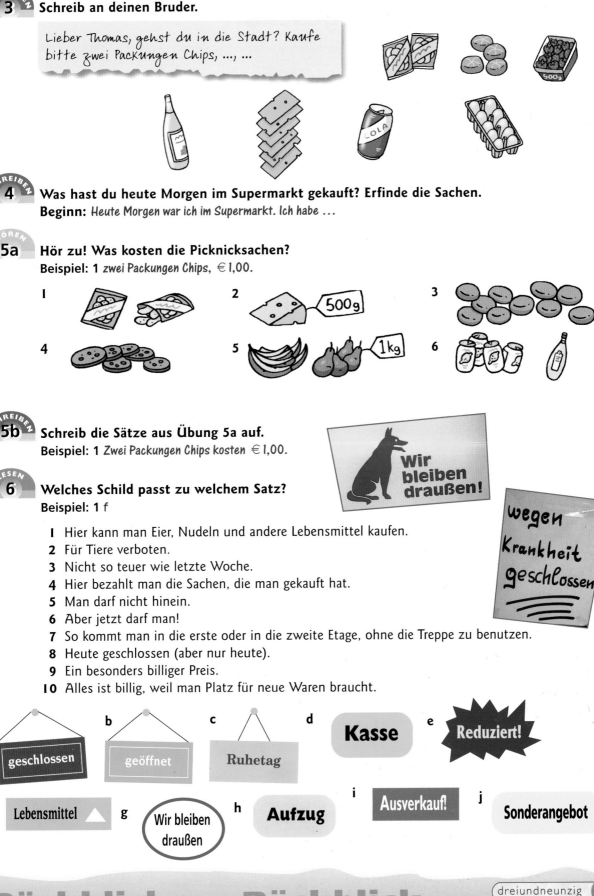

Rückblick   Rückblick

3 Im Kleidungsgeschäft

Shopping for clothes

HÖREN

1 **Hör zu! Was kaufen die Kunden?**
Beispiel: 1 f

a Hemd

Gr. 42, €20,00

b Hose, Gr. 36

€35,00

c Hose

Gr. 36, €50,00

d Rock

Gr. 40, €50,00

e Rock

Gr. 42, €20,00

f Hemd

Gr. 42, €20,00

g Hose

Gr. 36, €48,00

h Rock

Gr. 40, €50,00

i Hemd

Gr. 42, €20,00

j Jeans

Gr. 34, €50,00

> The Germans see a pair of trousers as a single garment *(eine Hose)*, not a pair of anything. The same applies to jeans *(eine Jeans)*, pants *(eine Unterhose)*, spectacles *(eine Brille)* and scissors *(eine Schere)*. For socks, gloves and shoes, just learn the plural form *(Socken, Handschuhe, Schuhe)*, as it's unlikely you'll buy just one.

Ich	suche brauche möchte	einen	neuen langen / kurzen roten / grünen usw.	Rock. Mantel. Pullover. Schal.
		eine	neue graue schwarze usw.	Jacke. Hose. Bluse. Jeans. Krawatte.
		ein	neues / gelbes blaues usw.	Kleid. Hemd.
		neue Socken / Schuhe / Handschuhe usw.		

Grammatik

Adjektive (Akkusativ): adjectives (accusative)

Ich möchte
masculine
einen roten Anzug.
feminine
eine rote Bluse.
neuter
ein rotes Hemd.
plural
rote Handschuhe.

Lern weiter ▶ 2.1, Seite 208

SCHREIBEN

2 **Was hast du gekauft? Schreib Sätze im Perfekt.**
Beispiel: 1 *Ich habe eine schwarze Hose, Größe 36 gekauft. Sie hat €32,50 gekostet.*

1
Gr. 36, €32,50

2
Gr. 40, €125,00

3
Gr. 32, €17,50

4
Gr. 34, €95,00

5
Gr. 40, €47,50

6
Gr. 30, €5,00

7
Gr. 42, €60,00

8
Gr. 38, €25,00

3 Lies den Artikel und schau die Bilder an. Wer ist wer?

Beispiel: **1** *Das ist Vera Nowotna.*

Die Party des Jahres!

Unser Foto zeigt die Stars, die an der großen Fernsehpreisverleihung in München teilnahmen. Alle waren toll bekleidet, zum Beispiel Vera Nowotna von der Serie „Meyerstraße". Sie trug ein langes schwarzes Kleid. Vielleicht nicht ganz so elegant, jedoch sehr hübsch, war die Moderatorin Rita Kolinski, die ein kurzes rotes Kleid und eine gelbe Bluse trug. Ihr Partner von der Sendung „Guten Morgen", Richard Kolinski, war etwas formeller gekleidet: Er hatte einen konventionellen grauen Anzug gewählt. Viel legerer war der Sänger Rudi Ratlos, der die anderen Stars schockierte, weil er eine einfache blaue Jeans mit einem kurzen Pullover trug. Na, Rudi, warst du auf einer Party oder hast du im Garten gearbeitet?

Unser Preis für die schickste Kleidung des Abends geht an Sylvia Schiller. Die berühmte Schauspielerin hat extra für diesen Abend einen sehr hübschen, kurzen grünen Rock gekauft. Dazu passte ihre blaue Bluse ganz hervorragend!

4a Hör zu, lies den Text für das erste Gespräch und schreib die Informationen auf Englisch auf.

Beispiel: **1** *too small, €75,00, by credit card*

Konversation 1

Kundin:	Ich interessiere mich für dieses Kleid hier. Haben Sie es in Blau?
Verkäuferin:	Nein, leider nicht. Aber wir haben es in Schwarz.
Kundin:	Hmm … Kann ich es anprobieren?
Verkäuferin:	Natürlich.
Kundin:	Ach nein, es ist mir zu klein.
Verkäuferin:	Dieses hier ist größer.
Kundin:	Ach ja, es ist besser. Was kostet es?
Verkäuferin:	€75,00.
Kundin:	Okay. Kann ich mit Kreditkarte zahlen?

In Exercise 4a, listen to the three conversations and note down in each case:

- the problem with the item
- the price paid
- the method of payment.

4b Partnerarbeit. Ändert die braunen Wörter aus Übung 4a (Konversation 1).

1 Hose – Blau? ✗ Grün, zu eng, breiter, €26,00

2 Mantel – Grau? ✗ Blau, zu kurz, größer, €200,00

3 Hemd – Größe 38? ✗ Größe 42, zu groß, kleiner, €18,00

Kann ich diesen Rock / diese Hose / dieses Hemd usw. anprobieren?

Er / Sie / Es ist mir zu groß / klein / teuer / eng.

Dieser / Diese / Dieses hier ist kleiner / größer / billiger / breiter.

Ach ja, er / sie / es ist besser.

4 Taschengeld

Spending pocket money

1a Hör zu! Wer bekommt was? Schreib die Tabelle ab und füll sie aus.

CDs

Kassetten

Computerspiele

Bonbons

Zeitschriften

Kleidung

Getränke

Schreibwaren

Mofa

Name	Wie viel Geld?	Kauft ...
Ines	€10,00	Bonbons
Roland		
Anni		
Sven		
Paul		

 Notice the verb *kriegen*, which is an extremely common word (mainly in spoken German) meaning the same as *bekommen*, i.e. 'to receive' or 'to get'. You'll hear it all the time: Ich kriege € 10,00 pro Woche.

1b Schreib die Sätze aus Übung 1a auf.

Beispiel: 1 *Ines bekommt € 10,00 pro Woche. Sie kauft Bonbons.*

Wie viel Taschengeld	bekommst kriegst	du pro	Woche? Monat?

Ich bekomme / kriege € 15,00 / 10 Pfund pro Woche / Monat.
Wofür gibst du dein Geld aus? Was kaufst du damit?
Ich gebe es für Kassetten aus.
Ich kaufe CDs / Bonbons / Kleidung usw.
Ich spare für die Ferien / auf ein Auto usw.

2 Partnerarbeit.

Beispiel: 1 ▲ Wie viel Taschengeld bekommst du? ● Ich kaufe CDs damit.
      ● Ich bekomme € 30,00 pro Monat. ▲ Was hast du letzten Monat gekauft?
      ▲ Was kaufst du damit? ● Ich habe die neue CD von Madonna gekauft.

1 €30,00 / Monat / CDs / letzten Monat
2 €22,50 / Woche / Kassetten / letzte Woche
3 €25,00 / Woche / Computerspiele / letzte Woche
4 €75,00 / Monat / Kleidung / letzten Monat

LESEN

3 **Lies den Artikel und beantworte die Fragen auf Englisch.**

Unsere Kinder und ihr Taschengeld

Junge Leute heute haben mehr Geld als je zuvor. Wofür geben sie ihr Geld aus? Für Bonbons? Für Zeitschriften? Vielleicht sogar für Zigaretten? Aber nein! Eltern verzweifeln: Ihre Kinder geben ihr Geld fürs Telefonieren aus!

Unsere Umfrage hat erstaunliche Ergebnisse ergeben. Während nur 30 Prozent der 16-Jährigen rauchen, besitzen ganze 85 Prozent ein Handy. Und sie telefonieren wie verrückt! Offiziell: Telefonieren ist das neue Rauchen! Das alles kostet Geld.

Sonja Müller (16) aus Heidelberg:

Also, ich kriege € 60,00 Taschengeld pro Monat. Davon spare ich € 25,00 für einen Computer. Und natürlich kaufe ich Zeitschriften, Bonbons und Kleider. Aber das meiste gebe ich für Telefonkarten aus. Warum? Weil ich gern mit meinen Freundinnen telefoniere. Warum sollte ich das nicht?

Ramona Petersen aus Koblenz:

Ich muss zugeben, ich telefoniere auch zu viel. Ich bekomme € 75,00 pro Monat von meinen Eltern. Ich habe früher gespart, aber jetzt kann ich das nicht mehr, weil das Telefonieren so teuer ist. Und letzten Monat habe ich mein Handy verloren. Ich musste ein neues kaufen. Das war ganz schön teuer!

Andi Klöckner aus Husum:

Telefonieren? Dummes Zeug! Ich habe kein Handy und ich will auch kein Handy haben. Ich kann auch so mit meinen Freunden reden, ich brauche sie nicht anzurufen! Nein, Ich kriege € 30,00 pro Woche und dafür kaufe ich Kleidung. Ich spare auch für die Ferien. Nächstes Jahr wollen wir nach Thailand fahren.

1 What do youngsters spend their money on nowadays?
2 What is this replacing?
3 Does Sonja feel embarrassed about this?
4 Does she spend her money on anything else?
5 Why doesn't Ramona save any more?
6 What big expense has she recently incurred?
7 Explain how Andi feels about all this.
8 What does he do with her money?

SCHREIBEN

4 **Schreib eine E-Mail an einen deutschen Freund / eine deutsche Freundin.**
Schreib:
• wie viel Taschengeld du bekommst
• was du mit deinem Geld kaufst
• ob du sparst und wofür
• was du in letzter Zeit gekauft hast.

```
Lieber Anton / Liebe Antonia,
du fragst mich über mein Taschengeld. Also, ...
```

This is a good subject to choose for a presentation for the Speaking Test. Include plenty of information, opinions and tenses (e.g. what you have recently bought, what you are saving for) and learn it off by heart.

5 Einkaufsbummel

Shopping in a department store

1 Lies den Zettel und vervollständige die Sätze.

Beispiel: 1 Wiebke und Martin sind in der Schweiz.

> Martin – morgen ist unser letzter Tag in der Schweiz, bevor wir nach Hause fahren. Wollen wir in die Stadt gehen und einkaufen? Wir können ins Kaufhaus gehen, da gibt es alles. Wir brauchen Geschenke für Mutti und Vati und auch noch Souvenirs für uns. Und was wollen wir für unsere Freunde kaufen? Hast du Ideen? Hoffentlich haben wir genug Geld? Na ja, bis morgen. Ich wecke dich um acht Uhr!
>
> Bis dann,
>
> Wiebke

1 Wiebke und Martin sind in der ...
2 Der letzte Tag ist ...
3 Dann gehen sie ins ...
4 Für ihre Eltern müssen sie ... kaufen.
5 Sie wollen auch noch Geschenke für ihre ...
6 Wiebke wird Martin um ... wecken.

2 Hör zu und notiere die Informationen für Mutti, Vati, Kati und Wiebke.

• was die Person bekommt
• in welcher Abteilung
• in welcher Etage.

Beispiel: 1 Mutti: Portemonnaie, Geschenkabteilung, dritte Etage

Entschuldigen Sie!	
Wo ist die ...	Herrenabteilung / Damenabteilung / Lebensmittelabteilung / Kinderabteilung / Haushaltsabteilung / Süßwarenabteilung / Schreibwarenabteilung / Schuhabteilung / Sportabteilung / Geschenkabteilung usw.
Im Erdgeschoss. / In der ersten / zweiten / dritten Etage.	

Erdgeschoss: Süßwarenabteilung

1. Etage: Schuhabteilung

2. Etage: Sportabteilung

3. Etage: Herrenabteilung

4. Etage: Damenabteilung

5. Etage: Schreibwarenabteilung

3 Partnerarbeit.

Beispiel: 1 ▲ Ich brauche Schuhe. Entschuldigen Sie, wo ist die Schuhabteilung?
● Die Schuhabteilung ist in der ersten Etage.

1 Ich brauche Schuhe.

2 Ich brauche Bonbons.

3 Ich brauche ein Heft für die Schule.

4 Ich will einen Rock für meine Tante kaufen.

5 Ich möchte einen Tennisschläger kaufen.

6 Ich suche ein Hemd für meinen Vater.

HÖREN

4 **Hör zu! Was ist das Problem? Schreib Sätze.**
Beispiel: **1** *Das Hemd ist schmutzig.*

| das Hemd | der Ring | das Brot | alt |

| die Bluse | die Handschuhe | kaputt | zu eng | schmutzig | zu groß |

> Other useful expressions to help you deal with problems:
> Das geht nicht.   *That's not acceptable.*
> Das ist nicht in Ordnung.   *That's not all right.*
> Ich möchte mich beschweren.   *I have a complaint.*
> Ich möchte mit dem Chef sprechen.   *I'd like to speak to the manager.*
> Ich möchte mein Geld zurückhaben.   *I'd like my money back.*

SPRECHEN

5 **Partnerarbeit.**
Beispiel: **1** ▲ Guten Tag. Ich möchte mich beschweren. Ich habe diese Uhr gekauft, aber
sie ist kaputt.
● Oh, das tut mir Leid. Wann haben Sie die Uhr gekauft?
▲ Letzte Woche.
● Möchten Sie ihr Geld zurückhaben oder eine neue Uhr?
▲ Kann ich bitte eine neue Uhr haben?
● Natürlich.

1 / letzte Woche / neue Uhr   **3** / heute Morgen / neue Hose

2 / gestern / Geld zurück   **4** letzten Dienstag / neue Schuhe

| Uhr (*f*) | Schuhe (*pl*) | Hose (*f*) | Pullover (*m*) |

Grammatik

Adjektive + Akkusativ: adjectives with the accusative

	masculine	feminine	neuter	plural
Ich habe	diesen ...	diese ...	dieses ...	diese ... gekauft.
Kann ich	einen neuen ...	eine neue ...	ein neues ...	neue ... haben?

> Lern weiter ▶ 2.1, Seite 208

SCHREIBEN

6 **Schreib einen Brief an ein Kaufhaus. Du hast etwas gekauft, aber es gibt ein Problem.**
Beispiel:

Sehr geehrte Damen und Herren!
Ich war letzte Woche bei Kaufstadt und habe eine Uhr gekauft, aber sie ist kaputt. Das ist nicht in Ordnung. Kann ich bitte eine neue Uhr haben oder mein Geld zurück?
Hochachtungsvoll,
Uli Rotkopf

6 Auf der Post

At the post office

Was kostet ein Brief nach Großbritannien?

Was kostet eine Postkarte nach Amerika?

Ich möchte fünf Briefmarken zu 50 Cent.

Wie viel kostet dieses Paket nach Frankreich?

1 **Hör zu, lies die Gespräche und beantworte die Fragen auf Deutsch (ganze Sätze, bitte!).**
Beispiel: **1** Die Touristin schickt einen Brief.

Touristin:	Entschuldigen Sie, wo ist die nächste Post?
Passant:	Hier doch!
Touristin:	Ach, natürlich!

Touristin:	Guten Tag. Ich möchte einen Brief nach England schicken. Was kostet das?
Beamtin:	Nach England? 75 Cent.
Touristin:	Und eine Ansichtskarte?
Beamtin:	65 Cent.
Touristin:	Also, ich nehme fünf Briefmarken zu 65 Cent und eine zu 75 Cent.
Beamtin:	Bitte schön.
Touristin:	Und wie viel kostet dieses Päckchen, auch nach England?
Beamtin:	Moment, wie viel wiegt das Päckchen? 600 Gramm … nach England … Das macht €6,00, bitte schön.
Touristin:	So, was macht das insgesamt?
Beamtin:	Also, ein Brief, fünf Ansichtskarten, ein Paket, das macht …

I Wie viele Briefe schickt die Touristin?
2 Was kostet eine Briefmarke für einen Brief?
3 Wie viele Ansichtskarten schickt sie?
4 Wie viel kostet eine Briefmarke für eine Ansichtskarte?

5 Wie viel wiegt das Päckchen?
6 Wie viel kostet das Päckchen nach England?
7 Berechne! Wie viel zahlt die Touristin insgesamt?

2 **Hör zu! Was fehlt? Schreib die Sätze zu Ende.**
Beispiel: **1** Das Paket geht nach Australien.

I Das Paket geht nach …
2 Es wiegt …
3 Es kostet …
4 Die Briefe und Ansichtskarten gehen nach …

5 Die Briefmarken für Briefe kosten …
6 Die Briefmarken für Ansichtskarten kosten …
7 Die Kundin kauft insgesamt … Briefmarken.
8 Der Gesamtpreis ist …

3 Partnerarbeit.

Beispiel: 1 ▲ Guten Tag. Ich möchte eine Ansichtskarte nach Schottland schicken.
Wie viel kostet das?
● Nach Schottland … fünfundsechzig Cent.
▲ Ich nehme drei Briefmarken zu fünfundsechzig Cent, bitte.

1 ▲ Schottland
● 65 Cent
▲ × 3

2 ▲ Amerika
● € 1,50
▲ × 5

3 ▲ Großbritannien
● € 6,45
▲ € 3,00 × 2 / 45 Cent × 1

4 ▲ Irland
● € 2,90
▲ € 1,50 × 1, € 1,00 × 1 / 40 Cent × 1

Was kostet	ein Brief / eine Postkarte / Ansichtskarte / dieses Päckchen / Paket	nach	England? / Schottland? / Irland? Wales? / Australien? / Amerika?

Eine Briefmarke zu / fünfzig Cent.
Zwei Briefmarken usw. zu einem Euro / fünfundsechzig Cent / zwei Euro usw.

> A normal blank postcard is *eine Postkarte*. A picture postcard is *eine Ansichtskarte*.
> 'A … euro stamp' is *eine Briefmarke zu … Euro*. Notice the *-em* on the end of *einem*
> (*zu einem Euro*). (Although it's unlikely you'll ever need to write this out!)

4 Hör zu! Wer will was machen (1–4)?

Beispiel: 1 *d*

a   c

b   d

Adapting dialogues

- Use some of the expressions from the dialogues in Exercises 1 and 2.
- Learn the most useful expressions by heart, then you won't be guessing in the exam. This applies to all the 'transactional' topics (buying things, etc.).
- Use key phrases: *Was kostet …? / Wie viel kostet …? / Ich möchte … / Geben Sie mir bitte … / Haben Sie …? / Ich nehme … usw.*

Kann man hier telefonieren?
Wo kann man einen Brief einwerfen / eine E-Mail schicken?
Ich möchte ein Fax schicken.

5 Partnerarbeit. A (▲) stellt Fragen und B (●) erfindet Antworten.

Beispiel: ▲ Kann man hier ein Fax schicken?
● Ja, natürlich! (Oder: Nein, leider nicht.)

1 ✔   2 ✗   3 ✔   4 ✗

5 ✔   6 Wo …?   7 Wo …?

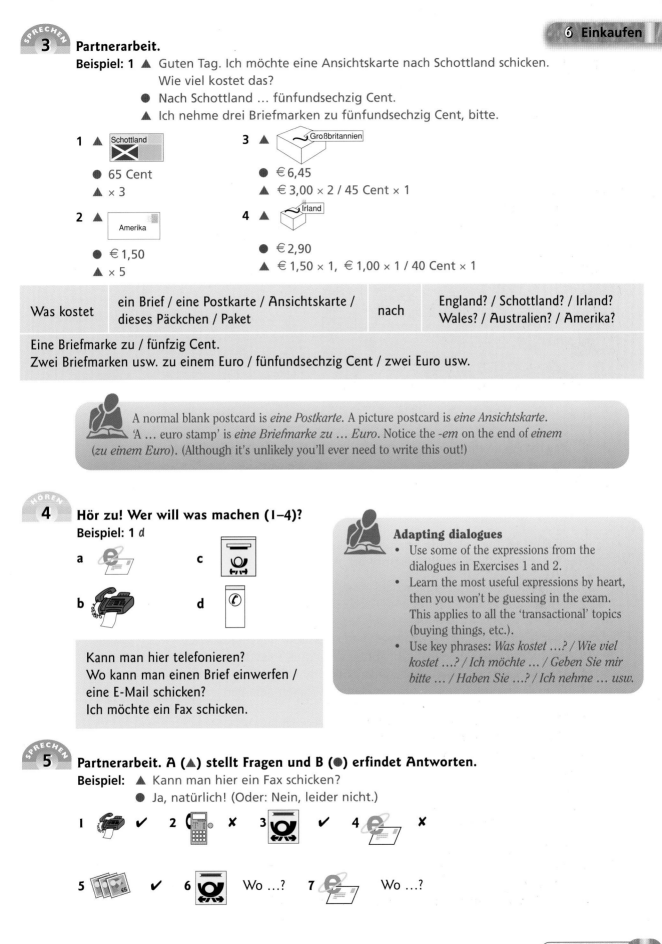

7 Verloren!

Reporting lost property

LESEN
1

**Lies den Text und beantworte die Fragen.
Schreib Sätze.**

Beispiel: 1 Anja hat eine kleine Uhr verloren.

Anja ist unheimlich unordentlich. Gestern hat sie ihre kleine Uhr verloren. Glücklicherweise hat ihre Mutter die Uhr gefunden. Sie war auf dem Tisch. Aber gleich hat Anja ihren Schlüssel verloren. Sie war verzweifelt, bis ihre Mutter den Schlüssel gefunden hat. Er war in Anjas Tasche. Anja hat natürlich die braune Tasche gesucht, aber nicht gefunden. „Mutti," sagte sie, „jetzt habe ich meine braune Tasche verloren!"

Und wo war die Tasche? Kein Problem für Anjas Mutter, die die Tasche unter dem Stuhl gefunden hat. Aber Anja war immer noch gestresst, weil sie ihr Handy verloren hatte. „Wo ist mein Handy?" schrie sie. „Ich habe mein neues Handy verloren."

„Anja, du bist hoffnungslos," antwortete ihre Mutter. „Es ist da, neben dem Computer."

„Ach ja," sagte Anja, „ich bin vielleicht doof!"

1 Was hat Anja verloren?
2 Wo war sie?
3 Was hat Anja dann verloren?
4 Wo war er?

5 Was hat Anja auch verloren?
6 Wo war sie?
7 Was hat Anja zum Schluss verloren?
8 Wo war es?

HÖREN
2

**Am nächsten Tag hat Anja noch mehr Sachen verloren!
Hör zu und wähle die richtige Antwort.**

1 Anja hat einen Pullover / eine kleine Uhr / einen Tisch verloren.
2 Er war auf dem Tisch / unter dem Tisch / hinter dem Tisch.
3 Anja hat auch den Tisch / die Tasche / ihren Fotoapparat verloren.
4 Er war unter dem Rucksack / neben dem Rucksack / in dem Rucksack.
5 Der Rucksack war auf dem Stuhl / unter dem Stuhl / neben dem Stuhl.
6 Anja hat auch ihre Brille / ihre Sonnenbrille / ihren Gameboy verloren.
7 Die Brille war auf dem Bett / neben dem Bett / unter dem Bett.

Ich habe Haben Sie Hast du	meinen	teuren neuen alten	Ring / Pass Schlüssel / Pullover Rucksack / Fotoapparat	verloren. gefunden?
	meine	braune schöne kleine	Tasche / Uhr Kette / Brille	
	mein	bestes blaues	Portemonnaie Handy	
		ganzes Geld		
Ich habe ihn / sie / es		heute Morgen gestern Nachmittag vorgestern letzte Woche	im Bus im Park in der Stadt / Schule in der Straßenbahn	verloren.

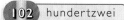

3 Partnerarbeit.

Beispiel: 1 ▲ Ich habe meine braune Tasche verloren. Haben Sie meine Tasche gefunden?
● Wann hast du sie verloren?
▲ Gestern.

● Und wo hast du sie verloren?
▲ In der Schule.
● Ja, ich habe deine braune Tasche gefunden.

1 / gestern / Schule (du)

2 / heute / Straßenbahn (du)

3 / letzte Woche / Bus (Sie)

4 / heute Morgen / Park (Sie)

4 Lies den Brief und beantworte die Fragen auf Deutsch (ganze Sätze, bitte!).

Beispiel: 1 Er war am letzten Freitag im Restaurant.

1 Wann war Herr Bauer im Restaurant?
2 Wie war das Essen?
3 Was hat er verloren?
4 Beschreib es.
5 Was war darin?

An den Direktor
Pizzeria Milano
Marktstr. 12
4923 Engelberg

Sehr geehrter Herr Direktor,
wir waren am letzten Freitag in Ihrem Restaurant und haben
bei Ihnen gegessen. Das Essen war ganz prima, aber jetzt
habe ich ein großes Problem. Ich habe mein Portemonnaie
verloren! Ich kann es zu Hause nicht finden, also hoffe
ich, dass Sie es in Ihrem Restaurant gefunden haben. Es ist
ein schwarzes Portemonnaie mit Kreditkarten und Geld darin.
Meine Frage: Haben Sie mein Portemonnaie gefunden? Wenn ja,
könnten Sie es mir bitte per Post schicken? Meine Adresse
ist Grindelstraße 23. Herzlichen Dank!
Mit freundlichen Grüßen, Oliver Bauer

5 Schreib einen ähnlichen Brief.
Schreib:
• was du verloren hast
• wo
• wann
• wie es aussieht
• was darin war.

Grammatik

Präpositionen: prepositions
auf / in / unter / hinter / neben

masculine (*der*)	feminine (*die*)	neuter (*das*)
dem	der	dem
einem	einer	einem
meinem	meiner	meinem
usw.	usw.	usw.

Lern weiter ▶ 6.2, Seite 221

der / ein	die / eine	das / ein
Fernseher	CD	Bett
Hamster	Gardine	Buch
Schrank	Hose	Handy
Tisch	Katze	Radio
Walkman	Tasche	Sofa
	Vase	Telefon
	Wand	

6 Beschreib dieses Bild.
Was liegt wo?
Beispiel: 1 *Ein Handy ist auf dem Tisch und ...*

Wörter

Geschäfte und Öffnungszeiten — *Shops and opening times*

Wo ist der Laden?	*Where is the shop?*
Wo ist der nächste Supermarkt?	*Where is the nearest supermarket?*
die nächste Apotheke?	*the nearest chemist's?*
die nächste Bäckerei?	*the nearest bakery?*
die nächste Buchhandlung?	*the nearest bookshop?*
die nächste Drogerie?	*the nearest drug store?*
die nächste Konditorei?	*the nearest cake shop?*
die nächste Metzgerei?	*the nearest butcher's?*
das nächste Kaufhaus?	*the nearest department store?*
das nächste Schreibwarengeschäft?	*the nearest stationer's?*
Wann macht der / die / das ... auf?	*When does the ... open?*
Wann macht der / die / das ... zu?	*When does the ... close?*
Es gibt einen / eine / ein / mehrere / viele ...	*There is a / several / lots of ...*
Wir haben einen / eine / ein / mehrere / viele ...	*We've got a / several / lots of ...*

Lebensmittel — *Food*

Ich möchte 250 Gramm Äpfel.	*I'd like 250 grams of apples.*
Ich hätte gern 500 Gramm Bananen.	*I'd like 500 grams of bananas.*
Ich nehme ein Kilo Birnen.	*I'll take a kilo of pears.*
Wir möchten zwei Kilo Erdbeeren.	*We'd like 2 kilos of strawberries.*
Wir hätten gern Kirschen.	*We'd like some cherries.*
Wir nehmen Kartoffeln.	*We'll take potatoes.*
Geben Sie mir bitte Pfirsiche.	*Give me peaches.*
Tomaten.	*tomatoes.*
Butter.	*butter.*
Zucker.	*sugar.*
... Scheiben Käse.	*... slices of cheese.*
Schinken.	*ham.*
Salami.	*salami.*
eine Packung Chips.	*a packet of crisps.*
zwei Packungen Kekse.	*two packets of biscuits.*
eine Dose Cola.	*a can of coke.*
zwei Dosen Limonade.	*two cans of lemonade.*
eine Bockwurst.	*a frankfurter sausage.*
eine Flasche Mineralwasser.	*a bottle of mineral water.*
zwei Flaschen Bier.	*two bottles of beer.*
Rotwein.	*red wine.*
Weißwein.	*white wine.*
eine Tüte Milch.	*a carton of milk.*
zwei Tüten Apfelsaft.	*two cartons of apple juice.*
Orangensaft.	*orange juice.*
sechs Eier.	*six eggs.*
Brötchen.	*bread rolls.*
Apfelsinen.	*oranges.*

Schilder — *Signs*

geschlossen	*closed*
geöffnet	*open*
Ruhetag	*day off*
Kasse	*checkout*
Reduziert!	*reduced*
Lebensmittel	*food*
Wir bleiben draußen	*We must stay outside (dogs)*
Aufzug	*lift*
Ausverkauf!	*sale*
Sonderangebot	*special offer*

Kleidung — *Clothes*

Ich suche einen neuen Rock.	*I'm looking for a new skirt.*
Ich brauche einen langen Mantel.	*I need a long coat.*
Ich möchte einen kurzen Pullover.	*I'd like a short pullover.*
einen roten Schal.	*a red scarf.*
eine schwarze Bluse.	*a black blouse.*
eine Krawatte.	*a tie.*
eine neue Jacke.	*a new jacket.*
eine graue Hose.	*some grey trousers.*
eine Jeans.	*some jeans.*
ein neues Kleid.	*a new dress.*
ein gelbes Hemd.	*a yellow shirt.*
neue Socken.	*some new socks.*
blaue Schuhe.	*blue shoes.*
Handschuhe.	*gloves.*
Kann ich diesen Rock anprobieren?	*Can I try on this skirt?*
diese Hose	*these trousers*
dieses Hemd	*this shirt*
Er / Sie / Es ist mir zu groß.	*It's too big.*
klein.	*small.*
teuer.	*expensive.*
eng.	*tight.*
kurz.	*short.*
Dieser / Diese / Dieses hier ist kleiner.	*This one is smaller.*
größer.	*bigger.*
billiger.	*cheaper.*
breiter.	*looser.*
länger.	*longer.*
Ach ja, er / sie / es ist besser.	*Oh yes, that's better.*

Taschengeld — *Pocket money*

Wie viel Taschengeld bekommst du pro Woche?	*How much pocket money do you get every week?*
Wie viel Taschengeld kriegst du pro Monat?	*How much pocket money do you get a month?*
Ich bekomme / kriege € ... pro Woche / Monat.	*I receive / get ... euros a week / month.*
Wofür gibst du dein Geld aus?	*What do you spend your money on?*
Ich gebe es für Kassetten aus.	*I spend it on cassettes.*
Ich kaufe CDs.	*I buy CDs.*
Bonbons.	*sweets.*
Kleidung.	*clothes.*
Ich spare für die Ferien.	*I save for the holidays.*
ein Auto.	*a car.*

Im Kaufhaus

Entschuldigen Sie!
Wo ist die Herrenabteilung?
  die Damenabteilung?
  die Lebensmittelabteilung?
  die Kinderabteilung?
  die Haushaltsabteilung?
  die Süßwarenabteilung?
  die Schreibwarenabteilung?
  die Schuhabteilung?
  die Sportabteilung?
Im Erdgeschoss.
In der ersten / zweiten / dritten Etage.
Ich habe diesen / diese / dieses / diese … /
  einen / eine / ein … gekauft.
Kann ich einen neuen / eine neue / ein neues / neue … haben?
Das geht nicht.
Das ist nicht in Ordnung.
Ich möchte mich beschweren.
Ich möchte mit dem Direktor sprechen.
Ich möchte mein Geld zurückhaben.

In the department store

Excuse me!
Where is the men's department?
  ladies' department?
  food department?
  children's department?
  household department?
  sweets department?
  stationery department?
  shoe department?
  sports department?
On the ground floor.
On the first / second / third floor.
I bought this … / a …

Can I have (a) new …?
That's not acceptable.
That's not all right.
I have a complaint.
I'd like to speak to the manager.
I'd like my money back.

Bei der Post

Was kostet ein Brief nach England?
  eine Postkarte nach Schottland?
  eine Ansichtskarte nach Irland?
  dieses Paket nach Wales?
  dieses Päckchen nach Australien?
  … nach Amerika?
Eine Briefmarke zu einem Euro.
Zwei Briefmarken zu fünfzig Cent.
zwei Euro usw.
Kann man hier telefonieren?
Wo kann man einen Brief einwerfen?
Wo kann man eine E-Mail schicken?
Ich möchte ein Fax schicken.

At the post office

How much is a letter to England?
  a postcard to Scotland?
  a picture postcard to Ireland?
  this parcel to Wales?
  this packet to Australia?
  … to America?
One one-euro stamp.
Two fifty-cent stamps.
two euros, etc.
Can I phone from here?
Where can I post a letter?
Where can I send an E-mail?
I'd like to send a fax.

Verloren!

Ich habe meinen teuren Ring verloren.
Haben Sie meinen neuen Pass gefunden?
Hast du meinen alten Schlüssel gefunden?
  meinen Pullover
  meinen Rucksack
  meinen Fotoapparat
  meine braune Tasche
  meine kleine Uhr
  meine schöne Kette
  meine Brille
  mein bestes Portemonnaie
  mein ganzes Geld
  mein blaues Handy
Ich habe ihn / sie / es heute im Bus verloren.
  heute Morgen im Park
  gestern in der Stadt
  vorgestern im Kino
  gestern Nachmittag in der Straßenbahn
  letzte Woche in der Schule

Lost!

I've lost my expensive ring.
Have you found my new passport?
Have you found my old key?
  my pullover?
  my rucksack?
  my camera?
  my brown bag?
  my small watch?
  my pretty necklace?
  my glasses?
  my best wallet?
  (all my) money?
  my blue mobile phone?
I lost it today on the bus.
  this morning in the park
  yesterday in town
  the day before yesterday in the cinema
  yesterday afternoon on the tram
  last week at school

Präpositionen

auf dem Tisch
hinter der Vase
unter dem Sofa
in einem Schrank
neben einer Mauer
  einem Telefon
  meinem Fernseher
  meiner Tasche
  meinem Bett
  meinem Walkman
  meinem Radio
  meinen Gardinen

Prepositions

on the table
behind the vase
under the sofa
in a cupboard
near a wall
  a telephone
  my TV
  my bag
  my bed
  my walkman
  my radio
  my curtains

Speaking Tasks

Gespräch

Remember: use all the prompts to help you piece together a long, detailed response. Further details on page 38.

Rollenspiel

Remember: take it in turns to act out the parts of the role-play and try to include as many 'unexpected' responses as you can. Further details on page 38.

5 Meine Stadt

Gespräch 1

▲ Wo wohnst du?

● Sag:
   – wo du wohnst
   – seit wann du da wohnst
   – was für eine Stadt das ist und wo sie liegt
   – was es dort gibt
   – wie viele Einwohner es gibt
   – ob du gern da wohnst (und warum).

Gespräch 2

▲ Was gibt es in deiner Stadt zu tun?

● Sag:
   – was man machen kann
   – ob man gut essen gehen kann
   – welche Lokale es gibt
   – ob man gut Sport treiben kann (Details!)
   – ob man gut einkaufen kann (Details!)
   – ob es für junge Leute gut ist (Details!)

Rollenspiel 1
You are speaking to a passer-by in a German town.

▲ Entschuldigen Sie, gibt es (Post)?
● (Erfinde Anweisungen.)
▲ Wo ist (Supermarkt)?
● (Erfinde Anweisungen.)
▲ Wie komme ich (Schloss)?
● (Erfinde Anweisungen.)
▲ Wie fahre ich (Flughafen)?
● (Erfinde Anweisungen – U-Bahn, Bus usw.)

Rollenspiel 2
You are in a tourist office in Germany.

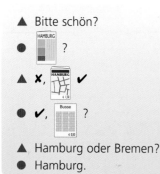

▲ Bitte schön?

● HAMBURG ?

▲ ✗, HAMBURG ✔

● ✔, Busse ?

▲ Hamburg oder Bremen?

● Hamburg.

Rollenspiel 3
You are at a German train station.

▲ Kann ich Ihnen helfen?
● Wann / Zug / Wismar?
▲ (Erfinde die Antwort.)
● Wann / an?
▲ (Erfinde die Antwort.)
● Gleis?
▲ (Erfinde die Antwort.)
● 1 × ←→
▲ Bitte schön.
● Preis?
▲ (Erfinde die Antwort.)
● Umsteigen?
▲ (Erfinde die Antwort.)
● Zuschlag?
▲ (Erfinde die Antwort.)

Gespräch

- ▲ Wie viel Taschengeld bekommst du?
- ● Sag:
  - – wie viel du pro Woche / Monat bekommst
  - – wofür du es ausgibst
  - – was du kaufst
  - – wofür du sparst
  - – was du letzte Woche gekauft hast.

Rollenspiel 1

You are talking to a passer-by on the street.

- ▲ Wo / Bäckerei?   ● (Erfinde die Antwort.)
- ▲ Wann / auf?   ● (Erfinde die Antwort.)
- ▲ Wann / zu?   ● (Erfinde die Antwort.)
- ▲ Wo / Museum?   ● (Erfinde die Antwort.)
- ▲ Wann / auf?   ● (Erfinde die Antwort.)
- ▲ Wann / zu?   ● (Erfinde die Antwort.)

Rollenspiel 2

You are in a German food store.

- ▲ 500 Gram
- ▲ 2 Kilos
- ▲
- ▲
- ▲ Paprika.
- ▲
- ▲ (Erfinde die Antwort.)

- ● Bitte schön. (Preis.)
- ● (Preis.)
- ● ✗
- ● Was für …?
- ● Sonst noch etwas?
- ● Frankreich oder Spanien?

Rollenspiel 3

You are in a German clothes shop.

- ▲ Neue Hose.   ● Farbe?
- ▲ (Erfinde die Antwort.)   ● Größe?
- ▲ (Erfinde die Antwort.)   ● Bitte schön.
- ▲ Anprobieren?   ● Natürlich.
- ▲ Zu groß.   ● Kleiner.
- ▲ Danke schön.

Rollenspiel 4

You are in a German department store.

- ▲ Problem?   ● Jacke kaputt.
- ▲ Wann?   ● Letzte Woche.
- ▲ Neu?   ● ✗, Geld zurück.

Rollenspiel 5

You are in a German police station.

- ▲ *(Say you've lost your new mobile phone.)*
- ● Wo?
- ▲ (Erfinde die Antwort.)
- ● Wann?
- ▲ (Erfinde die Antwort.)
- ● Moment, bitte.
- ▲ Gefunden?
- ● ✗

Vortrag

You can write up all the information about tourism, travel and clothes and shopping and learn it for possible use as a presentation (*Vortrag*) in the Speaking Test. Record it as well. It needs to last about three minutes and include references to the past and the future, as well as some opinions.

7 Freizeit und Urlaub

1 Geld!

Managing money

1 Hör zu, lies das Gespräch und beantworte die Fragen (ganze Sätze, bitte!).
Beispiel: 1 *Andreas war in England.*

In der Sparkasse

Andreas war in England, aber jetzt ist er wieder in Deutschland.
Er hat englisches Geld. Weil er europäisches Geld braucht, geht er
zur Sparkasse.

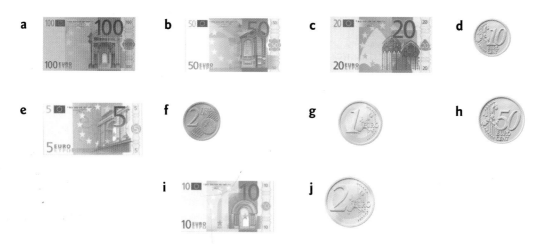

Bankangestellte:	Guten Tag. Bitte schön?
Andreas:	Ich möchte englisches Geld in Euro wechseln.
Bankangestellte:	Selbstverständlich. Ist das Bargeld oder ein Reisescheck?
Andreas:	Bargeld.
Bankangestellte:	Wie viel Pfund haben Sie?
Andreas:	Fünfundzwanzig englische Pfund.
Bankangestellte:	So, das macht … Moment … Fünfunddreißig Euro. So, bitte schön, drei Zehneuroscheine und ein Fünfeuroschein.
Andreas:	Oh, kann ich für zehn Euro Kleingeld haben?
Bankangestellte:	Natürlich. Hier … drei Zweieurostücke und vier Eurostücke. Wollen Sie bitte hier unterschreiben?

1 Wo war Andreas?
2 Was hat er?
3 Wohin geht er?
4 Wie viel Pfund hat er?

5 Wie viel europäisches Geld bekommt er?
6 Wie viele Scheine bekommt er?
7 Wie viele Münzen bekommt er?
8 Was muss er zum Schluss machen?

2 Hör zu und schau die Bilder an. Was für Geld brauchen diese Personen?
Beispiel: 1 f

a   b   c   d

e   f   g   h

i   j

Rückblick   Rückblick

3 **Partnerarbeit.**

Beispiel: 1 ▲ Guten Tag. Ich möchte englisches Geld in Euro wechseln.
- ● Bargeld oder Reisescheck?
- ▲
- ● Wie viel?
- ▲ £50
- ● Bitte schön. Sie bekommen €50 €20 €5 .

I $150 → €100 €10 €2 50¢

2 £200 → €100 €100 €50 €20 €20 €10

3 €50 → £10 £10 £10 £1 £1 £1

> If you want to exchange money, look out for signs saying *Wechselstube* or *Geldwechsel*. Alternatively, any bank (e.g. *Berliner Bank, Commerzbank*) will change money, as will any *Sparkasse*.

Kann ich bitte	englisches amerikanisches	Geld	wechseln?
	einen Reisescheck		
	einen	Fünfeuroschein / Zehneuroschein / Zwanzigeuroschein / Fünfzigeuroschein / Hunderteuroschein	
Ich möchte	zwei	Fünfeuroscheine / Zehneuroscheine / Zwanzigeuroscheine / Fünfzigeuroscheine usw.	
	ein	Eurostück / Zweieurostück / Fünfzig(euro)centstück.	
	zwei	Eurostücke / Zweieurostücke / Zehn(euro)centstücke.	

> There are two words for 'coin', *Stück* and *Münze*. You say *ein Zweieurostück*, but just 'a coin' is *eine Münze*.
> A couple more useful words: *Bargeld* is cash, *Kleingeld* is small change.

4 **Lies den Text und bring die Bilder in die richtige Reihenfolge.**

Beispiel: 1 *d*

Carla:	Wollen wir unsere Eltern anrufen?
Andreas:	Gute Idee. Also, was müssen wir tun? Hörer abnehmen ... okay ... Münze einwerfen ... Mensch, ich glaube, das Telefon ist kaputt.
Carla:	Ich kann dir meine Telefonkarte leihen.
Andreas:	Okay ... Nochmal ... Telefonkarte einstecken, ... Vorwahlnummer wählen ... Nein, ich glaube, das Telefon ist wirklich kaputt!
Carla:	Dann leihe ich dir mein Handy.
Andreas:	Was? Du hast dein Handy mit! Warum hast du das nicht gleich gesagt?

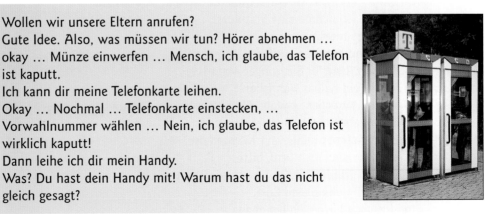

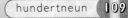

2 Imbiss und Café

Ordering a drink and a snack

Wir bieten:

	€
Riesenbratwurst	1,70
Currywurst	1,80
Bockwurst	1,65
Schaschlik	2,30
Hamburger	2,00
Wiener Schnitzel	3,30
1/2 Hähnchen	2,95
Kartoffelsalat	1,40
Pommes frites	1,30
Mayonnaise	0,20
Ketchup	0,20
Senf	0,20
Cola/Fanta/Sprite	1,15
Limonade/Mineralwasser	1,20

1 **Wie viel haben diese Personen bezahlt?**
Schreib Sätze.
Beispiel: 1 Sie haben € 7,25 bezahlt.

1 Andreas hat ein halbes Hähnchen mit Pommes bestellt und Carla hat eine Bratwurst bestellt, auch mit Pommes frites. Wie viel haben sie bezahlt?

3 Herr Binding hat eine Portion Pommes mit Mayonnaise genommen. Seine Frau hat auch eine Portion Pommes genommen, aber mit Ketchup. Wie viel haben sie bezahlt?

2 Carlas Freund Olaf hat eine Bratwurst mit Pommes bestellt, während seine Schwester Julia eine Bockwurst mit Kartoffelsalat bestellt hat. Wie viel haben sie bezahlt?

4 Frau Meyer hat einen Ausflug mit einer Kindergartenklasse gemacht. Sie hat 20 Portionen Pommes bestellt, alle mit Ketchup **und** Mayonnaise. Sie musste viel bezahlen! Wie viel?

2 **Hör zu und lies den Text. Wer bestellt was?**
Beispiel: Carla isst ... und trinkt ... Andreas ...

Beim Imbiss

Carla:	Andreas, ich habe Hunger. Wollen wir zum Hamburger-Restaurant?
Andreas:	Ach nee, ich bin auch hungrig, aber ich möchte lieber zum Imbiss. Da gibt's eine größere Auswahl.
Carla:	Okay ... Guck mal, Ollis Imbiss. Perfekt!

Andreas:	So, was willst du denn essen?
Carla:	Hmmm ... Was gibt's? Würstchen, Bockwurst, Bratwurst. Ich glaube, ich nehme eine Bratwurst.
Besitzer:	Mit Pommes frites?
Carla:	Ja, bitte, und Ketchup.
Besitzer:	Bitte schön. Und für Sie, junger Mann?
Andreas:	Ich nehme ein halbes Hähnchen.
Besitzer:	Ein halbes Hähnchen, jawohl. Und eine Portion Pommes für Sie auch?
Andreas:	Nein, ich nehme Kartoffelsalat dazu.
Besitzer:	Auch mit Ketchup? Oder mit Mayonnaise?
Andreas:	Ja, Ketchup, und auch Senf, bitte.
Besitzer:	Bitte schön. Und möchten Sie etwas dazu trinken?
Carla:	Ja, bitte. Ich nehme eine Cola.
Andreas:	Und für mich bitte eine Limonade.

The German *Imbiss* (snack bar) has various types of sausage, for example, *Bratwurst* (fried), *Bockwurst* (heated in water) and *Currywurst* (cut into pieces with curry ketchup). A *Würstchen* is a smaller *Bockwurst*. Chips are called *Pommes frites* (as in French), but this is often shortened to just *Pommes*. Also popular are *Ketchup* and *Mayonnaise* on the chips. The Germans don't go in for vinegar (*Essig*)!

Rückblick **Rückblick**

HÖREN

3 **Hör zu! Wähle a, b oder c.**

1 Frau Meyer nimmt:
  a ein Glas Kaffee   **b** eine Tasse Kaffee
  c ein Kännchen Kaffee.
2 Frau Schlüter nimmt:
  a eine Tasse Tee   **b** ein Kännchen Tee
  c ein Glas Tee.
3 Frau Schlüter nimmt:
  a ein Stück Apfeltorte   **b** ein Stück Apfelkuchen
  c ein Glas Apfelsaft.
4 Frau Meyer nimmt:
  a Erdbeertorte mit Sahne   **b** Erdbeertorte ohne Sahne
  c Himbeertorte.

Beim Imbiss

Ich	möchte nehme	eine Portion Pommes (frites) eine Bratwurst / Bockwurst ein Wiener Schnitzel / ein halbes Hähnchen	mit	Mayonnaise / Ketchup / Senf. Kartoffelsalat.
		einen Apfelsaft / Orangensaft. eine Cola / Limonade.		

Im Café

Ich	möchte nehme	ein Stück	Apfelkuchen Erdbeertorte / Kirschtorte	mit ohne	Sahne.
		eine Tasse Kaffee / ein Glas Tee ein Kännchen Schokolade		mit ohne ohne	Sahne. Milch.

SPRECHEN

4 **Partnerarbeit. Bestellt die folgenden Sachen.**
Beispiel: 1 ▲ Ich möchte ein halbes Hähnchen.
  ● Bitte schön. Sonst noch etwas?
  ▲ Ja, eine Portion Pommes frites, bitte.
  ● Möchten Sie etwas dazu trinken?
  ▲ Ja, eine Cola, bitte.
  ● Bitte schön. € 5,40, bitte.

In German cafés, tea often comes in a glass. Tea, coffee and hot chocolate are available in a cup (*Tasse*) or a pot (*Kännchen*). Notice *Sahne*, meaning cream. You can have whipped cream (*Schlagsahne*) with your cake and pouring cream (*Sahne* – similar to evaporated milk) or milk with tea or coffee.

1 € 5,40
2 € 3,10
3 € 4,20
4 € 2,90

SCHREIBEN

5 **Gruppenarbeit. Schreibt mit drei oder vier anderen Schülern ein Gespräch (wie das Gespräch in Übung 2), in dem ein paar junge Leute zum Imbiss essen gehen.**

- Was bestellen sie?
- Wie sind die Preise?

3 Im Restaurant

Going out for a meal

LESEN 1

Was passt zusammen? Schreib Sätze.
Beispiel: 1 *Herr Ober! Was für Suppen haben Sie?*

Herr Ober! Was für Eis haben Sie?

Herr Ober! Kann ich bitte die Speisekarte sehen?

Herr Ober! Kann ich bitte eine Gabel haben?

Ich möchte bitte einen Tisch für vier Personen.

Herr Ober! Das Essen ist kalt!

Herr Ober! Was für Suppen haben Sie?

Herr Ober! Kann ich bitte zahlen?

Herr Ober! Ich möchte ein Glas Weißwein.

1 ?   2 ?   3   4   5   6 ?   7 ?   8 ?

HÖREN 2

Hör zu! Wer nimmt was? Schreib die Tabelle ab und füll sie aus.

Vater	Mutter	die Kinder
	6, …	

1   4   7   10

2   5   8   11

3   6   9

Herr Ober! / Fräulein!
Was für Getränke / Eis / Suppen usw. haben Sie?

Als	Vorspeise Hauptspeise	nehme möchte	ich	Minestrone / Hühnersuppe / Eiersalat. Fisch (Forelle, Lachs). Fleisch (Rindfleisch, Schweinefleisch, Lammfleisch). Spaghetti / Steak / Omelett.
		nehmen möchten	wir	
	Nachtisch			Eis / Schokoladenpudding usw.
Zu trinken				Rotwein / Limonade / Mineralwasser.

3 Partnerarbeit. Vervollständigt das Gespräch und erfindet zwei weitere Gespräche.

Beispiel: 1 ▲ Fräulein!
● Ja? Was möchten Sie?
▲ Als Vorspeise nehme ich Hühnersuppe.
● Und als Hauptspeise?
▲ ...

● Und als Nachtisch?
▲ ...
● Und zu trinken?
▲ ...

4 Hör zu und lies das Gespräch. Wer braucht was? Schreib vier Sätze.

Beispiel: 1 *Andreas braucht einen Löffel.*

Petra Carla Andreas Gert

Andreas:	Moment, ... Ich habe keinen Löffel. Herr Ober, kann ich bitte einen Löffel haben?
Kellner:	Oh, entschuldigen Sie. Bitte schön!
Carla:	Igitt! Mein Essen ist kalt! Es schmeckt nicht!
Kellner:	Oh, das tut mir Leid. Geben Sie mir das Essen zurück und ich lasse es wieder warm machen.
Petra:	Das gibt's doch nicht! Ich habe kein Messer und keine Gabel!
Kellner:	Oh, Verzeihung! Bitte schön.
Gert:	Aber wo ist das Salz? Wo ist der Pfeffer? Herr Ober! Können wir bitte Salz und Pfeffer haben?
Kellner:	Oh, entschuldigen Sie. Natürlich doch. Bitte schön.
Gert:	So, das reicht mir. Lasst uns nach Hause gehen. Herr Ober, kann ich bitte zahlen?
Kellner:	Gern. Bitte schön, hier ist die Rechnung.
Gert:	Mein Gott! Das stimmt nicht! Sechshundert Euro!
Kellner:	Oha ... Es tut mir Leid. Ich meine sechzig Euro, nicht sechshundert Euro. Hat's geschmeckt?
Gert:	Nein! Das ist ein schreckliches Restaurant!

| Kann ich bitte | die Speisekarte / Rechnung
einen Löffel / eine Gabel / ein Messer
Salz und Pfeffer
das Brot | haben? |
| | zahlen? | |

5 Gruppenarbeit. Schreibt ein kurzes Theaterstück über vier Personen, die in einem schrecklichen Restaurant Probleme haben. Nehmt als Beispiel den Text aus Übung 4.

6 Entwerfe eine Speisekarte!

Tip! When creating your menu for Exercise 6, remember to include *Vorspeisen* (starters), *Hauptspeisen* (main courses), *Nachspeisen* or *Nachtische* (desserts) and *Getränke* (drinks). Use a computer if one is available.

4 Ausreden

Making explanations and excuses

HÖREN

1a Hör zu und schau die Bilder an. Was möchten sie machen? Warum geht es nicht?

Beispiel: 1 *e*, *3*

a DISCO   b Stadt   c   d KINO   e

1 *Ich bin krank.*

2 *Ich habe kein Geld.*

3 *Ich bin müde.*

4 *Ich habe zu viele Hausaufgaben.*

5 *Ja!*

SCHREIBEN

1b Schreib die Sätze aus Übung 1a auf.

Beispiel: 1 *Ich kann nicht schwimmen gehen, weil ich müde bin.*

(G) Wiederholung

weil: because
Weil sends the verb to the end:
Ich bin müde. → **Weil** ich müde **bin.**
Ich habe kein Geld. → **Weil** ich kein Geld **habe.**
If you're writing a whole sentence, put a comma before the *weil*:
Ich kann nicht angeln gehen, weil ich krank bin.

Lern weiter ▶ 7.5, Seite 224

(G)rammatik

können (Präsens): can (present tense)
When you say you 'can' or' can't' do something, the infinitive goes to the end:
Kannst du gut **schwimmen**? Ich **kann** gut **schwimmen.**
Er / Sie / (*name*) **kann** gut **schwimmen.**

Lern weiter ▶ 5.6, Seite 213

Möchtest du	heute (Abend) am Samstag / Sonnabend am Wochenende	ins Kino gehen?
Nein, ich kann nicht ins Kino gehen (usw.), weil ich		müde bin / krank bin / kein Geld habe / zu viele Hausaufgaben habe.
Oder: Ja, ich komme gern mit.		

SPRECHEN

2 Partnerarbeit.

Beispiel:

▲ Möchtest du in die Stadt gehen?

● Ich kann nicht in die Stadt gehen, weil ich kein Geld habe.

▲ ... in die Stadt gehen?

● ✗

▲ ... ins Kino gehen?

● ✗

▲ ... zu Anitas Party kommen?

● ✗

▲ ... angeln gehen?

● ✗

▲ Möchtest du schwimmen gehen?

● Ja ...!

3a Lies die E-Mail und beantworte die Fragen (ganze Sätze, bitte!).

Beispiel: 1 *Anja kann am Samstag nicht in die Disco gehen, weil sie kein Geld hat.*

1 Warum kann Anja am Samstag nicht in die Disco gehen?
2 Warum kann Samira nicht ins Kino gehen?
3 Warum kann Samira nicht zum Tennisklub gehen?
4 Warum ist Samira traurig?
5 Warum soll Udo eine Text-Nachricht schicken?

3b Schreib eine Antwort auf Samiras E-Mail aus Übung 3a.

> Hallo, Udo!
>
> Möchtest du am Samstag in die Disco gehen? Ich habe auch mit Anja gesprochen, aber sie sagt, sie kann nicht, weil sie kein Geld hat. Aber Heike geht mit. Heike sagt, sie möchte heute Abend ins Kino gehen. Hast du Lust, auch mitzugehen? Leider kann ich nicht mitkommen, weil ich mein Projekt schreiben muss. Und dann noch eine Frage: Möchtest du morgen mit Olaf Tennis spielen? Er geht um 10 Uhr zum Tennisklub. Ich kann es nicht, weil ich Schnupfen habe, aber vielleicht nächste Woche, ja?
>
> Mensch, bin ich traurig: Bald sind die Ferien vorbei! Möchtest du am Freitag schwimmen gehen? Hoffentlich geht es mir dann wieder besser, dann können wir zusammen ins Hallenbad. Schick mir eine Text-Nachricht – meine Mutter ist sauer, wenn ich zu viel telefoniere.
>
> Bis dann,
>
> Samira

4 Lies Samiras Tagebuch und beantworte die Fragen im Imperfekt.

Beispiel: 1 *Samira konnte am Montag nicht ins Kino gehen, weil sie ein Projekt schreiben musste.*

Samiras Tagebuch

Die letzte Ferienwoche

Am Montag hat Heike mich eingeladen, ins Kino zu gehen. Leider konnte ich nicht mitgehen, weil ich mein Projekt schreiben musste, aber ich habe Udo eingeladen.

Am Dienstag sollte ich um zehn Uhr mit Olaf Tennis spielen. Ich konnte es aber nicht, weil ich Schnupfen hatte. Vielleicht werde ich nächste Woche spielen.

Am Freitag war ich wieder gesund und ich bin mit Udo ins Hallenbad gegangen.

Am Samstag sind wir alle in die Disco gegangen. Na ja, nicht alle. Anja konnte nicht mitkommen, weil sie kein Geld hatte. Aber Heike kam mit.

1 Warum konnte Samira am Montag nicht ins Kino gehen?
2 Warum konnte Samira am Dienstag nicht zum Tennisklub gehen?
3 Warum konnte Samira am Freitag ins Hallenbad gehen?
4 Warum konnte Anja nicht in die Disco gehen?

Lust
Contrary to appearances, saying *Hast du Lust …?* or *Ich habe keine Lust …* isn't an indecent suggestion. It simply means 'Would you like to…?' or 'I don't feel like …'

Beispiel: ▲ Hast du Lust, ins Kino zu gehen?
● Nein, ich habe keine Lust, ins Kino zu gehen.

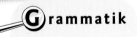 **G rammatik**

Das Imperfekt: the imperfect tense
Here are some useful simple past (imperfect) forms of:

sein	haben	können	müssen
ich / er / sie war	ich / er / sie hatte	ich / er / sie konnte	ich / er / sie musste
wir / Sie / sie waren	wir / Sie / sie hatten	wir / Sie / sie konnten	wir / Sie / sie mussten

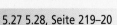 Lern weiter ▶ 5.27 5.28, Seite 219–20

5 Schreib dein Tagebuch für die letzte Ferienwoche.

5 | Was läuft im Kino?

Finding out what's on

1 **Lies die Werbung und beschreib die Filme.**

Beispiel: 1 Im Regina 1 läuft „Das Biest". Das ist ein Horrorfilm.
Die erste Vorstellung beginnt um 18 Uhr und die letzte
Vorstellung beginnt um 23 Uhr. Der Eintritt kostet
€ 5,50.

1 Im Regina 1 …	3 Im Regina 3 …
2 Im Regina 2 …	4 Im Regina 4 …

2 **Hör zu und beantworte die Fragen auf Deutsch.**

Beispiel: 1 *Ein Liebesfilm.*

Dialog 1
– Hallo, hier das Appollo-Kino.
– Guten Tag. Was läuft heute, bitte?
– „Emma".
– Was für ein Film ist das?
– Das ist ein Liebesfilm.
– Wann beginnt die Vorstellung?
– Um 20 Uhr.
– Und was kostet der Eintritt?
– € 4,00.

Dialog 1
1 Was für ein Film ist „Emma"?
2 Um wie viel Uhr beginnt die Vorstellung?
3 Was kostet der Eintritt?

Dialog 2
4 Wann will der Herr ins Konzert?
5 Ist es ein Rockkonzert?
6 Mag er deutsche Volksmusik?

Dialog 3
7 Welches Stück läuft?
8 Wie viele Plätze möchte die Dame?
9 Was ist das Problem?

KINOS

Regina 1
Täglich um 18.00, 20.30, 23.00
DAS BIEST – Horror vom Feinsten!
Mit Aldo Franco und Sabrina La
Plante. Eintritt: € 5,50

Regina 2
Täglich um 15.30 und 17.30 Uhr
TONY DAS PONY
Italienischer Kinderfilm mit Antonio
Ferrari. Eintritt: € 6,00

Regina 3
Täglich um 18.30 und 21 Uhr
SONNENUNTERGANG IN RIO
Liebesfilm mit Iggi Polanski und
Sandra Phillipp. Eintritt: € 4,50

Regina 4
Täglich um 19.00 und 22.00
DIE MARSMENSCHEN – amerikanische
Sciencefiction!
Mit Kirk Branson und Jennifer Green.
Eintritt: € 5,50

Was läuft im Kino / Theater?			
Was für ein Film / ein Stück / Musik ist das?			
Das ist	ein	Krimi / Liebesfilm / Horrorfilm / Western / Spionagefilm / Sciencefictionfilm / Zeichentrickfilm. Musical.	
		Rockmusik / klassische Musik.	
Wann beginnt der Film / das Stück / das Konzert?			
Was kostet	der Eintritt eine Karte	für	Erwachsene? Kinder?

Ich nehme eine Karte / zwei Karten usw.
(Es ist leider ausverkauft.)

3 Partnerarbeit. Partner(in) A (▲) stellt Fragen, B (●) erfindet die Antworten.
Macht drei Gespräche.

Beispiel:

▲ Was läuft? ● („Hamburger Nächte")

▲ Was ist das? ● (Das ist ein Krimi)

▲ Wann beginnt es? ● (Um 6 Uhr)

▲ Was kostet der Eintritt? ● (€ 6,00)

4 Du hast diese Filme gesehen. Beschreib sie!
Schreib:
- wann du den Film gesehen hast
- was für ein Film es war
- wer die Stars waren
- was in dem Film passiert ist
- ob der Film gut war.

Beispiel: 1 *Letzte Woche habe ich „Akte Z" gesehen. Das war ein ... Die Stars waren ... In dem
Film sind Bill Duckfield und .... zum Mars geflogen ... Ich habe den Film ... gefunden.*

1 AKTE Z

US-Film mit Don Duchovsky und Gillian Smith. Professor Bill Duckfield und seine Assistentin Rita French fliegen mit einem Raumschiff zum Mars. Aber die Antriebs-maschine geht kaputt und sie fliegen durch das All. Ein nicht besonders guter Sciencefictionfilm. ✶✶

2 VERLORENE LIEBE

Deutscher Spielfilm mit Ute Schimanski und Albert Ahlers (schwarz-weiß, 1952). Der Lehrer Franz Fischer liebt seine Direktorin Frau Silke Müller, aber sie ist schon verheiratet. Frau Müllers Sohn Helmut sieht, wie seine Mutter Franz Fischer hinter dem Fahrradständer küsst ... Extrem langweiliger alter Schinken, absolut nichts für die jungen Leute von heute. ✶

3 MARY MAUS

Toller Zeichentrickfilm aus Schweden (1999). Mary Maus rettet ihre Kinder, als eine neue Familie in ihr Haus einzieht. Die Familie hat eine Katze! Keine Stars (die Tiere sind die Stars!), aber ein guter Film für Jung und Alt. ✶✶✶✶✶

5 Beschreib einen Film, ein Theaterstück oder ein Konzert,
den / das du wirklich gesehen hast.

Beginn: *Der letzte / beste Film, den ich gesehen habe, war ...*
Das letzte / beste Theaterstück, das ich gesehen habe, war ...
Das letzte / beste Konzert, das ich gesehen habe, war ...

6 Was hast du gemacht?

Talking about activities in the past

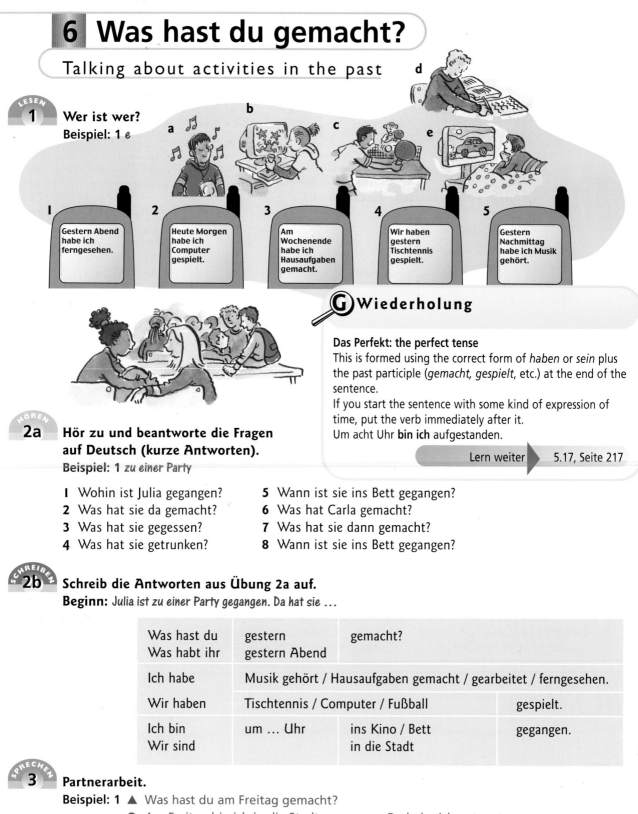

1

Wer ist wer?
Beispiel: 1 e

1
Gestern Abend habe ich ferngesehen.

2
Heute Morgen habe ich Computer gespielt.

3
Am Wochenende habe ich Hausaufgaben gemacht.

4
Wir haben gestern Tischtennis gespielt.

5
Gestern Nachmittag habe ich Musik gehört.

G Wiederholung

Das Perfekt: the perfect tense
This is formed using the correct form of *haben* or *sein* plus the past participle (*gemacht, gespielt*, etc.) at the end of the sentence.
If you start the sentence with some kind of expression of time, put the verb immediately after it.
Um acht Uhr **bin ich** aufgestanden.

Lern weiter ▶ 5.17, Seite 217

2a

Hör zu und beantworte die Fragen auf Deutsch (kurze Antworten).
Beispiel: 1 *zu einer Party*

1 Wohin ist Julia gegangen?
2 Was hat sie da gemacht?
3 Was hat sie gegessen?
4 Was hat sie getrunken?

5 Wann ist sie ins Bett gegangen?
6 Was hat Carla gemacht?
7 Was hat sie dann gemacht?
8 Wann ist sie ins Bett gegangen?

2b

Schreib die Antworten aus Übung 2a auf.
Beginn: *Julia ist zu einer Party gegangen. Da hat sie ...*

Was hast du Was habt ihr	gestern gestern Abend	gemacht?	
Ich habe	Musik gehört / Hausaufgaben gemacht / gearbeitet / ferngesehen.		
Wir haben	Tischtennis / Computer / Fußball		gespielt.
Ich bin Wir sind	um ... Uhr	ins Kino / Bett in die Stadt	gegangen.

3

Partnerarbeit.
Beispiel: 1 ▲ Was hast du am Freitag gemacht?
● Am Freitag bin ich in die Stadt gegangen. Da habe ich getanzt.

1 ▲ Was hast du am Freitag gemacht?
● Freitag, ich,

2 ▲ Was hast du am Samstag gemacht?
● Samstag, ich, ➡ Hamburg

3 ▲ Was habt ihr am Sonntag gemacht?
● Sonntag, wir,

LESEN
4 Lies den Artikel und wähle die richtigen Antworten. Schreib die Sätze auf.

Beispiel: 1 *Carla und Andreas sind mit dem Zug gefahren.*

Andreas Illmann
beschreibt sein
Wochenende in
Süddeutschland.

Das Wochenende im Rheinland war ganz toll!

Am Freitag sind wir mit der Bahn nach Koblenz gefahren. Wir sind um 16 Uhr abgefahren und um 19 Uhr angekommen. Die Fahrt war am Rhein entlang und wir haben hübsche Burgen und Schlösser gesehen, zum Beispiel Schloss Neuschwanstein. Wir haben auch die Weinberge gesehen, wo der gute Rheinwein hergestellt wird. In Koblenz haben wir in der Jugendherberge gewohnt, aber das Essen war schlecht und die Betten waren hart! In unserem Schlafraum war eine Schulgruppe aus Dresden und sie waren sehr laut – sie haben die ganze Nacht geredet. Also konnten wir kaum schlafen.

Am Sonnabend sind wir in den Bergen gewandert. Das war super (obwohl auch anstrengend)! Dann am Abend sind wir in die Disco gegangen. Sie war sehr voll und die Musik war leider viel zu laut für uns.

Am Sonntag sind wir in die Stadt gegangen. Wir haben ein Museum besichtigt, aber es war nicht besonders interessant. Dann sind wir zum „Deutschen Eck" gegangen. Das ist die Stelle, wo der Rhein und die Mosel zusammenfließen. Zu Mittag haben wir in einem Imbiss gegessen. Wir haben beide Hamburger mit Pommes genommen. Nicht sehr gesund, aber lecker!

Am Nachmittag sind wir ins Kino gegangen. Der Film war ein blöder Western aus Italien, aber ganz lustig. Am Abend sind wir dann wieder nach Hause gefahren!

1 Carla und Andreas sind mit dem Zug / Reisebus / Fahrrad gefahren.
2 Sie sind am Vormittag / Nachmittag / Abend abgefahren.
3 Sie sind am Vormittag / Nachmittag / Abend angekommen.
4 Die Übernachtung in der Jugendherberge war in Ordnung / schrecklich / sehr gut.
5 Es gab ein Problem mit dem Herbergsvater / mit anderen Kindern / mit dem Abwaschen.
6 Am Sonnabend sind sie geschwommen / spazieren gegangen / Rad gefahren.
7 Carla ist / Andreas ist / Beide sind ins Museum gegangen.
8 Am Deutschen Eck kommen zwei Städte / Flüsse / Berge zusammen.
9 Die Pommes im Imbiss haben gut / schlecht / furchtbar geschmeckt.
10 Sie haben den Film langweilig / komisch / super gefunden.

Am Wochenende Am Sonnabend Gestern Am Abend Dann Um … Uhr	bin ich sind wir	ins Restaurant (usw.)	gegangen.
		nach Hause gekommen.	
		abgefahren / angekommen / gewandert.	
	habe ich haben wir	gegessen / eingekauft (usw.).	
Es	war	toll / schlecht / laut (usw.).	

SCHREIBEN
5

Was hast du am Wochenende gemacht? Schreib einen Bericht.

Use the key language box to write much as you can for Exercise 5. Try to use *und* and *aber* to link your sentences. Don't forget to include some opinions.

Grammatik

Das Imperfekt: the imperfect
Remember the simple way to say 'was': ich / er / sie / es **war**
⠀⠀⠀⠀⠀⠀⠀⠀⠀⠀⠀⠀⠀⠀⠀⠀⠀⠀⠀⠀⠀⠀⠀⠀⠀⠀⠀⠀⠀⠀⠀ wir / sie (= they) **waren**
This is the so-called simple past or imperfect tense. You may need to recognise some of these forms:

| ich / er / sie / es | ging (*went*) | kam (*came*) | sah (*saw*) | las (*read*) |
| wir / sie (= *they*) | gingen | kamen | sahen | lasen usw. |

Lern weiter ▶ 5.26, Seite 219

Kursarbeit: Seite 182–183

7 Feste

Festivals in Germany

1 Lies den Artikel und beantworte die Fragen (ganze Sätze, bitte!).

Beispiel: 1 *Ostern ist ungesund.*

Ostern ist lustig – aber nicht sehr gesund! Man isst zu viel Schokolade. In Deutschland bringt der Osterhase die Ostereier … oder vielleicht bringen die Eltern die Eier, wer weiß? Auf jeden Fall werden viele Schokoladeneier im Garten versteckt und die kleinen Kinder (und auch manche Erwachsene) suchen sie.

Karneval feiert man mehr in Süddeutschland, zum Beispiel in Köln oder in Wuppertal. Karneval heißt auch Fasching und beginnt am Elften Elften um elf Uhr elf! In Süddeutschland gibt es Straßenzüge und viele Leute verkleiden sich mit Faschingskostümen. In Norddeutschland gibt es andere Feste, zum Beispiel den Bremer Freimarkt oder den Hamburger Dom.

Weihnachten ist ganz anders als in Großbritannien. Der große Tag (für die Kinder) ist der 24. Dezember, nicht der 25.! Am 24. Dezember werden schon die Geschenke verteilt. Das heißt auf Deutsch die Bescherung. Viele Leute gehen auch in die Kirche. Der 24. Dezember heißt Heiligabend, der 25. Dezember ist der Erste Weihnachtstag und der 26. Dezember heißt der Zweite Weihnachtstag. Am 25. Dezember gibt es das große Essen. Man isst Pute, Gans oder manchmal sogar Fisch. Silvester ist am 31. Dezember. Das heißt auch Neujahr. Die Deutschen feiern Silvester ganz groß. Auf der Straße knallt man mit Raketen und Feuerwerk und man trinkt sehr viel Sekt!

1 Welches Fest ist ungesund?
2 Wer bringt die Ostereier?
3 Wann ist die Bescherung?
4 Was machen viele Leute am 24. Dezember?
5 Wie heißt der 24. Dezember?

6 Wie sagt man „Boxing Day" auf Deutsch?
7 Was trinkt man zu Silvester?
8 In welchem Monat beginnt der Karneval?
9 Was ist ein anderes Wort für Karneval?
10 Wo feiert man Karneval?

2 Hör zu! Richtig, falsch oder nicht im Hörtext?

Beispiel: 1 *Richtig*

1 Alex mag gern Karneval.
2 Alex mag Weihnachten.
3 Alex mag Ostern.
4 Carolin mag Karneval.
5 Carolin mag Weihnachten.
6 Carolin mag Ostern.
7 Torben mag Karneval.
8 Torben mag Weihnachten.
9 Torben mag Ostern.

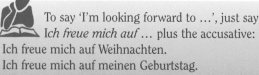

To say 'I'm looking forward to …', just say *Ich freue mich auf …* plus the accusative:
Ich freue mich auf Weihnachten.
Ich freue mich auf meinen Geburtstag.
Ich freue mich auf die Party.

3 **Lies den Text und beantworte die Fragen auf Deutsch (ganze Sätze, bitte!).**
Beispiel: **1** *Wir sind in die Stadt gegangen.*

Fasching hier in Köln war Spitze! Am ersten Samstag sind wir alle abends in die Stadt gegangen. Da gab's ein Straßenfest. Alle haben Kostüme getragen. Es gab Musik und viel zu essen. Am nächsten Tag sind wir dann zu Freunden gegangen, wo wir geplaudert haben und viel Limonade getrunken haben. Am Montag in der Schule haben wir nicht viel gearbeitet: Stattdessen haben wir gesungen und Spiele gespielt.

1 Was habt ihr am ersten Samstag gemacht?
2 Was gab's da?
3 Wohin seid ihr am Sonntag gegangen?
4 Was habt ihr da gemacht?
5 Was habt ihr am Montag gemacht?

Karneval in Köln.

4 **Partnerarbeit. Macht Dialoge.**

▲ Wie findest du Weihnachten / Ostern / den Karneval?
● Ich finde Weihnachten / Ostern / den Karneval / toll / doof / wunderbar / furchtbar.
▲ Was ist dein Lieblingsfest?
● Mein Lieblingsfest ist Weihnachten / Ostern / Karneval.
▲ Was habt ihr zu Weihnachten / Ostern / zum Karneval gemacht?
● Zu Weihnachten / Ostern / Zum Karneval haben wir zu viel gefeiert / gegessen / getrunken.
▲ Wie hast du Weihnachten / Ostern / den Karneval gefunden?
● Ich habe Weihnachten / Ostern / den Karneval / toll / anstrengend / hektisch gefunden.

Remember that you can express an opinion by saying *Ich finde* …, as in Exercise 4. When describing the past, say *Ich habe* … *gefunden.* The imperfect form *Ich fand* … is fine too:
Ich habe Weihnachten langweilig gefunden.
Ich fand Weihnachten langweilig.
You can say what your favourite thing is just by adding *Lieblings-* to the word:
mein Lieblingsfach (favourite subject), *mein Lieblingsfilm* (favourite film), *meine Lieblingsgruppe* (favourite group), etc.

5 **Beschreib dein letztes Weihnachtsfest unter dem Titel „Weihnachten bei uns".**
Schreib:
- was ihr am Heiligabend gemacht habt *(Am Heiligabend haben wir …)*
- was ihr am ersten Weihnachtstag gemacht habt *(Am ersten Weihnachtstag haben wir …)*
- was ihr am zweiten Weihnachtstag gemacht habt *(Am zweiten Weihnachtstag haben wir …)*
- was ihr gegessen habt
- welche Geschenke du bekommen hast.

You can use this topic for a presentation or some coursework.

Wörter

Geld — *Money*

eine Münze	*a coin*
Bargeld	*cash*
Kleingeld	*small change*
Ich möchte englisches Geld wechseln.	*I'd like to change some English money.*
Kann ich bitte amerikanisches Geld wechseln?	*Can I change American money?*
einen Zehneuroschein	*a ten euro note*
einen Zwanzigeuroschein	*a twenty euro note*
fünfzig	*fifty*
zwei Zehneuroscheine	*two ten euro notes*
zwei Zwanzigeuroscheine	*two twenty euro notes*
ein Zweieurostück	*a two euro coin*
zwei Fünfeurostücke	*two five euro coins*
einen Reisescheck	*a traveller's cheque*

Telefonieren — *Telephoning*

Hörer abnehmen	*lift the receiver*
Münze einwerfen	*insert coin*
Telefonkarte einstecken	*insert phone card*
Vorwahlnummer wählen	*dial the code*
Nummer wählen	*dial the number*
Geldrückgabe	*returned coins*
Notruf	*emergency number*

Imbiss und Café — *Snack bar and café*

Ich habe Durst / Hunger.	*I'm thirsty / hungry.*
Ich möchte eine Portion Kartoffelsalat mit Senf.	*I'd like a portion of potatoto salad with mustard.*
Ich nehme eine Portion Pommes (frites) mit Mayonnaise / Ketchup.	*I'd like a portion of potatoto salad mayonnaise / ketchup.*
ein Wiener Schnitzel.	*a veal cutlet.*
eine Bratwurst.	*a fried sausage.*
eine Bockwurst.	*a frankfurter (boiled) sausage.*
ein halbes Hähnchen.	*half a chicken.*
einen Apfelsaft.	*an apple juice.*
einen Orangensaft.	*an orange juice.*
eine Cola.	*a coke.*
eine Limonade.	*a lemonade.*
Ich möchte ein Stück Apfelkuchen mit Sahne.	*I'd like a piece of apple cake with cream.*
Ich nehme Erdbeertorte ohne Sahne.	*I'll have strawberry tart without cream.*
Kirschtorte	*cherry tart*
eine Tasse Kaffee mit Milch.	*a cup of coffee with milk.*
ein Kännchen Schokolade mit Sahne.	*a pot of chocolate with cream.*
ein Glas Tee.	*a glass of tea.*

Im Restaurant — *At the restaurant*

Herr Ober! / Fräulein!	*Waiter!*
Ich möchte einen Tisch für vier Personen.	*I'd like a table for four.*
Kann ich bitte die Speisekarte sehen?	*Can I see the menu?*
Ich möchte ein Glas Weißwein.	*I'd like a glass of white wine.*
Kann ich bitte eine Gabel haben?	*Can I have a fork, please?*
Kann ich bitte zahlen?	*Can I pay, please?*
Kann ich bitte die Rechnung haben?	*Can I have the bill, please?*
Hat's geschmeckt?	*Did you enjoy your meal?*
Das Essen ist kalt.	*The food is cold.*
Was für Getränke haben Sie?	*What kinds of drinks have you got?*
Eis	*ice-cream*
Suppen	*soups*
Als Vorspeise nehme ich Erbsensuppe.	*For a starter I'll have pea soup.*
Hühnersuppe.	*chicken soup.*
Eiersalat.	*egg mayonnaise.*
Als Hauptspeise möchte ich Fisch (Forelle, Lachs).	*As the main course I'd like fish (trout, salmon).*
Fleisch (Rindfleisch, Schweinefleisch, Lammfleisch).	*meat (beef, pork, lamb).*
Als Hauptspeise nehmen wir Spaghetti / Omelett.	*As the main course we'll have spaghetti / omelette.*
Als Hauptspeise möchten wir Steak.	*As the main course we'd like steak.*
Als Nachtisch möchten wir Eis / Schokoladenpudding.	*As dessert we'd like ice-cream / chocolate pudding.*
Kann ich bitte einen Löffel haben?	*Can I have a spoon, please?*

eine Gabel	*a fork*
ein Messer	*a knife*
Salz und Pfeffer	*salt and pepper*
das Brot	*the bread*

Ausreden — *Excuses*

Ich kann nicht ins Kino gehen, weil ich müde bin.	*I can't go to the cinema because I'm tired.*
krank bin.	*I'm ill.*
kein Geld habe.	*I have no money.*
zu viele Hausaufgaben habe.	*I have too much homework.*
Ja, ich komme gern mit.	*Yes, I'd love to come.*
Hast du Lust …?	*Would you like …?*
Ich habe keine Lust …	*I don't feel like …*

sein, haben, können, müssen (Imperfekt) — *to be, have, be able, have to (imperfect)*

Ich / Er / Sie war …	*I / He / She was …*
Ich / Er / Sie hatte …	*I / He / She had …*
Ich / Er / Sie konnte …	*I / He / She was able to …*
Ich / Er / Sie musste …	*I / He / She had to …*

Im Kino — *At the cinema*

Was läuft im Kino?	*What's on at the cinema?*
im Theater?	*at the theatre?*
Was für ein Film ist das?	*What sort of film is it?*
ein Stück	*a play*
Musik	*music*
Das ist ein Krimi.	*It's a thriller.*
ein Liebesfilm.	*a love story.*
ein Horrorfilm.	*a horror film.*
ein Western.	*a western.*
ein Spionagefilm.	*a spy film.*
ein Sciencefictionfilm.	*a science fiction film.*
ein Zeichentrickfilm.	*an animated film.*
ein Musical.	*a musical.*
Wann beginnt der Film?	*When does the film begin?*
das Stück?	*the play*
das Konzert?	*the concert*
Was kostet der Eintritt für Erwachsene?	*How much is the admission price for adults?*
Was kostet eine Karte für Kinder?	*How much is a ticket for children?*
Ich nehme eine Karte.	*I'll have a ticket.*
zwei Karten usw.	*two tickets, etc.*
Es ist ausverkauft.	*It's sold out.*
Der letzte / beste Film, den ich gesehen habe, war …	*The last / best film I've seen was …*
Das letzte / beste Theaterstück, das ich gesehen habe, war …	*The last / best play I've seen was …*
Das letzte / beste Konzert, das ich gesehen habe, war …	*The last / best concert I've been to was …*

Was hast du gemacht?

Was hast du gestern gemacht?
Was habt ihr gestern Abend gemacht?
Ich habe ferngesehen.
Wir haben Musik gehört.
  Hausaufgaben gemacht.
  gearbeitet.
  Tischtennis gespielt.
  Computer gespielt.
  Fußball gespielt.
Ich bin um … Uhr ins Kino gegangen.
Wir sind in die Stadt gegangen.
Wir sind ins Bett gegangen.
Am Wochenende bin ich in die Stadt gegangen.
Vorgestern sind wir ins Kino gegangen.
Gestern sind wir ins Restaurant gegangen.
Am Abend sind wir nach Hause gekommen.
Sie sind um … Uhr angekommen.
Dann um … sind sie abgefahren.
Dann um … sind wir gewandert.
Dann um … habe ich gegessen.
Dann um … haben wir eingekauft.
Dann um … haben wir einen Film gesehen.
Dann um … haben wir Karten usw. gespielt.
Es war toll.
Das Essen war schlecht.
Die Musik war laut.
Das Wetter war schlecht usw.

What did you do?

What did you do yesterday?
What did you do yesterday evening?
I watched TV
We listened to music.
  did homework.
  worked.
  played table tennis.
  played on a computer.
  played football.
I went to the cinema at … o'clock.
We went into town.
We went to bed.
At the weekend I went into town.
The day before yesterday we went to the cinema.
Yesterday we went to a restaurant.
In the evening we came home.
They arrived at … o'clock.
They then left at … o'clock.
We then went hiking at … o'clock.
I then ate at … o'clock.
We then went shopping at … o'clock.
We then saw a film at … o'clock.
We then played cards, etc. at … o'clock.
It was great.
The food was bad.
The music was loud.
The weather was bad, etc.

Imperfekt

Ich / Er / Sie / Es ging / kam / sah / las.
Wir / Sie (= *they*) gingen / kamen / sahen / lasen.

Imperfect

I / He / She / It went / came / saw / read.
We / They went / came / saw / read.

Feste

Ostern
Ostereier
die Bescherung
Heiligabend
der erste Weihnachtstag
der zweite Weihnachtstag
Silvester
Karneval
Fasching
Neujahr
Ich freue mich auf Weihnachten.
Ich freue mich auf meinen Geburtstag.
Ich freue mich auf die Party.
Wie findest du Weihnachten / Ostern / den Karneval?
Ich finde Weihnachten
  toll / doof / wunderbar / furchtbar.
Was ist dein Lieblingsfest?
Mein Lieblingsfest ist Karneval.
Was habt ihr zu Weihnachten gemacht?
Zu Weihnachten haben wir zu viel gefeiert / gegessen / getrunken.
Wie hast du Ostern gefunden?
Ich habe Ostern toll / anstrengend / hektisch gefunden.

Festivals

Easter
Easter eggs
giving out presents on Christmas Day
Christmas Eve
Christmas Day
Boxing Day
New Year's Eve
carnival
(another word for) carnival
New Year
I'm looking forward to Christmas.
I'm looking forward to my birthday.
I'm looking forward to the party.
What do you think of Christmas / Easter / carnival?
I think Christmas
  great / stupid / wonderful / awful.
What's your favourite festival?
My favourite festival is carnival.
What did you do for Christmas?
At Christmas, we celebrated / ate / drank too much.
What did you think of Easter?
I found Easter great / exhausting / hectic.

8 Mein Leben zu Hause

1 Routine, Routine

Day-to-day activities

1 **Lies den Text. Was sagt Fatima? Schreib Sätze.**
Beispiel: 1 Mein Wecker klingelt um 6.30 Uhr.

Fatima: An einem Schultag klingelt mein Wecker um sechs Uhr dreißig. Ich stehe um Viertel vor sieben auf. Ich dusche und dann frühstücke ich um Viertel nach sieben, meistens nur ein Brötchen mit Marmelade. Ich putze mir dann die Zähne und ich verlasse das Haus ungefähr um halb acht. Nach der Schule mache ich um zwei Uhr meine Hausaufgaben und dann esse ich um sechs Uhr Abendbrot. Dann um acht Uhr sehe ich meistens fern (gestern habe ich zum Beispiel die Tagesschau gesehen) und um halb elf wasche ich mich und gehe schlafen.

2a **Hör zu! Bring die Bilder in die richtige Reihenfolge und schreib die Uhrzeit auf.**
Beispiel: f, 11 Uhr, ...

2b **Was sagt Fatima? Schreib Sätze.**
Beispiel: Ich wache um elf Uhr auf.

3 **Partnerarbeit. A (▲) stellt Fragen, B (●) erfindet Antworten.**
Beispiel: 1 ▲ Um wie viel Uhr klingelt dein Wecker? ● Mein Wecker klingelt um halb acht.

1 ▲ Um wie viel Uhr klingelt dein Wecker?

2 ▲ Um wie viel Uhr stehst du auf?

3 ▲ Um wie viel Uhr duschst du?

4 ▲ Um wie viel Uhr frühstückst du?

5 ▲ Um wie viel Uhr verlässt du das Haus?

6 ▲ Um wie viel Uhr isst du Abendbrot?

Rückblick   Rückblick

4 Jetzt schreib die Information über *deine* tägliche Routine auf.

Beginn: *Mein Wecker klingelt um ... Uhr. Ich stehe um ... Uhr auf (usw.).*

When doing Exercise 4, remember to use plenty of expressions of time. Remember that the verb always has to come straight after the time expression:

Mein Wecker klingelt. → Zuerst **klingelt** mein Wecker.
Ich stehe auf. → Dann **stehe** ich auf.
Ich frühstücke um acht Uhr. → Um acht Uhr **frühstücke** ich.

Grammatik

Reflexive Verben: reflexive verbs

Ich wasche **mich**.	Er / Sie wäscht **sich**.
Ich ziehe **mich** an.	Er / Sie zieht **sich** an.
Ich rasiere **mich**.	Er / Sie rasiert **sich**.

Lern weiter ▶ 5.7, Seite 214

5 Lies den Text und wähle die richtige Antwort. Schreib die Sätze auf.

Beispiel: 1 *Rikki ist früh aufgestanden.*

Rikki Räubers Tag

Gestern ist Rikki Räuber um 7 Uhr aufgewacht, weil er für seinen Tag einen großen Plan hatte. Er wollte nämlich einen Supermarkt überfallen. Er ist um 7.15 Uhr aufgestanden und hat sich um 7.20 gewaschen. Er hat sich aber nicht rasiert. Ein guter Räuber rasiert sich nicht! Dann hat er sich um 7.40 angezogen, ganz in Schwarz: einen schwarzen Hut, einen schwarzen Anzug und natürlich eine Sonnenbrille. Um 8 Uhr hat er gefrühstückt. Er wollte ganz stark sein, also hat er viel gegessen.

Um 8.30 Uhr hat er das Haus verlassen und ist gleich in die Stadt gefahren. In der Stadt hat er den Mangelmann-Supermarkt überfallen und hat 20 000 Euro gestohlen. Er ist um elf Uhr nach Hause gekommen und ist um 11.30 wieder schlafen gegangen. Nicht schlecht für ein paar Stunden Arbeit!

1 Rikki ist spät / früh aufgestanden.
2 Er hat sich rasiert / nicht rasiert.
3 Er hat eine dunkle Brille / eine normale Brille getragen.

4 Er hat ein kleines / großes Frühstück gegessen.
5 Er ist zu Fuß / nicht zu Fuß in die Stadt gegangen.
6 Er ist am Abend / am Vormittag wieder ins Bett gegangen.

6 Partnerarbeit. Macht ein Interview mit Rikki Räuber. Rikki Räuber muss lügen!

Beispiel: ▲ Um wie viel Uhr sind Sie gestern aufgewacht?
● Ich bin um neun Uhr aufgewacht.
▲ aufgestanden?
▲ gefrühstückt?
▲ das Haus verlassen?

▲ nach Hause gekommen?
▲ ins Bett gegangen?
▲ Rikki, haben Sie den Supermarkt ausgeraubt?

7 Was hast du gestern gemacht? Schreib Sätze.

Talking about your daily routine in the perfect tense:
Ich **bin** um :.. Uhr **aufgewacht**.
Ich **bin** um ... Uhr **aufgestanden**.
Ich **habe** um ... Uhr **gefrühstückt**.
Ich **habe** um ... Uhr das Haus **verlassen**.
Ich **bin** um ... Uhr nach Hause **gekommen**.
Ich **bin** um ... Uhr schlafen **gegangen**.

2 Essen

Information about meals at home

1 **Lies den Artikel und beantworte die Fragen auf Deutsch (ganze Sätze, bitte!).**
Beispiel: 1 *Er braucht viel Energie, weil er Sportler ist.*

Was essen die Stars gern? Wir haben sie gefragt.

Bruno Berg (Snowboard-Meister)
Ich esse leidenschaftlich gern alles, was süß ist: Bonbons, Kaugummi, Pudding. Weil ich Sportler bin, brauche ich viel Energie. Gestern habe ich zum Beispiel zwei Mars und drei Milky Way gegessen und mindestens vier Dosen Cola getrunken.
Zum Frühstück esse ich normalerweise Toast mit Marmelade und ich trinke eine Tasse heiße Schokolade dazu. Zum Abendbrot esse ich meistens Fleisch mit Kartoffeln und Gemüse, das macht satt. Aber es gibt auch viele Sachen, die ich nicht mag. Zum Beispiel esse ich nicht gern Fett. Deswegen gehe ich nie zum Imbiss, weil ich Bratwurst und so was absolut nicht gern esse. Igitt!

Sabine Strang (Sängerin)
Mein Problem ist, dass ich oft im Fernsehen auftrete und schlank bleiben muss. Ich trage sehr enge Lederhosen. Also esse ich viel Salat und nicht so viel Fett. Fleisch und Wurst esse ich gar nicht. Zum Frühstück esse ich vielleicht ein Stück Knäckebrot und dazu trinke ich ein Glas Wasser. Ich esse sehr gern Schokolade, aber das darf ich nicht! Gestern habe ich eine Praline gegessen, aber mein Manager hat das gesehen und er war sauer.

Toast mit Wurst
ein Glas Wasser
Salat
Pommes frites mit Ketchup
ein Butterbrot
Cornflakes mit Milch
Cola
eine Tasse Kaffee
Hamburger
Brötchen mit Käse

Bruno:
1 Warum braucht Bruno viel Energie?
2 Was hat er gestern getrunken?
3 Was isst er gern am Abend?
4 Warum geht er nicht zum Imbiss?

Sabine:
5 Warum isst sie nicht viel Fett?
6 Isst sie viel Schokolade?
7 Was isst Sabine normalerweise zum Frühstück?
8 Was ist gestern passiert?

2 **Partnerarbeit.**
Beispiel: 1 ▲ Was isst du gern?
● Ich esse gern Toast mit Wurst, aber ich esse lieber ein Butterbrot und ich esse am liebsten Fisch.

1 ♥  , ♥♥ , ♥♥♥   4 ♥ , ♥♥ , ♥♥♥

2 ♥ , ♥♥ , ♥♥♥   5 ♥ , ♥♥ , ♥♥♥

3 ♥ , ♥♥ , ♥♥♥

Rückblick   Rückblick

3 Hör zu! Was isst und trinkt Olli gern und nicht gern?
Schreib Sätze.
Beispiel: *Er isst gern Obst und Fleisch.*

(G)rammatik

gern, lieber, am liebsten: like, prefer, like most
gern indicates **liking** and comes after the verb.
lieber indicates **preferring** and comes after the verb.
am liebsten shows what you **most like** and comes after the verb.

Lern weiter ▶ 5.11, Seite 215

4 Partnerarbeit.

Beispiel: 1 ▲ Was trinkst du normalerweise zum Frühstück?
● Zum Frühstück trinke ich normalerweise Kaffee.
▲ Was hast du gestern zum Frühstück getrunken?
● Gestern habe ich Tee getrunken.

1 , 08.00 ,

2 , 08.00 ,

3 , 12.30 ,

4 , 12.30 ,

5 , 19.00 , Cola

6 , 19.00 ,

Ich esse gern / lieber / am liebsten	Toast / Brötchen / Salat / Käse usw.	
Ich trinke gern / lieber / am liebsten	Kaffee / Tee / Wasser / Mineralwasser usw.	
Was isst du Was trinkst du (normalerweise)	zum Frühstück / Mittagessen / Abendessen / Abendbrot?	
Zum Frühstück Zum Mittagessen Zum Abendessen / Abendbrot	esse ich (normalerweise)	Butterbrot / Toast. Fisch / Fleisch usw.
	trinke ich	Wasser / Cola.

5 Schreib einen Brief an deinen neuen Austauschpartner / deine neue Austauschpartnerin.
Schreib:
* was du gern zum Frühstück / Mittagessen / Abendbrot isst (mindestens drei Sachen)
* was du gern zum Frühstück / Mittagessen / Abendbrot trinkst (mindestens drei Sachen)
* was du nicht gern zum Frühstück / Mittagessen / Abendbrot isst (mindestens drei Sachen)
* was du nicht gern zum Frühstück / Mittagessen / Abendbrot trinkst (mindestens drei Sachen)
* was du gestern gegessen hast
* was du gestern getrunken hast.

Beispiel:

Hallo, Svenja / Hallo, Thomas,
du fragst, was ich gern esse und trinke. Also,
zum Frühstück ...

Rückblick   Rückblick

3 Gesundheit

Healthy lifestyle

Schreib die Sätze ab und trag die Namen ein: Oliver, Sabine oder Robert.
Beispiel: 1 *Oliver isst Toast mit Wurst und Käse.*

Gesund essen: ein großes Problem für junge Leute heutzutage

Top-Fit: Essen, essen, essen. Alle essen gern, das ist doch klar. Aber ist das immer gesund? Oliver, was isst du gern?

Oliver: Normalerweise frühstücke ich um 8 Uhr. Ich esse Cornflakes mit Milch, dann nehme ich ein Toast mit Wurst und Käse und ich trinke dazu Kaffee, oft zwei Tassen.

Top-Fit: Na, Wurst und Käse zum Frühstück! Das ist viel Fett! Und Kaffee hat viel Koffein ...

Oliver: Nein, ich trinke nur koffeinfreien Kaffee.

Top-Fit: Na ja, immerhin ... Sabine, was isst du denn gern?

Sabine: Weil ich morgens keine Zeit habe, esse ich nur Obst zum Frühstück. Aber ich esse Mittagessen in der Schulkantine. Da ist das Essen ganz gut. Ich esse gern Salat, vielleicht auch ein Butterbrot, das hält mich immer gesund. Und ich trinke eine Flasche Mineralwasser dazu.

Top-Fit: Glückwunsch, Sabine. Und du, Robert, bist du auch fit?

Robert: Nein, total unfit! Zum Abendessen gehe ich gern ins Hamburger-Restaurant. Da esse ich gern Hamburger mit Pommes frites, oft eine doppelte Portion, immer mit Ketchup. Und natürlich gibt's einen Milchshake dazu. Gestern habe ich zwei Milchshakes gehabt, einmal Schokolade und einmal Erdbeer. Das war vielleicht lecker!

Top-Fit: Ja, lecker ... aber ist das gut für deine Gesundheit?

1 ... isst Toast mit Wurst und Käse.	4 ... isst sehr gesund.
2 ... isst gern Fastfood.	5 ... isst total ungesund.
3 ... isst nur Obst zum Frühstück.	6 ... isst ziemlich gesund.

Wo klickt man, um diese Informationen zu finden? Schreib „blau", „grün" oder „rot".
Beispiel: 1 *Rot*

1   2

3   4

5   6

www.gesundheit.de.

Zurück Weiter Laden Start Suche Führung Bilder Drucker Sicherheit Stop

Netsite: http://www.gesundheit.de.

○ Gesund essen! Hier findet man Diät-Tipps für ein gesundes Leben. Was sollte man essen und was ist gut für die Figur und die Haut?

○ Sportliches Leben! Praktische Übungen für alle, die schlank und fit bleiben wollen!

○ Achtung, Gefahr! Was man vermeiden muss, wenn man fit bleiben will.

3 Hör die Interviews an und schreib „gesund" oder „ungesund".
Dann schreib den Grund auf Englisch auf (1–6).
Beispiel: 1 *ungesund (watches TV all evening)*

rammatik

um ... zu ...: in order to ...
This is a useful place to use the structure *um ... zu ...*, which means 'in order to ...'
Place *um* before the thing you want to do and *zu* after it, followed by the infinitive.
Then add a comma, plus the verb immediately after that:

Um	gesund	zu	bleiben, spiele ich Fußball.
	in die Stadt		fahren, nehme ich den Bus.
	gute Noten		bekommen, mache ich meine Hausaufgaben.
	fit		bleiben, spiele ich Tennis.
	Geld		verdienen, arbeite ich im Supermarkt.

Lern weiter ▶ 7.6, Seite 224

4 Was machst du, um fit zu bleiben? Schreib Sätze.
Beispiel: 1 *Um fit zu bleiben, spiele ich Squash.*

1 fit bleiben / Squash spielen
2 schlank bleiben / vegetarisch essen
3 Geld verdienen / Babysitting machen
4 nach Hamburg fahren / Zug nehmen
5 gesund bleiben / schwimmen gehen
6 stark werden / ins Fitnesszentrum gehen
7 Sport treiben / nicht rauchen

5 Hör zu und beantworte die Fragen mit „ja" oder „nein".
Beispiel: 1 *Nein*

1 Ist Herr Becker Vegetarier?
2 Isst er jeden Tag Wurst?
3 Isst er jeden Tag Gemüse?
4 Treibt er Sport?
5 Trinkt er gern Alkohol?
6 Raucht er?
7 Ist sein Vater alt geworden?
8 Ist sein Motto „gesund und glücklich"?

 6 Jetzt du! Was machst du (und was machst du nicht), um fit zu bleiben?
Was hast du letzte Woche gemacht, um fit zu bleiben?
Ideen:

vegetarisch essen

Ski laufen

nicht rauchen

ins Fitnesszentrum gehen

kein Fastfood essen

4 Aua!

Illness and injury

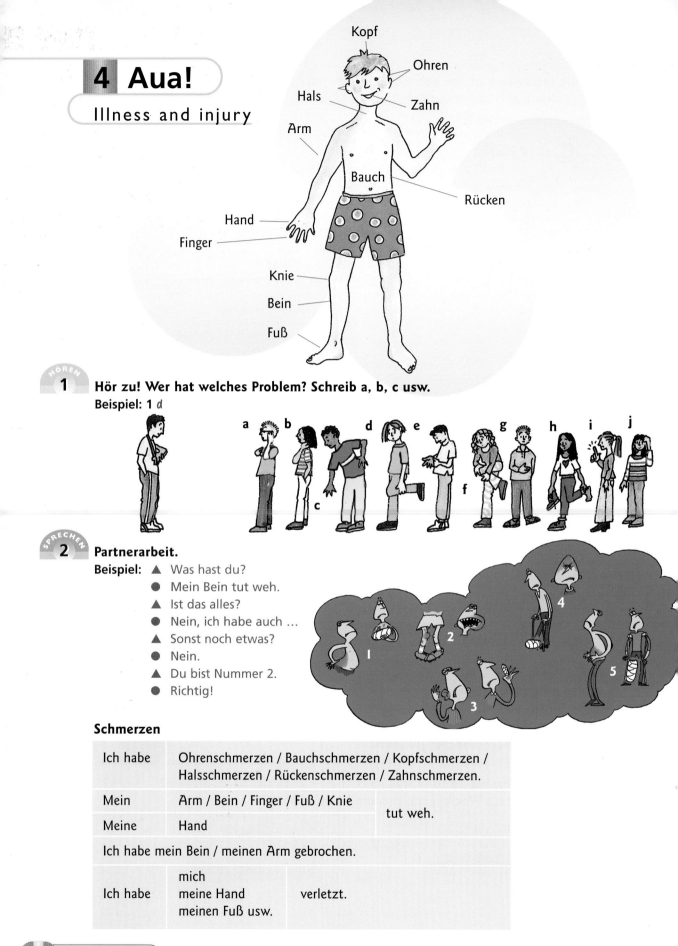

Kopf

Ohren

Hals

Zahn

Arm

Bauch

Rücken

Hand

Finger

Knie

Bein

Fuß

1 **Hör zu! Wer hat welches Problem? Schreib a, b, c usw.**

Beispiel: 1 *d*

a b c d e f g h i j

2 **Partnerarbeit.**

Beispiel: ▲ Was hast du?
         ● Mein Bein tut weh.
         ▲ Ist das alles?
         ● Nein, ich habe auch …
         ▲ Sonst noch etwas?
         ● Nein.
         ▲ Du bist Nummer 2.
         ● Richtig!

Schmerzen

Ich habe	Ohrenschmerzen / Bauchschmerzen / Kopfschmerzen / Halsschmerzen / Rückenschmerzen / Zahnschmerzen.	
Mein	Arm / Bein / Finger / Fuß / Knie	tut weh.
Meine	Hand	
Ich habe mein Bein / meinen Arm gebrochen.		
Ich habe	mich meine Hand meinen Fuß usw.	verletzt.

3 Lies die E-Mail. Wer hat welches Problem? Schreib Sätze.

Beispiel: 1 Tanita ist müde.

Liebe Ute!
Vielen Dank für die Einladung. Leider können wir euch am Wochenende nicht besuchen. Warum? Weil wir alle krank sind! Frank hat Fieber (39 Grad!), ich glaube, er hat eine Grippe. Die arme Susanne hat Durchfall. Glücklicherweise hat sie vom Arzt ein Medikament bekommen – komische Tabletten. Ich habe einen Sonnenbrand und bin auch sehr müde. Und Klaus hat Schnupfen. Also müssen wir zu Hause bleiben. Es tut mir Leid!
Bis bald,
Tanita

1

2

3 **4** **5** 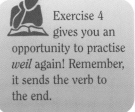 **6**

Ich habe Klaus hat	Durchfall. Fieber. Schnupfen. eine Grippe. einen Sonnenbrand. 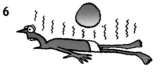

Ich bin müde.
Klaus ist krank usw.

 The simplest way to say 'I feel well' or 'I don't feel well':
Es geht mir gut.
Es geht mir nicht (sehr) gut / schlecht.

4 Schreib an die Schule.

Beispiel: 1 Ich kann nicht in die Schule kommen, weil ich Fieber habe.

1 Ich kann nicht in die Schule kommen. Ich habe Fieber.
2 Ich kann nicht in die Schule kommen. Ich habe Zahnschmerzen.
3 Ich kann nicht in die Schule kommen. Ich habe Bauchschmerzen.
4 Ich kann nicht in die Schule kommen. Ich habe mein Bein gebrochen.
5 Ich kann nicht in die Schule kommen. Ich habe meinen Kopf verletzt.

 Exercise 4 gives you an opportunity to practise *weil* again! Remember, it sends the verb to the end.

5 Schreib eine E-Mail wie in Übung 3. Du kannst nicht mit deiner Familie zur Party gehen. Die Probleme sind:

- Mutti – Kopfschmerzen
- Vati – Bein verletzt
- Oliver – Zahnschmerzen
- Nadja – Arm gebrochen

5 Beim Arzt

Visiting the doctor

1

Schau die Schilder an. Welcher Arzt / Welche Ärztin ist am besten?
Beispiel: 1 Andreas Müller

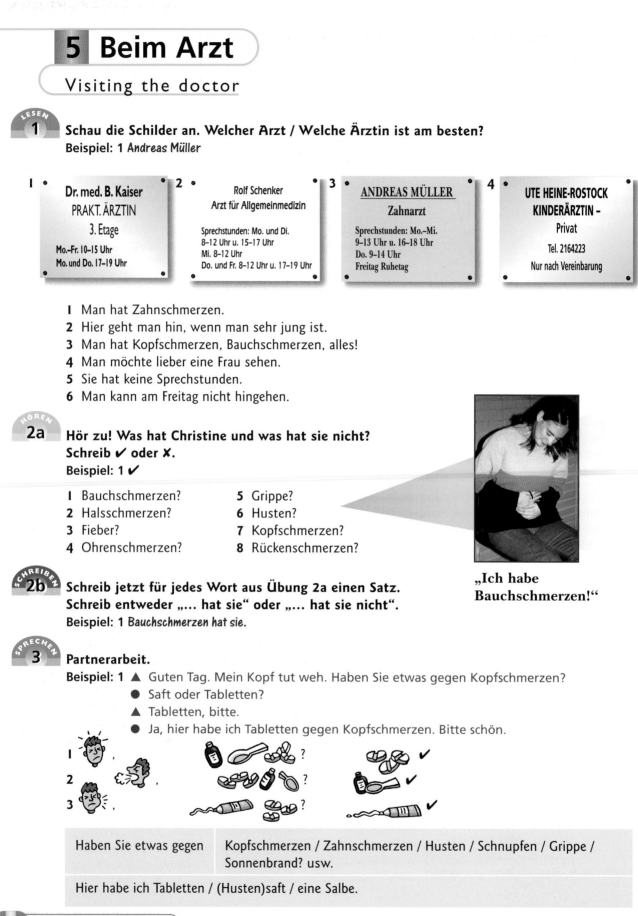

1
Dr. med. B. Kaiser
PRAKT. ÄRZTIN
3. Etage
Mo.–Fr. 10–15 Uhr
Mo. und Do. 17–19 Uhr

2
Rolf Schenker
Arzt für Allgemeinmedizin
Sprechstunden: Mo. und Di.
8–12 Uhr u. 15–17 Uhr
Mi. 8–12 Uhr
Do. und Fr. 8–12 Uhr u. 17–19 Uhr

3
ANDREAS MÜLLER
Zahnarzt
Sprechstunden: Mo.–Mi.
9–13 Uhr u. 16–18 Uhr
Do. 9–14 Uhr
Freitag Ruhetag

4
UTE HEINE-ROSTOCK
KINDERÄRZTIN –
Privat
Tel. 2164223
Nur nach Vereinbarung

1 Man hat Zahnschmerzen.
2 Hier geht man hin, wenn man sehr jung ist.
3 Man hat Kopfschmerzen, Bauchschmerzen, alles!
4 Man möchte lieber eine Frau sehen.
5 Sie hat keine Sprechstunden.
6 Man kann am Freitag nicht hingehen.

2a

Hör zu! Was hat Christine und was hat sie nicht?
Schreib ✔ oder ✗.
Beispiel: 1 ✔

1 Bauchschmerzen?   5 Grippe?
2 Halsschmerzen?   6 Husten?
3 Fieber?   7 Kopfschmerzen?
4 Ohrenschmerzen?   8 Rückenschmerzen?

„Ich habe
Bauchschmerzen!"

2b

Schreib jetzt für jedes Wort aus Übung 2a einen Satz.
Schreib entweder „… hat sie" oder „… hat sie nicht".
Beispiel: 1 Bauchschmerzen hat sie.

3

Partnerarbeit.
Beispiel: 1 ▲ Guten Tag. Mein Kopf tut weh. Haben Sie etwas gegen Kopfschmerzen?
           ● Saft oder Tabletten?
           ▲ Tabletten, bitte.
           ● Ja, hier habe ich Tabletten gegen Kopfschmerzen. Bitte schön.

Haben Sie etwas gegen	Kopfschmerzen / Zahnschmerzen / Husten / Schnupfen / Grippe / Sonnenbrand? usw.
Hier habe ich Tabletten / (Husten)saft / eine Salbe.	

4 Lies den Text und finde die Wörter. Schreib sie auf Deutsch auf.

Beispiel: 1 Bauchschmerzen

> Hallo? Ist das Arztpraxis Dr. Jungblut? Guten Tag! Hören Sie, meine Tochter Christine hat Bauchschmerzen und Halsschmerzen und sie hustet auch … Ja, sie hat auch Fieber. Ich glaube, sie ist schwer krank … Bitte? Ja, kann ich bitte einen Termin haben? Wann sind Ihre Sprechstunden? Gut, dann bitte morgen Nachmittag. Bitte? Ja, morgen Nachmittag um drei? Prima! Vielen Dank. Auf Wiederhören.

1 stomach ache   **2** surgery   **3** temperature   **4** appointment   **5** opening hours

5 Hör zu, lies den Dialog und beantworte die Fragen (ganze Sätze, bitte!).

Beispiel: 1 Christines Bauch tut weh.

Arzt:	So, Christine, komm herein. Geht es dir jetzt besser?
Christine:	Ein bisschen besser, Herr Doktor.
Arzt:	Wie sind deine Bauchschmerzen?
Christine:	Mein Bauch tut immer noch weh, aber ich huste nicht mehr.
Arzt:	Darf ich mal Fieber messen? Ach ja, du hast noch Fieber.
Christine:	Was muss ich tun?
Arzt:	Folgendes. Geh nach Hause und bleib für drei Tage im Bett. Ich verschreibe dir ein Rezept für Tabletten. Nimm die Tabletten dreimal pro Tag mit Wasser. Komm dann wieder zu mir.
Christine:	Okay, Herr Doktor. Hoffentlich geht es mir bald besser.

1 Was tut weh?
2 Was macht sie nicht mehr?
3 Was hat sie noch?
4 Was muss sie tun?
5 Was muss sie nehmen? (Details!)

Grammatik

Der Imperativ: the imperative
Telling someone what to do in German is easy. For the 'familiar' form, take the *du* form of the verb and knock off the *-st*:
Komm herein!   **Geh** nach Hause!   **Bleib** im Bett!
In the 'polite' version, just use the *Sie* form of the verb:
Gehen Sie nach Hause!
Bleiben Sie im Bett!

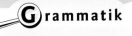 Lern weiter   5.12, Seite 215

6 Lies den Text. Schreib „richtig" oder „falsch".

Beispiel: 1 Falsch

1 Der Termin wurde eingehalten.
2 Der Zahnarzt hat gebohrt.
3 Die Patientin hatte Schmerzen.
4 Die Patientin hat jetzt Schmerzen.
5 Sie hat im Wartezimmer ein Buch gelesen.

> Gestern bin ich zum Zahnarzt gegangen. Es war schrecklich, aber meine Schmerzen waren so stark, dass ich einfach gehen musste! Der Termin war um Viertel nach zwei, aber natürlich musste ich warten. Ich saß im Wartezimmer und las Zeitschriften. Dann kam die Assistentin und sagte: „Fräulein Kutchinski, Sie sind dran!" Der Zahnarzt hat mir erst eine Spritze gegeben und dann hat er lange gebohrt! Es war schlimm, aber jetzt geht es mir besser!

7 Schreib eine ähnliche Geschichte wie in Übung 6. Ersetze die folgenden Wörter:
Gestern, Zahnarzt, schrecklich, Viertel nach zwei, Zeitschriften, Fräulein Kutchinski, eine Spritze gegeben, lange gebohrt, schlimm

 Notice the imperfect (simple past) forms here: *war, musste, hatte, saß, las, sagte.* There will be more about these on the next page.

6 Unfall!

Coping with a breakdown or accident

1 **Lies den Artikel. Schreib „Herr Schneider"
oder „Herr Klein".**
Beispiel: 1 *Herr Schneider*

1 Wer fuhr einen Audi?
2 Wer fuhr ein Motorrad?
3 Wer kam aus einer Seitenstraße?
4 Wer bremste?
5 Wer wurde verletzt?

Unfall auf der B 260

Gestern Abend passierte ein Unfall auf der Bundesstraße 260 zwischen Wilmsdorf und Lanning. Es regnete sehr stark und man konnte nicht gut sehen. Ein Audi, gefahren von Herrn Wolfgang Schneider, fuhr die Straße entlang Richtung Lanning. Plötzlich kam ein Motorrad, von Paul Klein gefahren, aus einer Seitenstraße. Herr Schneider bremste, aber es war zu spät. Er prallte gegen das Motorrad und Herr Klein wurde schwer verletzt.

2 **Schreib einen ähnlichen Bericht wie in
Übung 1 über einen anderen Unfall.
Ersetze die Ausdrücke im Text wie folgt:**

Abend	→	Vormittag
260	→	125
Wilmsdorf	→	Littingen
Lanning	→	Schilksee
Audi	→	Mercedes
Wolfgang Schneider	→	Ruth Pilling
Motorrad	→	Fahrrad
Paul Klein	→	Susanne Klöckner

Grammatik

Das Imperfekt: imperfect
Newspaper reports and stories normally use the imperfect (simple past) form, as in this case:

Infinitive	Imperfect (*er* form)	English
bremsen	bremste	braked
fahren	fuhr	drove
kommen	kam	came
können	konnte	was able
passieren	passierte	happened
prallen	prallte	collided
regnen	regnete	rained
werden	wurde	was

Lern weiter ▶ 5.25, 5.26, Seite 219

3 **Hör zu! Verbinde die Satzteile.**
Beispiel: 1 *e Könnten Sie mir bitte helfen?*

1 Könnten Sie mir
2 Der Motor
3 Mein Auto steht
4 Könnten Sie einen
5 Ich habe

a auf der Bundesstraße.
b Mechaniker herschicken?
c eine Panne.
d ist nicht in Ordnung.
e bitte helfen?

Können Sie …? means 'Can you …?'
Könnten Sie …? is a bit more pleading:
'Could you …?'

4a Partnerarbeit.

Beispiel: ▲ Was ist los?
● Mein Auto ist kaputt …

▲ Was ist los?

●

▲ Was ist das Problem?

●

▲ Oha!

●  ?

▲ In Hameln.

● ▬ SOS! ?

▲ Wo steht das Auto?

● **B 56** | Hameln 5km ⟩

Ich habe eine Panne.		
Mein Auto ist kaputt.		
Mein Motorrad hat kein Benzin mehr.		
Der Motor	ist	
Die Batterie		nicht in Ordnung.
Die Bremsen	sind	
Die Lampen		
Wo ist die nächste Reparaturwerkstatt / Tankstelle?		
Könnten Sie	mir helfen?	
	einen Mechaniker herschicken?	
	mein Auto reparieren?	
	die Polizei rufen?	
Mein Auto steht auf der Bundesstraße …, … Kilometer von …		

„Mein Motorrad hat kein Benzin mehr.“

4b Partnerarbeit. Erfindet ein ähnliches Telefongespräch wie in Übung 4a. Beschreibt das Problem, bittet um Hilfe und beschreibt, wo ihr seid.

You might have an accident and need to call for the emergency services. Please learn these expressions just in case!

Hilfe!		*Help!*
Ich habe einen Unfall gehabt.		*I've had an accident.*
Ich habe mich verletzt.		*I'm injured.*
Können Sie	einen Krankenwagen	rufen? *Please call an ambulance.*
	einen Arzt	*Please call a doctor.*
	einen Erste-Hilfe-Kasten finden?	*Please can you find a first aid box?*

5 Partnerarbeit.

Beispiel: ▲ Was ist los?
● Hilfe! …

▲ Was ist los?

● *(Ask for help.)*

▲ Was ist passiert?

● *(Explain that you've had an accident.)*

▲ Mensch!

● *(Say you have injured yourself.)*

▲ Was soll ich tun?

● *(Ask if an ambulance can be called.)*

7 Problemseite

Dealing with teenage problems

Was liegt dir am Herzen?

Hast du ein Problem? Dann schreib an Dr. Karin Koppe. Sie wird bestimmt die Lösung finden.

Brief 1

Liebe Karin,
in meiner Klasse gibt es ein Mädchen, das ich ganz toll finde. Sie ist blond, hübsch und unheimlich intelligent. Ich möchte sie so gern einladen, aber ich bin zu schüchtern. Außerdem habe ich Pickel und ich trage eine Brille. Ich habe Angst, dass sie „nein" sagt, das wäre mir so peinlich. Was soll ich tun?
Joschka, 15

Brief 2

Liebe Karin,
meine beste Freundin heißt Jana. Ich mag die Jana sehr gern, aber gestern habe ich sie mit meinem Freund Dennis gefunden. Er hat Jana an der Bushaltestelle geküsst! Ich glaube, sie haben mich nicht gesehen, aber ich bin nicht ganz sicher. Was soll ich tun? Ich liebe Dennis doch. Hilf mir bitte!
Ines, 12

Brief 3

Liebe Karin,
alle meine Freunde haben tolle Kleidung von Nike, Adidas und Reebok. Diese Kleidung ist teuer und wir haben nicht viel Geld, weil mein Vater und meine Mutter arbeitslos sind. Meine Freunde in der Schule lachen und sagen, dass ich doof bin, weil meine Kleidung nicht modern und modisch ist. Das finde ich unfair.
Björn, 15

Brief 4

Liebe Karin,
ich komme aus der Türkei und kann noch nicht sehr gut Deutsch sprechen. In der Schule habe ich Probleme, weil die Lehrer so schnell sprechen. Ich kann sie nicht gut verstehen und meine Noten sind nicht sehr gut. Jetzt habe ich ein schlechtes Zeugnis bekommen. Was soll ich tun?
Samira, 14

Brief 5

Liebe Karin,
am letzten Wochenende war ich auf einer Party in der Stadt. Es war ganz gut, wir haben getanzt und geplaudert, aber leider habe ich zu viel getrunken. Meine Freunde haben mir Wodka mit Cola gegeben. Leider war ich total betrunken. Ich bin hingefallen und habe eine sehr teure Vase gebrochen. Jetzt sagt die Mutter meines Freundes, dass ich die Vase bezahlen muss. Aber das kann ich nicht! Ich habe keinen Job und die Vase hat € 150,00 gekostet! Was kann ich tun?
Stefan, 16

Brief 6

Liebe Karin,
ich bin schon immer mit meinen Eltern auf Urlaub gefahren, aber jetzt habe ich keine Lust mehr. Ich bin doch 17 Jahre alt! Meine Eltern fahren an die Nordseeküste und sie sagen, ich muss mit. Aber das ist doch sooo langweilig. Ich will mit meiner Clique nach Ibiza fahren, da ist viel mehr los. Aber Mutti und Vati sagen, da gibt es nur Drogen und Sex. Was soll ich machen?
Lydia, 17

1a **Lies die Briefe und die Antworten. Welche Antwort passt zu welchem Brief?**
Beispiel: 1 E

1b **Diese Sätze sind alle falsch. Korrigiere sie (ganze Sätze, bitte!).**
Beispiel: 1 *Joschka hat Pickel und trägt eine Brille.*

1 Joschka ist blond und hübsch.
2 Karin antwortet: Vergiss das Mädchen.
3 Stefan hat nur Wasser getrunken.
4 Karin antwortet: Vergiss die Vase.
5 Lydia fährt gern an die Nordsee.
6 Karin antwortet: Fahr nach Ibiza.
7 Samiras Zeugnis ist toll.
8 Karin antwortet: Du musst langsamer sprechen.
9 Björn trägt Designer-Klamotten.
10 Karin antwortet: Kauf dir neue Adidas-Schuhe.
11 Ines hat Dennis geküsst.
12 Karin antwortet: Jana ist eine gute Freundin.

Reading strategies

You can save a lot of time and unnecessary effort in the Reading Test by:
- working on the basis of the words you **do** know rather than concentrating on the ones you don't (which you may not actually need – check the questions);
- making intelligent guesses (for example, if you didn't know the word *Klamotten*, you could easily work it out from the fact that it goes with the word Designer and the letter is about clothes);
- looking out for 'cognate' words, that is, words which look similar to English words (e.g. *Charakter, Alkohol, Idioten, unfair*).

Antwort A

Karin antwortet:

Deine Eltern haben leider Recht, solche Inseln sind gefährlich, besonders für Mädchen. Ich würde sagen, mach dieses Jahr den Deutschlandurlaub mit deiner Familie. Nächstes Jahr bist du achtzehn, dann kannst du machen, was du willst!

Antwort B

Karin antwortet:

Es tut mir Leid, aber es ist hoffnungslos. Du musst einen neuen Freund und eine neue Freundin finden.

Antwort C

Karin antwortet:

Leider haben viele junge Leute aus dem Ausland dein Problem. Bitte deine Eltern, einen Brief an die Schule zu schreiben. Die Lehrer sollten nicht so schnell sprechen. Und bitte auch die anderen Schüler, dir zu helfen. Hast du schon an einem Deutschkurs teilgenommen?

Antwort D

Karin antwortet:

Du bist nicht dumm, deine Freunde sind die Idioten! Designer-Kleidung ist teuer, aber sie ist nicht besser als normale Kleidung. Deine „Freunde" müssen verstehen, dass dein Charakter wichtiger ist, als deine Kleidung.

Antwort E

Karin antwortet:

Nur weil sie toll aussieht, heißt das nicht, dass sie dich nicht mag. Ja, vielleicht siehst du nicht so toll aus wie Robbie Williams, aber es ist mir klar, dass du einen netten Charakter hast. Das ist wichtiger als ein gutes Aussehen! Frag sie einfach. Wenn sie „nein" sagt, ist das nicht so schlimm. Es gibt bestimmt andere nette Mädchen in deiner Klasse!

Antwort F

Karin antwortet:

Das war aber sehr dumm von dir. Alkohol bringt Probleme mit sich. Du solltest deinen Freunden nicht die Schuld geben. Du hast den Schnaps doch getrunken. Es tut mir Leid, aber du wirst bezahlen müssen. Vielleicht kannst du das Geld von deinen Eltern leihen.

1c **Lies die Briefe und Antworten nochmal. Finde diese Ausdrücke.**

Beispiel: 1 *Du wirst bezahlen müssen.*

1 You'll have to pay.
2 Just because she looks great …
3 That's more important.
4 I'm too shy.
5 That would be embarrassing.
6 It's hopeless.
7 I would say …
8 I'm sorry.

2 **Partnerarbeit. A (▲) beschreibt ein Problem und fragt, was er / sie tun sollte. B (●) gibt Rat.**

● Was ist passiert?
▲ (Describes problem.)
  Was kann ich tun? / Was soll ich tun? / Hilf mir bitte!
● Ich empfehle …
  Du solltest …
  Du musst …
  Ich würde sagen …

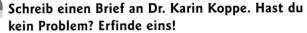

3 **Schreib einen Brief an Dr. Karin Koppe. Hast du kein Problem? Erfinde eins!
Dein Partner / Deine Partnerin ist Karin. Schreib eine Antwort.**

To remind you how to form imperatives, look at page 215.

Wörter

Mein Tagesablauf

Mein Wecker klingelt um … Uhr.
Ich wache um … Uhr auf.
Ich stehe um … Uhr auf.
Ich rasiere mich um … Uhr.
Ich dusche um … Uhr.
Ich ziehe mich um … Uhr an.
Ich frühstücke um … Uhr.
Ich putze mir die Zähne um … Uhr.
Ich verlasse das Haus um … Uhr.
Ich esse Abendbrot um … Uhr.
Ich wasche mich um … Uhr.
Ich gehe schlafen um … Uhr.

My daily routine

My alarm rings at … o'clock.
I wake up at … o'clock.
I get up at … o'clock.
I shave at … o'clock.
I have a shower at … o'clock.
I get dressed at … o'clock.
I have breakfast at … o'clock.
I brush my teeth at … o'clock.
I leave the house at … o'clock.
I eat supper at … o'clock.
I wash at … o'clock.
I go to sleep at … o'clock.

Reflexive Verben

Ich wasche mich.
Er / Sie wäscht sich.
Ich ziehe mich an.
Er / Sie zieht sich an.
Ich rasiere mich.
Er / Sie rasiert sich.
Ich habe mich gewaschen.
Er / Sie hat sich gewaschen.
Ich habe mich angezogen.
Er / Sie hat sich angezogen.
Ich habe mich rasiert.
Er / Sie hat sich rasiert.

Reflexive verbs

I wash.
He / She washes.
I dress.
He / She dresses.
I shave.
He / She shaves.
I washed.
He / She washed.
I dressed.
He / She dressed.
I shaved.
He / She shaved.

Mein Tagesablauf (Perfekt)

Ich bin um … Uhr aufgewacht.
Ich bin um … Uhr aufgestanden.
Ich habe um … Uhr gefrühstückt.
Ich habe um … Uhr das Haus verlassen.
Ich bin um … Uhr nach Hause gekommen.
Ich bin um … Uhr schlafen gegangen.

My daily routine (perfect)

I woke up at … o'clock.
I got up at … o'clock.
I had breakfast at … o'clock.
I left the house at … o'clock.
I came home at … o'clock.
I went to sleep at … o'clock.

Das Essen zu Hause

Ich esse gern Toast / Brötchen / Salat / Käse usw.
Ich trinke gern Kaffee / Tee / Wasser / Wein usw.
Ich esse lieber …
Ich trinke lieber …
Ich esse am liebsten …
Ich trinke am liebsten …
Was isst / trinkst du normalerweise
  zum Frühstück?
  zum Mittagessen?
  zum Abendessen / Abendbrot?
Zum Frühstück esse ich normalerweise Toast.
Zum Mittagessen esse ich normalerweise Butterbrote.
Zum Abendessen / Abendbrot esse ich normalerweise Fisch / Fleisch.
  trinke ich Wasser / Cola.
Zum Frühstück esse ich gern Wurst.
Zum Abendbrot habe ich Rindfleisch gegessen.

Meals at home

I like eating toast / rolls / salad / cheese, etc.
I like drinking coffee / tea / water / wine, etc.
I prefer eating …
I prefer drinking …
I most like eating …
I most like drinking …
What do you normally eat / drink
  for breakfast?
  for lunch?
  for supper?
For breakfast I normally eat toast.
For lunch I normally eat sandwiches.
For supper I normally eat fish / meat.
  I drink water / coke.
I like eating sausage for breakfast.
I ate beef for supper.

Gesundheit

Um gesund zu bleiben, spiele ich Fußball.
Um in die Stadt zu fahren, nehme ich den Bus.
Um gute Noten zu bekommen, mache ich meine Hausaufgaben.
Um fit zu bleiben, spiele ich Tennis.
Um Geld zu verdienen, arbeite ich im Supermarkt.
Um schlank zu bleiben, esse ich vegetarisch.
Um gesund zu bleiben, gehe ich schwimmen.
Ich könnte vegetarisch essen, aber ich mache es nicht.

Health

I play football to stay fit.
I take the bus to go into town.
I do my homework in order to get good marks.
I play tennis to stay fit.
I work in the supermarket to earn money.
I eat vegetarian food to stay slim.
I go swimming to stay healthy.
I could eat vegetarian food, but I don't.

Krankheiten

Ich habe Ohrenschmerzen.
  Bauchschmerzen.
  Kopfschmerzen.
  Halsschmerzen.
  Rückenschmerzen.
  Zahnschmerzen.
Mein Arm tut weh.

Illnesses

I've got earache.
  stomach ache.
  a headache.
  a sore throat.
  backache.
  toothache.
My arm hurts.

Mein Bein …	My leg …
Mein Finger …	My finger …
Mein Fuß …	My foot …
Mein Knie …	My knee …
Meine Hand …	My hand …
Ich habe mein Bein gebrochen.	I've broken my leg.
meinen Arm	my arm.
Ich habe mich verletzt.	I've injured myself.
meine Hand	my hand.
meinen Fuß	my foot.
Ich habe Durchfall.	I've got diarrhoea.
Klaus hat Fieber.	Klaus has a temperature.
Schnupfen.	a cold.
eine Grippe.	flu.
einen Sonnenbrand.	sunburn.
Ich bin müde.	I'm tired.
Klaus ist krank.	Klaus is ill.
Es geht mir gut.	I feel well.
Es geht mir nicht (sehr) gut.	I don't feel (very) well.
Ich kann nicht in die Schule kommen, weil ich	I can't go to school because I've
Fieber habe.	got a temperature.
Zahnschmerzen habe.	toothache.
Bauchschmerzen habe.	stomach ache.
mein Bein gebrochen habe.	got a broken leg.
meinen Kopf verletzt habe.	hurt my head.

Beim Arzt

At the doctor's

Haben Sie etwas gegen Kopfschmerzen?	Have you got something for a headache?
Zahnschmerzen?	toothache?
Husten?	a cough?
Schnupfen?	a cold?
Grippe?	flu?
Sonnenbrand?	sunburn?
Hier habe ich Tabletten.	Here are some tablets.
Hier habe ich (Husten)saft.	Here is some (cough) medicine.
eine Salbe.	a cream.

Imperativ

Imperative

Komm herein! / Kommen Sie herein!	Come in.
Geh nach Hause! / Gehen Sie nach Hause!	Go home.
Bleib im Bett! / Bleiben Sie im Bett!	Stay in bed.

Ein Unfall (Imperfekt)

An accident (imperfect)

Ich / er / sie bremste	I / he / she braked
fuhr	drove
kam	came
konnte	was able to
passierte	happened
prallte	collided
regnete	rained
wurde	became
Ich habe eine Panne.	I've had a breakdown.
Mein Auto ist kaputt.	My car has broken down.
Mein Motorrad hat kein Benzin mehr.	My motor bike is out of petrol.
Der Motor ist nicht in Ordnung.	The engine isn't working.
Die Batterie ist nicht in Ordnung.	The battery isn't working.
Die Bremsen sind nicht in Ordnung.	The brakes aren't working.
Die Lampen sind nicht in Ordnung.	The headlights aren't working.
Wo ist die nächste Reparaturwerkstatt?	Where's the nearest workshop?
die nächste Tankstelle?	the nearest petrol station?
Könnten Sie mir helfen?	Could you help me?
einen Mechaniker herschicken?	send out a mechanic?
mein Auto reparieren?	repair my car?
die Polizei rufen?	call the police?
Mein Auto steht auf der Bundesstraße …,	My car is on the B …,
… Kilometer von …	… kilometres from …
Hilfe!	Help!
Ich habe einen Unfall gehabt.	I've had an accident.
Ich habe mich verletzt.	I'm injured.
Können Sie einen Krankenwagen rufen?	Could you call an ambulance?
einen Arzt	a doctor?
einen Erste-Hilfe-Kasten finden?	find a first aid box?

Speaking Tasks

Gespräch
Remember: use all the prompts to help you piece together a long, detailed response. Further details on page 38.

Rollenspiel
Remember: take it in turns to act out the parts of the role-play and try to include as many 'unexpected' responses as you can. Further details on page 38.

7 Freizeit und Urlaub

Gespräch 1

▲ Was hast du gestern und am Wochenende gemacht?
● Sag:
 – was du gestern gemacht hast (mindestens zwei Sachen)
 – was du gestern Abend gemacht hast (mindestens zwei Sachen – mit Freunden)
 – was du am Samstag gemacht hast (mindestens zwei Sachen)
 – was du am Sonntag gemacht hast (mindestens zwei Sachen – mit Freunden)
 – wie es war
 – was du morgen machen willst.

Rollenspiel 2
You are in a German restaurant with your family.

 ▲ (Attract the waiter's attention.)
 ● Bitte schön?
 ▲ (Ask for the menu.)
 ● Gern.
 ▲ (Say what you'd like as a starter.)
 ● Und als Hauptspeise?
 ▲ (Order a main course.)
 ● Und dann?
 ▲ (Order a dessert.)
 ● Und zu trinken?
 ▲ (Order a drink.)
 ● Kommt sofort.
 ▲ (Ask for the bill.)

Gespräch 2

▲ Wie findest du Weihnachten?
● Sag:
 – wie du Weihnachten findest
 – was dein Lieblingsfest ist
 – was ihr zu Weihnachten gemacht habt
 – welche Geschenke du verschenkt und bekommen hast
 – wie du Weihnachten gefunden hast.

Rollenspiel 1
You are in a German bank.

 ▲ Guten Tag. Bitte schön?
 ● (Say you'd like to change some English money.)
 ▲ Bargeld oder Reisescheck?
 ● (Say cash.)
 ▲ Wie viel?
 ● £1000.
 ▲ ??!! Zu viel / nicht genug europäisches Geld.

Rollenspiel 3
You are talking to your German exchange partner.

 ▲ (Ask if he / she would like to go to the cinema.)
 ● Wann?
 ▲ (This evening.)
 ● Was für ein Film?
 ▲ (Say what kind of film it is.)
 ● Beginn?
 ▲ (Say when it starts.)
 ● Preis?
 ▲ (Say how much it costs.)
 ● (Say you can't come and give a reason.)

Gespräch 1

▲ Kannst du einen normalen Tag beschreiben?
● Sag:
   – wann dein Wecker klingelt
   – wann du aufstehst
   – wann du duschst
   – wann du dich anziehst
   – wann du frühstückst
   – wann du deine Zähne putzt
   – wann du das Haus verlässt
   – wann du Abendbrot isst
   – wann du schlafen gehst.

Gespräch 2

▲ Und was hast du gestern gemacht?
● Sag:
   – wann du aufgewacht bist
   – wann du aufgestanden bist
   – wann du gefrühstückt hast
   – was du gegessen hast
   – wann du das Haus verlassen hast
   – wann du wieder nach Hause gekommen bist
   – was du am Abend gemacht hast
   – wann du schlafen gegangen bist.

Gespräch 3

▲ Was isst und trinkst du gern?
● Sag:
   – was du gern isst und trinkst
   – was du lieber isst und trinkst
   – was du am liebsten isst und trinkst
   – was du normalerweise zum Frühstück isst und trinkst
   – was du normalerweise zum Abendbrot isst und trinkst
   – was du gestern getrunken und gegessen hast und wie du es gefunden hast.

Rollenspiel 1

You go to the doctor because you have had an accident.

▲ Was ist passiert?   ● (Unfall.)
▲ Was für Schmerzen haben Sie?   ●
▲ Und wo tut es Ihnen weh?   ●
▲ Haben Sie etwas gebrochen?   ● Ich glaube, …

Rollenspiel 2

You ring up a garage because your car has broken down.

▲ Werkstatt Bruno, kann ich Ihnen helfen?   ● Ja, *(car has broken down).*
▲ So? Was ist das Problem?   ● *(Brakes aren't working.)*
▲ Aber wir haben geschlossen.   ● *(Ask if they can send a mechanic.)*
▲ Hmmm … Wo sind Sie denn?   ● *(Say on the B64, 3 km from Lesum.)*

Vortrag

You can write up all the information about going out, your daily routine and health and learn it for possible use as a presentation (*Vortrag*) in the Speaking Test. Record it as well. It needs to last about three minutes and include references to the past and the future, as well as some opinions.

9 Die Arbeit

1 Teilzeitjobs

Part-time work

Remember that you don't need to understand everything you hear. Always look at what you have to do before you start listening. This will give you a clue as to what to listen out for.

1a **Hör zu! Wer macht was und wann?**

Beispiel: 1 *Katharina: d, am Samstag*

1 Katharina: …
2 Ines: …
3 Felix: …
4 Lars: …
5 Wiebke: …
6 Björn: …

jeden Tag

am Wochenende

dreimal in der Woche

zweimal in der Woche

am Samstag

1b **Schreib die Sätze aus Übung 1a auf.**

Beispiel: 1 *Katharina arbeitet am Samstag in einem Büro.*

2 **Lies den Text und schreib die Prozentzahl auf.**

Beispiel: 1 *10%*

1 Personen, die zum Beispiel bei Co-op oder Spar arbeiten.
2 Personen, die „Die Zeit", „Die Welt" oder „Bild" liefern.
3 Personen, die zum Beispiel bei Mercedes oder Siemens arbeiten.
4 Personen, die zu Hause bleiben und Schularbeiten machen.
5 Personen, die auf kleine Kinder aufpassen.
6 Personen, die vielleicht als Sekretärin arbeiten.

Jobs

15% Babysitten
5% Fabrik
10% Supermarkt
17% Büro
23% Zeitungen
30% Hausaufgaben

Hier sind die Ergebnisse einer Meinungsumfrage über Teilzeitjobs für junge Leute in Deutschland. Fünf Prozent arbeiten in einer Fabrik, dreiundzwanzig Prozent tragen Zeitungen aus, dreißig Prozent machen Hausaufgaben und haben keine Zeit für Jobs, zehn Prozent arbeiten in einem Supermarkt, fünfzehn Prozent machen Babysitting und siebzehn Prozent arbeiten in einem Büro.

Hast du einen Teilzeitjob?	Nein, ich habe keinen Job. Ja, ich arbeite am Samstag in einem Büro.	
Ich arbeite Er / Sie arbeitet	am Wochenende einmal / zweimal in der Woche jeden Tag	in einem Supermarkt. in einer Fabrik. an einer Tankstelle. auf einem Bauernhof. als Babysitter.
Ich trage Zeitungen aus.		

3 **Hör zu! Wie lange arbeiten diese Personen und wie viel verdienen sie?**

Beispiel: 1 *Katharina: 6 Stunden, €30,00*

1 Katharina: …   2 Ines: …   3 Felix: …   4 Lars: …   5 Wiebke: …   6 Björn: …

Rückblick   Rückblick

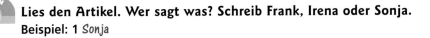
4 **Lies den Artikel. Wer sagt was? Schreib Frank, Irena oder Sonja.**

Beispiel: 1 *Sonja*

Heutzutage arbeiten manche Schüler und Schülerinnen in ihrer Freizeit, um Geld zu verdienen. Natürlich bekommen sie auch Taschengeld, aber das reicht oft nicht: Handy, Kneipenbesuch, Klamotten … Das kostet alles Geld!

Frank Duchovsky arbeitet jeden Samstag und Sonntag in einer Holzfabrik in Saarbrücken. Die Arbeit ist sehr schwer. Er muss am frühen Morgen beginnen und er arbeitet acht Stunden pro Tag. Dafür verdient er 60 Euro pro Tag, also 120 Euro am Wochenende. Das ist nicht viel, aber es reicht, um seine Handy-Rechnung zu bezahlen!

Irena Schlüter hatte bis diese Woche gar keinen Job, aber jetzt hat sie bei einer Tankstelle angefangen. Sie arbeitet jeden Abend von sechs bis zehn und dafür verdient sie zehn Euro pro Stunde. Sie muss an der Kasse sitzen und das Geld kassieren. Sie verkauft auch Bonbons und Zigaretten. Wie findet sie die Arbeit bisher? „Na ja, ich arbeite erst seit gestern! Aber der erste Abend war nicht schlecht. Vielleicht etwas langweilig, aber ich habe ein paar nette Leute kennen gelernt."

Sonja Ötgen hat es leichter: Sie arbeitet als Babysitter. Wie oft? Am Dienstag und am Donnerstag. Wie viel verdient sie? „Es kommt darauf an! Wenn ich auf das Nachbarkind aufpasse, kriege ich acht Euro die Stunde. Das ist wirklich gut, weil das Kind im Bett ist und ich fernsehen kann! Aber wenn ich für meine kleine Schwester Babysitting mache, verdiene ich nichts! Das finde ich ganz schön doof. Letzten Dienstag waren meine Eltern zu Freunden eingeladen, aber ich durfte nicht mit, weil ich auf meine Schwester aufpassen musste!"

1 Ich verdiene oft kein Geld.
2 Ich arbeite am Wochenende.
3 Ich arbeite acht Stunden pro Tag.
4 Ich muss manchmal auf meine Schwester aufpassen.
5 Ich verdiene mehr als 50 Euro pro Tag.
6 Ich arbeite zweimal in der Woche.
7 Ich bin sauer, weil ich zu Hause bleiben musste.
8 Ich arbeite erst seit einem Tag, aber es ist okay.
9 Ich brauche Geld für mein Mobiltelefon.
10 Seit gestern verkaufe ich Benzin.

Ich arbeite … Stunden. Ich verdiene € …	Die Arbeit	macht Spaß.	
		ist	schwer / leicht / langweilig. gut bezahlt / schlecht bezahlt.

5 **Partnerarbeit.**

Beispiel: 1 ▲ Hast du einen Job?
    ● Ja, ich arbeite am Samstag als Babysitter.
    ▲ Wie viele Stunden arbeitest du?
    ● Ich arbeite 6 Stunden.
    ▲ Wie viel verdienst du normalerweise?
    ● Ich verdiene 18 Pfund.
    ▲ Wie viel hast du letzte Woche verdient?
    ● Ich habe 21 Pfund verdient.
    ▲ Wie ist die Arbeit?
    ● Sie macht Spaß.

1 Samstag, Babysitter, 6 Stunden, £18, £21, Spaß

2 Wochenende, Tankstelle, 8 Stunden, €12,00 €13,00 langweilig

3 Dienstag, Babysitter, 2 Stunden, £4, £8, schwer

6 **Und du? Hast du einen Job? Schreib die Informationen auf.**

• Wo und wann arbeitest du?
• Wie viele Stunden?
• Wie viel verdienst du?
• Wie findest du die Arbeit?
• Hast du letzte Woche gearbeitet?
• Wie viel hast du verdient?

2 Was machst du?

General jobs

1 **Lies diesen Artikel. Was für Berufe haben die Personen?**

Beispiel: **1** *Frau Kutchinski ist Hausfrau.*

ARBEIT HEUTE

Heutzutage gibt es viele Arbeitsmöglichkeiten für Männer und Frauen. Natürlich findet man die traditionellen Stellen, die meistens von dem einen oder anderen Geschlecht ausgeübt werden. Hier zum Beispiel sehen wir **Frau Kutchinski**, die sehr schwer zu Hause arbeitet. Sie mag die Arbeit gern, aber sie möchte lieber Geld verdienen **(1)**. **Daniela Braun** arbeitet in einem Büro in der Stadt. Sie verdient nicht besonders viel und sie findet die Arbeit langweilig, weil sie immer am Computer sitzt **(2)**. Wenn Fräulein Braun mittags essen geht, wird sie von **Luigi Fettini** bedient, der in einem Pizza-Restaurant arbeitet. Er mag seine Arbeit gern, weil er viel Kontakt mit anderen Menschen hat **(3)**.

Herr Meyer, der arme Kerl, arbeitet in einem Gymnasium und unterrichtet Mathematik. Lehrer in Deutschland verdienen sehr gut, aber Herr Meyer ist unglücklich, weil er immer gestresst ist **(4)**. Letzte Woche musste er sein Auto in die Reparaturwerkstatt bringen. Da war er etwas überrascht, weil er von einer Frau (**Karin Fritz**) bedient wurde. Die meisten Leute, die mit Autos und Maschinen arbeiten, sind männlich. Jedoch ist das eine Arbeit, die genauso gut von Frauen ausgeübt werden kann, und Karin findet ihre Arbeit super **(5)**.

Herr Thiel ist ein Mann, der in seinem Alltag Räuber und Mörder verhaftet **(6)**. Er findet seine Arbeit sehr anstrengend, und dadurch ist er nun krank geworden. Er ist zu seiner Arztpraxis gegangen, wo er von **Frau Dr. Klein** untersucht wurde **(7)**. Bald muss er ins Krankenhaus, wo **Gabriela Steuder** auf ihn aufpassen wird **(8)**. Unser letztes Beispiel ist Herr **Wolfgang Holle**, der in einem großen Laden Sachen verkauft **(9)**. Normalerweise findet er das toll, aber heute arbeitet er nicht. Er ist bei **Frau Dr. Schneider**, denn er hat Zahnschmerzen **(10)**.

Ich bin Arzt / Ärztin.		
Mein Vater / Bruder / Onkel	ist	Beamter / Hausmann.
Meine Mutter / Schwester / Tochter		Beamte / Hausfrau.
Er / Sie ist	Ingenieur / Ingenieurin, Kellner / Kellnerin, Krankenpfleger / Krankenschwester, Lehrer / Lehrerin, Manager / Managerin, Mechaniker / Mechanikerin, Polizist / Polizistin, Schüler / Schülerin, Student / Studentin, Sekretär / Sekretärin, Verkäufer / Verkäuferin, Zahnarzt / Zahnärztin, Journalist / Journalistin / arbeitslos.	

 The Passive

You will need to recognise the passive form, in which we say the **action was done by someone** rather than **someone did the action**. It is constructed using the verb werden:

Die Arbeit wurde von Peter gemacht. The work was done by Peter.

Find four examples of the passive in the article above.

 Grammatik

Jobs

Don't put an article (*ein, eine,* etc.) in front of the word for a job:

English: I am **a** policeman.
German: Ich bin Polizist.

If you are talking about a woman doing a job, you usually add *-in* to the end of the noun.

Lern weiter ▶ 1.2, Seite 206

Rückblick   **Rückblick**

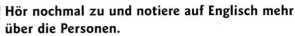
 2a **Hör zu! Wer spricht? (1–10)**
Beispiel: 1 *Sie ist Ärztin.*

 2b **Hör nochmal zu und notiere auf Englisch mehr über die Personen.**

 3 **Korrigiere diese Sätze (ganze Sätze, bitte!).**
Beispiel: 1 *Nein, das stimmt nicht! Eine Krankenschwester arbeitet in einem Krankenhaus.*

1 Eine Krankenschwester arbeitet in einem Kaufhaus.
2 Eine Sekretärin arbeitet in einem Krankenhaus.
3 Ein Kellner arbeitet zu Hause.
4 Eine Hausfrau arbeitet in einem Restaurant.
5 Ein Polizist arbeitet in einem Geschäft.
6 Eine Lehrerin arbeitet bei der Polizei.

> A useful expression if you want to contradict someone:
> Das stimmt nicht! *That's not true!*

Ich arbeite Mein Vater (usw.) arbeitet	in einer Schule. bei der Polizei / bei einer Zeitung. in einem Krankenhaus / Büro / Geschäft / Restaurant. zu Hause.

 4 **Partnerarbeit.**
Beispiel: 1 ▲ Was macht deine Mutter?
● Meine Mutter ist Polizistin. Sie arbeitet bei der Polizei, aber sie mag die Arbeit nicht gern, weil sie so schwer ist.

1 deine / meine Mutter, , ✗, schwer
2 Anton, , ✗, nicht viel Geld
3 dein / mein Bruder, , ✔, viel Geld

4 du / ich, , ✗, kein Geld
5 Herr Müller, , ✗, Kinder unartig
6 Sabrina, , ✗, lange Arbeitsstunden

 5a **Partnerarbeit. Und jetzt die Wahrheit über deine Familie.**
Beispiel: 1 ▲ Was macht dein Vater?   ▲ Mag er die Arbeit?
● Mein Vater ist … Er arbeitet …   ● Nein, weil sie so schwer ist.

1 Vater / Stiefvater?   2 Mutter / Stiefmutter?   3 Bruder?   4 Schwester?   5 Freund / Freundin?

 **5b** **Schreib die Informationen (über mindestens vier Personen) aus Übung 5a auf.**
Beispiel: *Mein Vater ist … Er arbeitet … Er findet die Arbeit …*

Adjektive ▶ Siehe Seite 208

> Try to include as much detail as you can, using information from the previous pages as well as this one.
> **Okay:** Mein Stiefvater ist Journalist.
> **Sehr gut:** Mein Stiefvater ist Journalist. Er arbeitet bei einer Zeitung in London. Er verdient ziemlich viel Geld, aber er findet die Arbeit schwer. Ich persönlich möchte nicht Journalist werden, weil mein Englisch nicht so gut ist und weil man oft nicht zu Hause ist.

Rückblick **Rückblick**

3 Arbeitssuche

Looking for a job

LESEN 1

Finde Stellen für diese Personen. Schreib die Telefonnummern oder Adressen auf.
Beispiel: **1** *0221 240595*

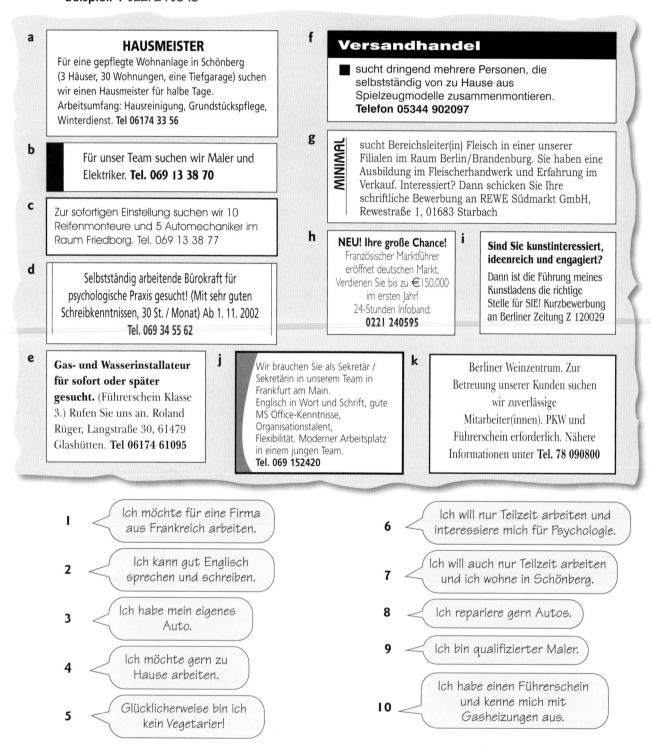

a

HAUSMEISTER
Für eine gepflegte Wohnanlage in Schönberg
(3 Häuser, 30 Wohnungen, eine Tiefgarage) suchen
wir einen Hausmeister für halbe Tage.
Arbeitsumfang: Hausreinigung, Grundstückspflege,
Winterdienst. **Tel 06174 33 56**

b

Für unser Team suchen wir Maler und
Elektriker. **Tel. 069 13 38 70**

c

Zur sofortigen Einstellung suchen wir 10
Reifenmonteure und 5 Automechaniker im
Raum Friedborg. **Tel. 069 13 38 77**

d

Selbstständig arbeitende Bürokraft für
psychologische Praxis gesucht! (Mit sehr guten
Schreibkenntnissen, 30 St. / Monat) Ab 1. 11. 2002
Tel. 069 34 55 62

e

**Gas- und Wasserinstallateur
für sofort oder später
gesucht.** (Führerschein Klasse
3.) Rufen Sie uns an. Roland
Rüger, Langstraße 30, 61479
Glashütten. **Tel 06174 61095**

f

Versandhandel

■ sucht dringend mehrere Personen, die
selbstständig von zu Hause aus
Spielzeugmodelle zusammenmontieren.
Telefon 05344 902097

g

MINIMAL
sucht Bereichsleiter(in) Fleisch in einer unserer
Filialen im Raum Berlin/Brandenburg. Sie haben eine
Ausbildung im Fleischerhandwerk und Erfahrung im
Verkauf. Interessiert? Dann schicken Sie Ihre
schriftliche Bewerbung an REWE Südmarkt GmbH,
Rewestraße 1, 01683 Starbach

h

NEU! Ihre große Chance!
Französischer Marktführer
eröffnet deutschen Markt.
Verdienen Sie bis zu €150,000
im ersten Jahr!
24-Stunden Infoband:
0221 240595

i

**Sind Sie kunstinteressiert,
ideenreich und engagiert?**

Dann ist die Führung meines
Kunstladens die richtige
Stelle für SIE! Kurzbewerbung
an Berliner Zeitung Z 120029

j

Wir brauchen Sie als Sekretär /
Sekretärin in unserem Team in
Frankfurt am Main.
Englisch in Wort und Schrift, gute
MS Office-Kenntnisse,
Organisationstalent,
Flexibilität. Moderner Arbeitsplatz
in einem jungen Team.
Tel. 069 152420

k

Berliner Weinzentrum. Zur
Betreuung unserer Kunden suchen
wir zuverlässige
Mitarbeiter(innen). PKW und
Führerschein erforderlich. Nähere
Informationen unter **Tel. 78 090800**

1 Ich möchte für eine Firma aus Frankreich arbeiten.

2 Ich kann gut Englisch sprechen und schreiben.

3 Ich habe mein eigenes Auto.

4 Ich möchte gern zu Hause arbeiten.

5 Glücklicherweise bin ich kein Vegetarier!

6 Ich will nur Teilzeit arbeiten und interessiere mich für Psychologie.

7 Ich will auch nur Teilzeit arbeiten und ich wohne in Schönberg.

8 Ich repariere gern Autos.

9 Ich bin qualifizierter Maler.

10 Ich habe einen Führerschein und kenne mich mit Gasheizungen aus.

2 Hör zu und finde gute Stellen für die Personen auf Seite 146.
Beispiel: 1 c

3 Widersprich diesen Sätzen. Schreib Sätze
mit „nein" or „doch".
Beispiel: 1 Nein, Berlin ist in Deutschland.

1 Berlin ist in Frankreich.
2 Paris ist nicht in Frankreich.
3 Eis schmeckt nicht gut.
4 Steffi Graf spielt Fußball.
5 Hamburg ist nicht in Norddeutschland.

4 Partnerarbeit.
Beispiel: ▲ Ich möchte mich um die Stelle als
Bereichsleiter Fleisch bewerben.
● Das ist Stelle g.
▲ Richtig!

5 Schreib Bewerbungen um diese Stellen.
Beispiel: 1

The little word *doch* is quite important.
You use it if you are contradicting
something negative that someone has said. For
example, if someone says, *Es ist kalt* and you
don't agree, you reply, *Nein, es ist warm*. But if
the person says, *Es ist nicht kalt* and you
disagree, you say, *Doch, es ist kalt*.

„Du kannst deinen Lebenslauf
auf Computer schreiben."

Sehr geehrte Damen und Herren,
ich möchte mich um die Stelle als Deutschlehrerin bewerben. Im Moment bin ich
Hausfrau, weil ich zwei Kinder habe. Früher habe ich an einer Realschule in Berlin
gearbeitet und jetzt möchte ich wieder anfangen zu arbeiten. Drei Tage pro Woche
sind für mich ideal. Ich lege Ihnen meinen Lebenslauf bei, und hoffe, bald von
Ihnen zu hören.
Mit freundlichen Grüßen,
Ulrike Kalkhoff

1
Gymnasium sucht Deutschlehrerin.
Drei Tage pro Woche. Frank Blink-Gymnasium,
28553 Bremen-Vegesack

2
Kaufhof sucht erfahrene Verkäuferinnen.
Nur samstags, 8–14 Uhr. **Tel. 09876–453629**

3
**Sekretärin für Teilzeitarbeit im
Krankenhaus gesucht.** Mo.–Fr., 8–12 Uhr.
St-Johannes-Klinik, Feststraße

4
Nord-Zeitung sucht Journalisten. Mindestens 3
Jahre Erfahrung. Parkstraße 3.

5
Fabrikarbeiter gesucht. Fahrradfabrik in
Emden. Tel. 49 32 66

In the exam, it's possible you might
have to write a letter applying for a job.
Useful expressions:
Ich möchte mich um die Stelle als …
bewerben.
I'd like to apply for the position of …
Ich lege Ihnen meinen Lebenslauf bei.
I enclose my curriculum vitae.
Ich hoffe, bald von Ihnen zu hören.
I hope to hear from you soon.
Always try and impress the examiner by using
two or more tenses and a *weil* sentence.

4 Am Apparat

Making and understanding phone calls

Phone numbers

In German, you have to be very careful, because phone numbers are given in pairs.

When giving your own phone number, the code (*die Vorwahlnummer*) is said 'normally', i.e. not in pairs:

Beispiel: 01973–21 65 77 = null, eins, neun, sieben, drei – einundzwanzig, fünfundsechzig, siebenundsiebzig.

HÖREN 1 Hör zu! Schreib die Telefonnummern auf.
Beispiel: 1 04221–62 41 94 21

SPRECHEN 2a Partnerarbeit.
Beispiel: 1 ▲ Wie ist deine Telefonnummer?
● 32 46 82 77.
▲ (schreibt die Nummer auf)

1 32 46 82 77
2 19 21 31 12
3 46 37 52 61
4 73 44 18 13
5 51 72 63 40

When doing pairwork where one person is making up the answers, partner A should write them down so they can be checked to make sure that partner B has understood them correctly. Or maybe partner A hasn't dictated them correctly?

SPRECHEN 2b Partnerarbeit. Jetzt erfindet die Nummern und macht Dialoge wie in Übung 2a.

HÖREN 3 Hör zu und beantworte die Fragen auf Englisch.

Konversation 1

1 Why isn't Herr Schulz in?
2 When will he be back?
3 What's the name and number of the customer?
4 What should Herr Schulz do?

Konversation 2

5 Who is Frau Thülig?
6 Why can't she get to the phone?
7 When will she be available?
8 Note down the caller's name and number.

4a Partnerarbeit. Partner(in) A (▲) ist der Sekretär / die Sekretärin.
Partner(in) B (●) ist der Kunde / die Kundin.

Beispiel: 1 ▲ Fritz.
● Guten Tag. Kann ich bitte Frau Schmidt sprechen?
▲ Frau Schmidt ist nicht hier. Sie ist zum Mittagessen gegangen. Soll sie zurückrufen?
● Ja.
▲ Wie ist Ihr Name, bitte?
● Mein Name ist Kolinski …
▲ Wie schreibt man Kolinski?
● K – O – L – I – N – S – K – I. Und meine Telefonnummer ist 33 44 26 20.
▲ Ist gut, Herr Kolinski. Auf Wiederhören.

1 Fritz / Frau Schmidt / zum Mittagessen / Kolinski / 33 44 26 20
2 Jensen / Herrn Brockmann / Kaffee trinken / Schlitz / 26 14 93 19
3 Roland / Fräulein Dorn / in die Stadt / Haasemann / 69 96 44 32
4 Polter / Herrn Trinks / ins andere Büro / Siebels / 72 18 42 41

When answering the phone in German, it is usual just to give your name (just the surname). Don't say *Hallo* or give the phone number.
If you want to say 'Speaking!', say *Am Apparat!*
To say 'Can I speak to Mr …?', add an *-n* to *Herr*: Kann ich bitte **Herrn** Schulz sprechen?
Don't forget: 'Goodbye' on the phone is *Auf Wiederhören*.

Useful expressions for formal phone conversations

Kann ich bitte Herrn / Frau … sprechen? — *Can I speak to …?*
Kann ich etwas ausrichten? — *Can I pass on a message?*
Können Sie für mich etwas ausrichten? — *Could you pass on a message?*
Können Sie Herrn / Frau … bitten, mich zurückzurufen? — *Could you ask … to ring me back?*
Ich sage Bescheid. — *I'll let him / her know.*

4b Schreib Notizen für den Chef.
Benutze die Informationen aus Übung 4a.

Beispiel:

Herr Kolinski hat angerufen. Rufen Sie bitte zurück. Seine Telefonnummer ist 33 44 26 20.

5 Lies die E-Mail und beantworte die Fragen auf Englisch.

1 How did Frank first try to contact Frau Trimmer?
2 Do you think they are close friends?
3 Why couldn't he contact her?
4 What does he want to tell Frau Müller?
5 Why hasn't he told her?
6 Why is he involving Frau Trimmer?

Liebe Frau Trimmer,
ich habe heute Morgen versucht, Sie anzurufen, aber leider war die Leitung ständig besetzt. Deswegen schicke ich Ihnen jetzt diese E-Mail. Ich habe eine Bitte an Sie: Könnten Sie für mich etwas ausrichten? Ich möchte Frau Müller Bescheid sagen, dass ich ihr Radio endlich repariert habe, aber ich habe ihre Telefonnummer vergessen. Könnten Sie bitte entweder Frau Müller anrufen und sie bitten, sich mit mir in Verbindung zu setzen, oder mir per E-Mail Frau Müllers Telefonnummer schicken? Ich wäre Ihnen sehr dankbar.
Vielen Dank!
Frank Schäfer

5 Das Betriebspraktikum

Talking about work experience

1 **Lies den Artikel und beantworte die Fragen (ganze Sätze, bitte!).**
Beispiel: 1 Er war bei der Firma Gottschalk.

Robert: Ich habe mein Betriebspraktikum bei der Firma Gottschalk verbracht. Die Firma produziert Möbel, also habe ich in einer Fabrik gearbeitet. Ihre Spezialität sind Holzmöbel nach schwedischer Art, ziemlich teuer, aber auch von guter Qualität. Ich bin jeden Morgen mit dem Bus dahin gefahren. Das war ganz schön nervig, weil der Bus oft Verspätung hatte und ich musste an der kalten Bushaltestelle stehen.

Die Fahrt hat zwanzig Minuten gedauert und der Arbeitstag hat immer um 8 Uhr begonnen.

In der Fabrik habe ich Holz gesägt und die Möbel gebaut. Manchmal musste ich auch im Büro arbeiten, was ich eigentlich interessanter fand. Es war auch nicht ganz so kalt! Da habe ich Telefonanrufe beantwortet und Briefe getippt. Die Kollegen waren alle sehr nett, aber der Chef, Herr Gottschalk, war ein bisschen blöd. Er hat immer wieder dumme Fragen gestellt und ich habe die Antworten natürlich nicht gewusst.

Der Arbeitstag war um 4 Uhr zu Ende. Dann fuhr ich mit demselben Bus wieder nach Hause. Das war alles viel schwieriger als die Schule. Der Tag war länger und die Arbeit war anstrengender.

Im Großen und Ganzen hat die Arbeit Spaß gemacht und ich habe sie sehr interessant gefunden. Aber ich glaube nicht, dass ich in einer Möbelfabrik arbeiten werde, wenn ich die Schule verlasse!

I Bei welcher Firma war Robert?	6 Was hat er in der Fabrik gemacht?
2 Was für eine Firma war das?	7 Was hat er im Büro gemacht?
3 Wie ist er zur Arbeit gefahren?	8 Wie war der Chef?
4 Wie lange hat die Fahrt gedauert?	9 Um wie viel Uhr war der Arbeitstag zu Ende?
5 Um wie viel Uhr hat der Arbeitstag begonnen?	10 Wie hat Robert die Arbeit gefunden?

2 **Hör zu! Welche Wörter fehlen? Schreib Martinas Text ab und trag die Wörter ein.**

Martina: Mein Betriebspraktikum war in einem ...
Ich bin mit dem ... gefahren. Die Fahrt hat ...
Minuten gedauert. Der Arbeitstag hat um ... Uhr
begonnen und war um ... Uhr zu Ende. Ich habe
sauber ..., Kaffee ... und mit den Patienten ... Ich
habe die Arbeit ... gefunden.

 Grammatik

müssen (Imperfekt): have to (imperfect)
Talking in the past about what you had to do.
Include some of these expressions in your writing:

Ich	musste	Briefe tippen.
Er / Sie		Kaffee kochen.
Wir	mussten	Kunden bedienen.

 Lern weiter ▶ 5.28, Seite 220

3a Partnerarbeit. Interviewe deinen Partner / deine Partnerin. Benutze die Informationen unten.

▲ Wo hast du dein Betriebspraktikum gemacht?

● Ich war bei der Firma Krüger.

▲ Was für eine Stelle war das?

● Ich habe in einem Geschäft gearbeitet.

▲ Wie bist du dahin gefahren?

● Ich bin mit dem Auto gefahren.

▲ Wann hat der Arbeitstag begonnen?

● Um 7.30.

▲ Was musstest du machen?

● Ich musste Kunden bedienen.

▲ Um wie viel Uhr war der Arbeitstag zu Ende?

● Um 4.30.

▲ Wie hast du die Arbeit gefunden?

● Ich habe die Arbeit interessant gefunden.

▲ Möchtest du später in einem Geschäft arbeiten?

● Vielleicht.

G Wiederholung

Das Perfekt: perfect tense
Nicht vergessen!

| Ich habe
Er / Sie hat
Wir haben | gearbeitet.
sauber gemacht.
Briefe getippt.
Kaffee gekocht.
Telefonanrufe beantwortet.
Kunden bedient.
mit ... Kunden / Patienten gesprochen.
die Arbeit ... gefunden. |
| Ich bin
Er / Sie ist
Wir sind | gefahren. |

Lern weiter ➤ 5.19, 5.20, Seite 218

1 Krüger / Geschäft / Auto / 7.30 / Kunden bedienen / 4.30 / interessant / Geschäft / vielleicht
2 Grimm / Supermarkt / Rad / 7.00 / an der Kasse arbeiten / 4.00 / schwer / Supermarkt / Nein!
3 Hasemann / Büro / Zug / 8.30 / Briefe tippen / 6.00 / langweilig / Büro / Nein!

Ich war bei der Firma Schmidt / Brock / Lindt usw.		
Ich habe	in einer Fabrik / Schule in einem Geschäft / Krankenhaus usw.	gearbeitet.
Ich bin	mit dem Bus / Rad usw.	gefahren.
Der Arbeitstag hat um ... Uhr begonnen. Der Arbeitstag war um ... Uhr zu Ende.		
Ich habe die Arbeit	langweilig / interessant / schwer / leicht	gefunden.

3b Jetzt du! Wie war dein Betriebspraktikum? Schreib *deine* Antworten auf die Fragen in Übung 3a auf.

You're likely to have to talk or write about your work experience. Take partner B's answers from Exercise 3a. Write in your own details and learn them. If your work experience was complicated, either consult your teacher or 'simplify' the truth! Don't forget to give some opinions and mention some things you *had* to do. For further advice, see the coursework spread on pages 184–185.

Kursarbeit: Seite 184–185

6 Pläne für die Zukunft

Career plans

LESEN 1 **Lies den Text und beantworte die Fragen (ganze Sätze, bitte!).**

Peter: Hast du schon eine Ahnung, was du später werden möchtest, Margret?

Margret: Ich will zur Universität gehen, weil ich Medizin studieren möchte. Dann möchte ich in einem Krankenhaus Ärztin werden. Das einzige Problem ist, dass ich jahrelang studieren muss. Aber ich bin ganz gut in Latein, Mathe und Biologie, und das sind die wichtigsten Fächer, wenn man Ärztin werden will. Und du, Peter, was wirst du machen?

Peter: Also, eins weiß ich, und zwar, ich will nicht auf die Uni gehen. Meine Noten sind zu schlecht und mein Abitur wird eine Katastrophe sein. Nein, wenn ich mit der Schule fertig bin, werde ich mir eine Stelle suchen, vielleicht in einer anderen Stadt. Hoffentlich werde ich dann eine Ausbildung als Mechaniker machen, denn ich interessiere mich für Autos. Und du, Adrian?

Adrian: Ich finde, es ist nicht genug, einfach eine Stelle zu suchen. Heutzutage muss man auch Qualifikationen haben. Deswegen werde ich eine Lehre als Computerprogrammierer machen. Ich möchte gern in einem Informatikhaus arbeiten und ich habe schon ein Angebot von der Firma Schmidt und Koch in Wildeshausen. Und du, Florian?

Florian: Ich habe Lust, Lehrer zu werden. Ja, ja, ihr könnt lachen, aber Lehrer sind gut bezahlt und die Ferien sind lang. Ich möchte Fremdsprachen studieren, also hoffe ich, nach dem Abi ein Jahr in England oder in den USA zu verbringen. Dann werde ich an der Uni Englisch studieren, wenn meine Noten gut genug sind. Danach mache ich eine Lehrerausbildung.

1 Was wird Margret studieren? (Sie wird …)
2 Was möchte sie werden? (Sie möchte …)
3 Was will Peter machen? (Er will …)
4 Was will er werden? (Er will …)

5 Was will Adrian machen? (Er will …)
6 Wo wird er arbeiten? (Er wird …)
7 Was will Florian machen? (Er will …)
8 Was möchte er werden? (Er möchte …)

HÖREN 2a **Hör zu und trag die Namen ein: Dorit, Anton oder Birte.**
Beispiel: 1 Birte will in einem Büro arbeiten.

1 … will in einem Büro arbeiten.
2 … wird Informatik studieren.
3 … will in einem Geschäft arbeiten.
4 … möchte als Lehrerin arbeiten.
5 … will an der Universität studieren.
6 … wird eine Lehre machen.

Grammatik

Das Futur: future tense
Don't forget that to talk about the future you can use any of the following:

wollen	mögen	hoffen
Ich will	Ich möchte	Ich hoffe … zu …
(I want to …)	(I would like to …)	(I hope to …)

Ich **will** / **möchte** in einer Fabrik arbeiten.
Ich **hoffe**, in einer Fabrik **zu** arbeiten.
You can also simply use the present tense: Ich **arbeite** nächstes Jahr in einer Fabrik. However, here we are concentrating on the actual future tense: *werden* (plus the infinitive at the end):

ich werde *(I shall …)*	wir werden
du wirst	ihr werdet
er / sie / *(name)* wird	sie / Sie / *(names)* werden

Lern weiter ▶ 5.15, Seite 216

2b Hör nochmal zu und notiere auf Englisch mehr über die Personen.

3a Partnerarbeit.

Beispiel: 1 ▲ Ursel, was willst / möchtest / wirst du machen, wenn du 18 bist?
  ● Wenn ich 18 bin, werde ich zuerst reisen. Dann möchte ich Politik studieren.
  Später hoffe ich, Politikerin zu sein.

1 Ursel: reisen / Politik studieren / Politikerin
2 Yesim: ins Ausland fahren / Deutsch studieren / Lehrerin
3 Klaus: ein Jahr arbeiten / zur Universität gehen / Arzt
4 Sabine: in einem Geschäft arbeiten / heiraten / Kinder haben

Was willst du / möchtest du / wirst du werden?				
Ich	will möchte werde	zur	Universität / Hochschule / technischen Hochschule	gehen.
		zum	Bund*	
		… studieren / eine Lehre** machen.		
		Arzt / Ärztin / Beamter / Beamtin Lehrer / Lehrerin Programmierer / Programmiererin (usw.)		werden.
		reisen / heiraten / Kinder haben.		

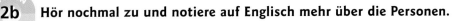

„Ich will zum Bund gehen."

* zum Bund = *into the army*. National service is compulsory in Germany.
** eine Lehre = *an apprenticeship*

3b Schreib die detaillierten Antworten aus Übung 3a auf.

Beispiel: 1 Wenn sie 18 ist, wird Ursel zuerst reisen. Dann möchte sie Politik studieren.
  Später hofft sie, Politikerin zu sein.

> Remember, you'll always get better marks if you add extra details:
> Was willst du machen, wenn du achtzehn bist?
> **Okay:** Studieren.
> **Besser:** Ich will an der Universität Mathe studieren.
> **Sehr gut:** Wenn ich achtzehn bin, will ich an der Universität Manchester Mathematik studieren.
> Dann möchte ich in London in einem Büro als Programmierer arbeiten.
> This is a favourite place for the teacher to ask *Warum?* (Why?). Here are some possible responses:
> Weil   ich mich für … interessiere.
>   der Lohn (*salary*) gut ist.
>   man reisen (*travel*) kann.
>   man neue Leute kennen lernen kann.
>   ich anderen Menschen gern helfe.

4 Beschreib *deine* Pläne für die Zukunft.

- was du zuerst machen willst
- ob du studieren möchtest
- was du studieren wirst
- was für eine Arbeit du später machen möchtest
- und natürlich warum!

7 Die Arbeitswelt

Work-related issues

LESEN 1 **Lies den Text, bring die Sätze in die richtige Reihenfolge und schreib sie auf. (Es gibt mehrere Möglichkeiten.)**
Beispiel: Ayse hatte eine große Familie. Sie ...

Arbeitswelt interviewt Ayse Ötgen und Roland Reiter:
Ayse Ötgen ist bekannt aus ihrer Rolle als Kindergärtnerin Tanja in der Soap-Serie „Meyerstraße". Wie kam sie dazu?

Arbeitswelt: Ayse, wollten Sie schon immer Schauspielerin werden?

Ayse: Nein, eigentlich nicht. Das Komische ist, ich wollte gern Kindergärtnerin werden! Nein, wirklich! Ich bin schon immer gern mit Kindern zusammen. Als ich klein war, habe ich oft auf meine Geschwister aufgepasst. In meiner Familie gibt es fünf Kinder und ich bin die Älteste. Meine Mutter hatte immer viel zu viel zu tun und mein Vater hat immer Arbeit gesucht. Er war oft arbeitslos, also hatten wir nicht viel Geld.

Arbeitswelt: Hast du studiert?

Ayse: Nein, obwohl ich gern studieren wollte. Ich musste immer arbeiten, um Geld zu verdienen. Ich habe in einem Supermarkt gearbeitet und auch abends in einem Lokal, wo ich Gläser abgewaschen habe! Das war vielleicht langweilig – und auch sehr schlecht bezahlt.

Arbeitswelt: Wie kam es, dass du Schauspielerin wurdest?

Ayse: Also, ich habe immer gesagt, „Ich werde irgendwann Fernsehstar sein!" Meine Eltern haben nur gelacht: „Nein, Ayse, du wirst studieren, du wirst dann eine Qualifikation haben und gutes Geld verdienen, nicht wie wir." Und ich habe mich auch um einen Studienplatz an der Universität in Berlin beworben, ich wollte gern Kunst studieren. Aber dann kam die große Überraschung ...

Arbeitswelt: Erzähl mal!

Ayse: Na ja, eines Abends habe ich ganz normal in der Kneipe gearbeitet. Ich habe an einem Tisch die Gläser eingesammelt. Auf einmal fragte mich ein junger Mann, ob ich Schauspielerin oder Fotomodell sei? „Nein", habe ich geantwortet, „aber ich möchte gern Schauspielerin werden."

Arbeitswelt: Ein Traum, also!

Ayse: Und wie! Am nächsten Tag hat er mich ins Studio eingeladen und zwei Tage später hat er mir die Stelle als Tanja angeboten. Er sagte, ich wäre perfekt für die Rolle, weil Tanja ja Türkin ist. Hoffentlich werde ich jahrelang die Rolle als Tanja spielen.

---

a Diese Stelle war schlecht bezahlt.

b Dort musste sie die schmutzigen Gläser abwaschen.

c Sie musste oft auf ihre Geschwister aufpassen.

d Ihre Mutter konnte nicht aufpassen, weil sie immer so viel zu tun hatte.

e Er hat Ayse ins Studio eingeladen.

f Einer von diesen Jobs war in einer Kneipe.

g Jetzt ist Ayse Fernsehstar.

h Und ihr Vater war oft arbeitslos.

i Nach der Schule wollte sie eigentlich Kunst studieren.

j Aber eines Abends kam ein Fernsehregisseur in das Lokal.

k Sie ist zwar keine Kindergärtnerin, aber sie spielt die Rolle einer Kindergärtnerin!

l Also war die Familie sehr arm.

m Ayse hatte eine große Familie.

n Deswegen musste Ayse Nebenjobs machen.

2 Lies den Artikel, finde die Sätze und schreib sie auf Deutsch auf.

Beispiel: 1 *Du könntest an jeder Universität studieren.*

Roland Reiter hat gerade Abitur gemacht. Jetzt muss er sich entscheiden, was er nächstes Jahr macht.

Arbeitswelt: Roland, wirst du gleich eine Arbeit suchen oder studieren?
Roland: Natürlich möchte ich gern studieren, aber ich weiß noch nicht was, wann oder wo! Ich interessiere mich für Fremdsprachen, vor allem Spanisch und Englisch und im Abitur hatte ich eine Eins in Englisch und eine Zwei in Spanisch, also bin ich nicht schlecht.

Arbeitswelt: Weißt du, welche Universitäten für Fremdsprachen am besten sind?
Roland: Mein älterer Bruder hat die Uni Kiel besucht und er sagt, dass die Fremdsprachenabteilung dort nicht schlecht ist. Sonst überlege ich, ob ich nicht vielleicht in Berlin studieren werde.
Arbeitswelt: Also, was ist dein Problem? Deine Noten sind toll, du könntest an jeder Universität studieren.
Roland: Ja, das stimmt, ich könnte gleich studieren, aber ich weiß nicht, ob ich es will. Ehrlich gesagt bin ich ziemlich müde nach der ganzen Abiturarbeit und ich möchte mal Pause machen.
Arbeitswelt: Ja? Wie denn?
Roland: Ich glaube, ich werde nächstes Jahr ein bisschen reisen. Meine Pläne sind, erst mal hier in Deutschland zu arbeiten, um Geld zu verdienen, und dann werde ich wohl ein halbes Jahr in Südamerika verbringen. Hoffentlich kann ich da meine Spanischkenntnisse verbessern, bevor ich studiere.
Arbeitswelt: Na denn, viel Glück!

1 You could study at any university.
2 There I can improve my knowledge of Spanish.
3 I'd like to have a break.
4 Now he has to decide what to do next year.
5 Of course, I'd like to study.
6 I'll probably spend six months in South America.
7 I'll travel a bit next year.
8 Your marks are excellent.
9 I could study straight away.
10 To be honest, I'm pretty tired.

Hope for the future
To express hopes for the future, use the word *Hoffentlich* followed by the verb.
Beispiel: 1 Hoffentlich werde ich in Amerika arbeiten.
1 Ich werde in Amerika arbeiten.
2 Ich verdiene viel Geld.
3 Wir werden nach Frankreich fliegen.
4 Ich werde Fernsehstar.
5 Peter bekommt viele Weihnachtsgeschenke.

3 Schreib einige Sätze über deine Teilzeitjobs.

• Was für Jobs hast du gemacht?
• Wie hast du sie gefunden?
• Was musstest du machen?
• Hast du gut verdient?
• Was willst du in Zukunft machen?
  (Studium / reisen / Arbeit)

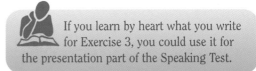

If you learn by heart what you write for Exercise 3, you could use it for the presentation part of the Speaking Test.

Wörter

Teilzeitjobs / Part-time jobs

Teilzeitjobs	Part-time jobs
Hast du einen Teilzeitjob?	*Have you got a part-time job?*
Nein, ich habe keinen Job.	*No, I haven't got a job.*
Ja, ich arbeite am Samstag in einem Büro.	*Yes, I work in an office on Saturdays.*
Er / Sie arbeitet am Wochenende	*He / She works in a supermarket*
in einem Supermarkt.	*at the weekend.*
einmal / zweimal in der Woche in einer Fabrik.	*in a factory once / twice a week.*
jeden Tag an einer Tankstelle.	*at a petrol station every day.*
auf einem Bauernhof.	*on a farm.*
als Babysitter.	*as a babysitter.*
Ich trage Zeitungen aus.	*I deliver newspapers.*
Ich arbeite für … Stunden.	*I work for … hours.*
Ich verdiene € …	*I earn … euros.*
Die Arbeit macht Spaß.	*The work is fun.*
Die Arbeit ist schwer.	*The work is hard.*
leicht.	*easy.*
langweilig.	*boring.*
gut bezahlt.	*well paid.*
schlecht bezahlt.	*badly paid.*
Letzte Woche habe ich … Stunden gearbeitet.	*Last week I worked for … hours.*
Ich habe € … verdient.	*I earned … euros.*
Früher habe ich in … gearbeitet.	*I used to work in …*
Ich habe den Job gut gefunden.	*I thought the job was good.*

Berufe / Careers

Berufe	Careers
Ich bin Arzt / Ärztin.	*I am a doctor.*
Mein Vater / Bruder ist Beamter.	*My father / brother is a civil servant.*
Mein Onkel ist Hausmann.	*My uncle is a house husband.*
Meine Mutter / Schwester ist Beamtin.	*My mother / sister is a civil servant.*
Meine Tante ist Hausfrau.	*My aunt is a housewife.*
Ingenieur / Ingenieurin.	*an engineer.*
Kellner / Kellnerin.	*a waiter / waitress.*
Krankenschwester / Krankenpfleger.	*a nurse.*
Lehrer / Lehrerin.	*a teacher.*
Manager / Managerin.	*a manager.*
Mechaniker / Mechanikerin.	*a mechanic.*
Polizist / Polizistin.	*a policeman / policewoman.*
Schüler / Schülerin.	*a pupil.*
Student / Studentin.	*a student (at college or university).*
Sekretärin.	*a secretary.*
Verkäufer / Verkäuferin.	*a sales person.*
Zahnarzt / Zahnärztin.	*a dentist.*
Journalist / Journalistin.	*a journalist.*
arbeitslos.	*unemployed.*

Arbeitsplätze / Workplaces

Arbeitsplätze	Workplaces
Ich arbeite in einer Schule.	*I work in a school.*
Mein Vater usw. arbeitet bei der Polizei.	*My father, etc. works for the police.*
bei einer Zeitung	*for a newspaper.*
in einem Krankenhaus.	*in a hospital.*
in einem Büro.	*in an office.*
in einem Geschäft.	*in a shop.*
in einem Restaurant.	*in a restaurant.*
zu Hause.	*at home.*

Arbeitssuche / Job searches

Arbeitssuche	Job searches
Ich möchte mich um die Stelle als … bewerben.	*I'd like to apply for the position of …*
Ich lege Ihnen meinen Lebenslauf bei.	*I enclose my curriculum vitae.*
Ich hoffe, bald von Ihnen zu hören.	*I hope to hear from you soon.*

Telefonieren / Telephoning

Telefonieren	Telephoning
Kann ich bitte Herrn / Frau … sprechen?	*Can I speak to Mr / Mrs / Ms …*
Kann ich etwas ausrichten?	*Can I pass on a message?*
Können Sie für mich etwas ausrichten?	*Could you pass on a message?*
Können Sie Herrn / Frau … bitten, mich zurückzurufen?	*Could you ask … to ring me back?*
Ich sage Bescheid.	*I'll let him / her know.*
Herr … hat angerufen.	*Mr … rang.*
Rufen Sie bitte zurück.	*Please ring back.*

Das Arbeitspraktikum

Ich war bei der Firma Schmidt / Brock / Lindt usw.
Ich habe in einer Fabrik gearbeitet.
  in einer Schule
  in einem Geschäft
  in einem Krankenhaus
Ich bin mit dem Bus gefahren.
  mit dem Rad
Der Tag hat um (8) Uhr begonnen.
Der Tag war um (5) Uhr zu Ende.
Ich habe gearbeitet.
Er / Sie hat sauber gemacht.
Wir haben Briefe getippt.
  Kaffee gekocht.
  das Telefon beantwortet.
  Kunden bedient.
  mit … Kunden / Patienten gesprochen.
Ich habe die Arbeit langweilig gefunden.
  interessant.
  schwer.
  leicht.

Work experience

I worked at the Schmidt / Brock / Lindt, etc. company.
I worked in a factory.
  in a school.
  in a shop.
  in a hospital.
I travelled by bus.
  by bike.
The day began at (8) o'clock.
The day ended at (5) o'clock.
I worked.
He / She did the cleaning.
We typed letters.
  made coffee.
  answered the telephone.
  served customers.
  talked to customers / patients.
I found the work boring.
  interesting.
  hard.
  easy.

müssen (Imperfekt)

Ich musste Briefe tippen.
Er / Sie musste Kaffee kochen.
Wir mussten Kunden bedienen.

to have to (imperfect)

I had to type letters.
He / She had to make coffee.
We had to serve customers.

Pläne für die Zukunft

Ich will in einer Fabrik arbeiten.
Ich möchte in einer Fabrik arbeiten.
Ich hoffe, in einer Fabrik zu arbeiten.
Was willst du / möchtest du /
  wirst du werden?
Ich will zur Universität gehen.
Ich möchte zur Hochschule gehen.
Ich werde zur technischen Hochschule gehen.
Ich werde zum Bund gehen.
  eine Lehre machen.
  Arzt / Ärztin werden.
  Beamter / Beamtin werden.
  Lehrer / Lehrerin werden.
  Programmierer / Programmiererin werden.
  reisen.
  heiraten.
  Kinder haben.
Weil ich mich für … interessiere.
Weil der Lohn (salary) gut ist.
Weil man reisen (travel) kann.
Weil man neue Leute kennen lernen kann.
Weil ich anderen Menschen gern helfe.
Hoffentlich werde ich in Amerika arbeiten.

Plans for the future

I want to work in a factory.
I would like to work in a factory.
I hope to work in a factory.
What do you want to / would you
  like to / will you become?
I want to go to university.
I would like to go to college.
I'm going to the college of technology.
I'm going to do national service.
  to do an apprenticeship.
  to become a doctor.
  to become a civil servant.
  to become a teacher.
  to become a computer programmer.
  to travel.
  to marry.
  to have children.
Because I'm interested in …
Because the salary is good.
Because you can travel.
Because you can meet new people.
Because I like helping others.
Hopefully, I'll work in America.

10 Teenies!

1 Charakter

Talking about personalities

1a Hör zu und schreib in der richtigen Reihenfolge auf, wer die Personen sind und wie sie sind.
Beispiel: 1 *Ulis Vater ist intelligent.*

1b Hör nochmal zu und notiere auf Englisch mehr Informationen über die Personen.

Ich	bin	oft	
		manchmal	launisch / doof / streng / freundlich / nett / nervig /
Mein Vater		sehr	lustig / laut / ruhig / fleißig / intelligent / faul.
Meine Freundin	ist	ziemlich	
		immer	

2 Partnerarbeit. Partner(in) A (▲) stellt Fragen über andere Personen oder Familienmitglieder.
Partner(in) B (●) antwortet.
Beispiel: 1 ▲ Wie findest du deinen Bruder?
● Ich finde ihn doof.
▲ Bruder? / Schwester? / Freundin? / Mutter? / Lehrer? / Freund?
● doof / faul / sehr nett / intelligent / streng / lustig

Grammatik

Pronomen: pronouns
Pronouns (words like *er, sie*, etc.) change according to their **case**:
Nominative: **Er / Sie** ist doof.
Accusative: Ich finde **ihn / sie** doof.

Lern weiter ▶ 4.2, Seite 210

3a Partnerarbeit.
Beispiel: ▲ Wer ist das?
● Das ist Wolfgang, der intelligent ist.
Er ist größer als Dorothea.
Dorothea ist nicht so groß wie Wolfgang.
▲ Und wer ist das?
● Das ist Jutta, die ...

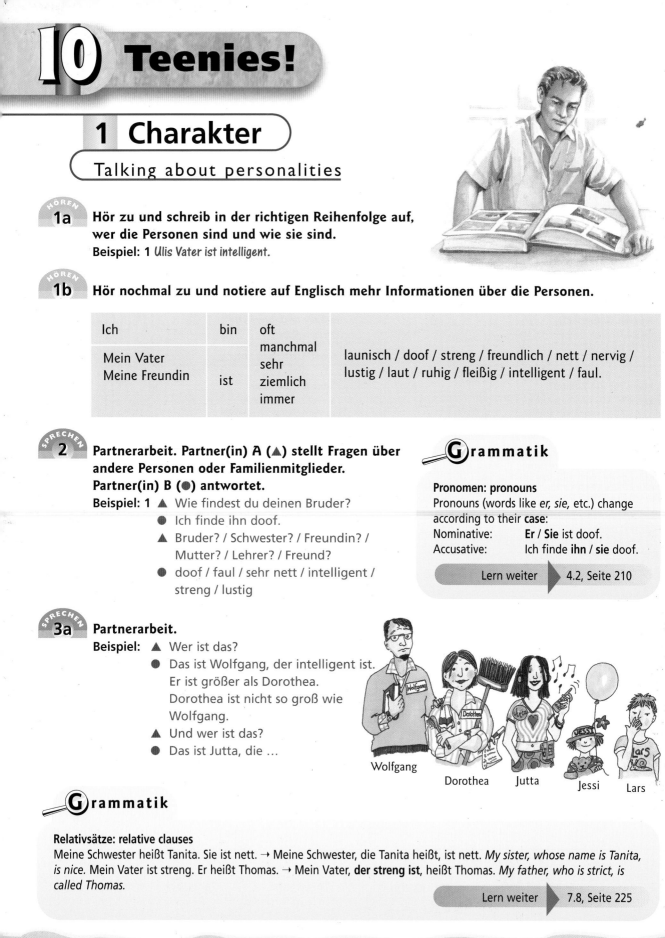

Wolfgang   Dorothea   Jutta   Jessi   Lars

Grammatik

Relativsätze: relative clauses
Meine Schwester heißt Tanita. Sie ist nett. → Meine Schwester, die Tanita heißt, ist nett. *My sister, whose name is Tanita, is nice.* Mein Vater ist streng. Er heißt Thomas. → Mein Vater, **der streng ist**, heißt Thomas. *My father, who is strict, is called Thomas.*

Lern weiter ▶ 7.8, Seite 225

Rückblick   Rückblick

3b Erfinde eine Familie, wie die Familie in Übung 3a. Beschreib die Familie. Welche Personen gibt es? Wie ist ihr Charakter? Wer ist größer / dicker / nicht so groß usw.?

Grammatik

Der Komparativ: comparison
Maybe you want to compare yourself to your friend or someone else.
To say someone is bigger or smaller, etc., do it this way:
Er / Sie ist größer als ich. *(He / She is bigger than me.)*
Er / Sie ist kleiner / schlanker / dicker / älter / jünger / intelligenter als ich.

Or to do it the other way round:
Ich bin **nicht so** groß / klein / schlank / dick / alt / jung / intelligent wie er / sie.

Lern weiter ▷ 2.3, Seite 209

3c Beschreib deine eigene Familie.

4a Lies Manjas Homepage und beantworte die Fragen (ganze Sätze, bitte!).
Beispiel: 1 *Nein, sie wohnt in einer Wohnung.*

MANJAS HOMEPAGE

Hallo! Mein Name ist Manja Knief. Ich bin sechzehn und ich wohne mit meiner Familie in einer Wohnung in Dresden. Wir wohnen hier seit zehn Jahren. Ich habe einen Bruder, der Boris heißt. Boris ist jünger als ich. Aber glücklicherweise bin ich größer als er! Ich verstehe mich nicht sehr gut mit Boris, weil ich ihn doof finde. Meine Mutter, die Sylvia heißt, ist sehr freundlich und lustig. Sie ist geschieden, aber vor drei Jahren hat sie einen neuen Mann kennen gelernt, der Gert heißt. Zuerst habe ich mich sehr schlecht mit Gert verstanden, weil er nicht mein echter Vater ist. Obwohl mein Stiefvater ganz nett ist, ist er auch manchmal streng, was ich nicht so gut finde. Zum Beispiel hat er mir einmal gesagt, dass ich nicht so viel fernsehen soll. Aber er ist nicht mein Vater, also kann er mir nicht sagen, was ich tun soll (finde ich!). Aber jetzt verstehen wir uns ganz gut.
Wir haben auch eine schwarze Katze, Elli, die wirklich sehr niedlich ist. Wir haben sie vor zwei Jahren auf der Straße gefunden und seitdem wohnt sie bei uns! Jede Nacht liegt Elli bei mir auf dem Bett und ich erzähle ihr meine Probleme!

1 Wohnt Manja in einem Haus?
2 Seit wann wohnt sie da?
3 Wie versteht sie sich mit Boris?
4 Ist ihre Mutter verheiratet?
5 Wie ist Sylvias Charakter?
6 Wie ist Manjas Stiefvater?
7 Was hat er einmal gesagt?
8 Wie findet Manja Gert?
9 Seit wann hat Manja ihre Katze?
10 Wie ist Ellis Charakter?

4b Lies die Homepage in Übung 4a nochmal und schreib eine E-Mail an Manja.
Schreib so viele Informationen über deine Familie wie möglich: Charakter, Größe usw.

```
Liebe Manja,
ich habe im Internet deine Homepage gelesen.
Mein Name ist … / Ich habe …
(Vater / Mutter / Geschwister / Haustiere)
```

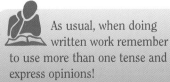 As usual, when doing written work remember to use more than one tense and express opinions!

2 Familienprobleme

Family relationships

1 **Lies den Brief und beantworte die Fragen auf Deutsch (ganze Sätze, bitte!).**

Beispiel: **1** *Er hat in der Stadt gewohnt.*

1 Wo hat Dennis früher gewohnt?
2 Wie hat er das gefunden?
3 Wo wohnt er jetzt?
4 Warum?
5 Was wollte er gestern machen?
6 Warum durfte er das nicht?

> When answering questions, make sure you are aware of what tense the question is in and answer using the same tense.

> *Liebe Susi,*
> *ich habe ein Problem. Meine Eltern sind geschieden und meine Mutter hat neu geheiratet. Früher haben wir in der Stadt gewohnt und das habe ich gut gefunden. Aber jetzt ist alles ganz anders. Mein Stiefvater hat nämlich einen Bauernhof. Wir sind umgezogen und jetzt wohnen wir auf dem Land.*
> *Meine Mutter, mein Stiefvater und meine Geschwister finden es super auf dem Land, aber für mich ist es furchtbar langweilig hier. Gestern wollte ich in die Disco gehen, aber ich durfte es nicht. Warum? Weil der letzte Bus um neun Uhr fährt. Es ist schrecklich! Was soll ich machen?*
> *Dennis*

2 **Schreib Sätze.**

Beispiel: **1** *Ich wollte ins Kino gehen, aber ich durfte es nicht.*

1 Ich / Kino
2 Leo / rauchen
3 Wir / Whisky trinken
4 Ich / ein Motorrad kaufen
5 Ich / ins Restaurant gehen

Grammatik

wollen und dürfen (Imperfekt): to want to, to be allowed to (imperfect)
Often, you aren't allowed to do something you want to do:
Ich **will** im Bett bleiben, aber ich **darf** es nicht.
(I want to stay in bed, but I'm not allowed to.)
When talking about this in the past, use the imperfect form of *wollen* and *dürfen*:

ich	wollte	durfte
er / sie / (name)	wollte	durfte
wir	wollten	durften

Ich **wollte** im Bett bleiben, aber ich **durfte** es nicht.
(I wanted to stay in bed, but I wasn't allowed to.)

Lern weiter ▶ 5.28, Seite 220

3a **Hör zu und schreib „richtig" oder „falsch".**
Beispiel: **1** *Falsch*

1 Manja wohnt auf einem Bauernhof.
2 Sie hat einen Hund und eine Katze.
3 Die Wohnung ist zu klein.
4 Susi findet, dass Manja Recht hat.
5 Susi sagt, dass Manja einen Hamster kaufen soll.

Grammatik

Relativsätze: relative clauses
Use the word *dass* as the equivalent of the English word 'that', as in 'I think **that** it's a good idea' *(Ich glaube, **dass** das eine gute Idee ist)*. A comma comes before *dass* and the verb goes to the end.

Lern weiter ▶ 7.8, Seite 225

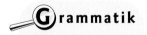

3b Verbinde die Satzteile aus dem Gespräch in Übung 3a und schreib sie auf.

Beispiel: 1 e *Mein Problem ist, dass ich einen Hund möchte.*

1 Mein Problem ist,
2 Aber das andere Problem ist,
3 Sie sagt,
4 Ich sage,
5 Du hast schon Glück,
6 Ich glaube,

a dass du eine Katze hast.
b dass deine Mutter Recht hat.
c dass ich Katzen und Hunde liebe.
d dass die Wohnung zu klein ist.
e dass ich einen Hund möchte.
f dass meine Mutter „nein" sagt.

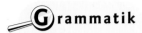rammatik

mit: with
mit (meaning 'with') is a preposition which is always followed by the dative (*dem / der, einem / einer, meinem / meiner,* etc.).
The expression *ich verstehe mich … mit …* means 'I get on with …':

Ich verstehe mich	sehr gut / ziemlich gut / gut / nicht besonders gut / gar nicht gut
mit meinem	Bruder / Stiefbruder / Halbbruder/ Vater / Stiefvater.
meiner	Schwester / Stiefschwester / Halbschwester / Mutter / Stiefmutter.

Lern weiter ▶ 6.2, Seite 221

4 Lies die E-Mail. Was sagen die Personen?

Beispiel: 1 *Ich verstehe mich nicht mit meinem Mann.*

1 Die Mutter sagt: …
2 Der Vater denkt: …
3 Der Bruder sagt: …
4 Die Katze denkt: …
5 Alex sagt: …

Liebe Susi,
kannst du mir helfen? Bald ist Weihnachten und die ganze Familie kommt zu uns. Ich habe wirklich Angst, weil wir zu Weihnachten immer Ärger in der Familie haben. Wir haben folgende Probleme.
Meine Mutter versteht sich nicht mit meinem Vater. Mein Vater versteht sich nicht mit meiner Oma. Mein Bruder versteht sich nicht mit meinem Vater. Die Katze versteht sich nicht mit dem Hund. Und ich verstehe mich nicht mit meiner Schwester.
Es wird furchtbar sein. Hast du eine gute Idee, was wir machen können?
Alex

5 Partnerarbeit. Partner(in) A (▲) stellt fünf Fragen über Familienmitglieder von Partner(in) B. Partner(in) B (●) antwortet.

Beispiel: 1 ▲ Wie verstehst du dich mit deinem Stiefvater?
● Ich verstehe mich sehr gut mit meinem Stiefvater.

6 Schreib so viel du kannst über deine Familie. Lass deinen Aufsatz von deinem Lehrer / deiner Lehrerin korrigieren und lerne ihn auswendig!

 When doing Exercise 6, besides giving the facts, add in further details and opinions about relationships, etc.
If you use some of the structures from this spread, you are sure to get a high mark:
Ich finde, dass (meine Mutter) … ist.
Ich verstehe mich sehr gut mit (meiner Mutter).
This is also a good topic for an oral presentation.

3 Das ist ungesund!

Health matters

1 Lies den Text. Wer ist wer? Schreib Sätze über Werner, Sonja,
Udo oder Udos Bruder (im Präsens).

Beispiel: 1 *Sonja raucht nicht.*

Die Jugend von heute!

Letzte Woche wurden drei junge Leute für die Fernsehdiskussionssendung „Jugend heute" interviewt. Hier sind ihre Erfahrungen:
Zuerst wurde **Werner** interviewt. Dieser junge Mann hat gleich zugegeben, dass er täglich zwanzig Zigaretten raucht. Nicht nur das, aber er hat auch gesagt, dass er Alkohol trinkt. Das ist alles unheimlich gefährlich für Werners Gesundheit. Wenigstens trinkt er nur Bier. Und Gott sei Dank hat er nie Drogen genommen. Dann kam ein Interview mit einem echten

„Mädchen von heute!" **Sonja** erklärte, dass sie persönlich keinen Tabak rauche, aber dass sie manchmal ein Glas Wein trinkt. Dann kam der große Hammer! Sonja sagte, dass sie am Wochenende manchmal Haschisch raucht, obwohl sie weiß, dass das illegal ist.
Zum Schluss kam dann etwas Normalität. **Udo** erzählte, dass er nicht raucht, nie trinkt und absolut keine Drogen nimmt. Udo ist Sportler und würde nie Drogen nehmen. Sein Bruder hat Heroin genommen und war sehr krank.

> The text in Exercise 1 is a good example of a reading task in which you can pick out the information you need without having to understand every word. You are helped by words which are like English words: *Interview, Heroin, Normalität.*
> When telling a story and relating what people said, use these imperfect forms:
> *sagte ...* (said), *erklärte ...* (explained) or *erzählte ...* (told).

2 Hör zu und beantworte die Fragen.

Beispiel: 1 *vierzig Zigaretten pro Tag*

1 Wie viele Zigaretten raucht Christoph?
2 Was für Alkohol trinkt er?
3 Warum nimmt er keine Drogen?
4 Trinkt Bärbel Wein?
5 Was hat Bärbels Freundin genommen?

6 Warum raucht Bärbel nicht?
7 Raucht Klaus Zigaretten?
8 Welche Droge nimmt er?
9 Nimmt er harte Drogen?
10 Trinkt er viel Alkohol?

3a Schau das Poster an. Das stimmt alles nicht! Schreib die Wahrheit*.

Beispiel: 1 *Rauchen ist **nicht** gut für die Gesundheit. Rauchen ist **schlecht** für die Gesundheit! Tabak ist ...*

Here are some adjectives with opposite meanings to help you with Exercise 3a:

gut	schlecht	super	furchtbar
billig	teuer	besser	schlechter
toll	schrecklich		

*die Wahrheit = the truth

Rauchen Sie Husti-Zigaretten!

1 Rauchen ist gut für die Gesundheit!

2 Tabak ist toll für Sportler!

3 Zigaretten sind gut für die Umwelt!

4 Mädchen finden Raucher super!

5 Tabak ist gut für die Lungen!

6 Zigaretten riechen gut!

7 Rauchen ist billig!

8 Rauchen ist besser als essen!

3b Partnerarbeit. Partner(in) A (▲) stellt Fragen über Übung 3a. Partnerin B (●) antwortet.

Beispiel: 1 ▲ Was meinst du? Ist Rauchen gut für die Gesundheit?
● Natürlich nicht! Ich glaube, dass Rauchen nicht gut für die Gesundheit ist.

3c Benutze deine Antworten aus Übung 3a, um ein ANTI-Rauchen-Poster zu machen. Mach auch Poster gegen Alkohol und Drogen.

> **Man sollte...: you ought to ... / should ...**
> This is the conditional form of the modal verb sollen.
> It is used with the infinitive at the end of the sentence:
> **Man sollte** nicht zu viel Fett **essen.**
> You shouldn't eat too much fat

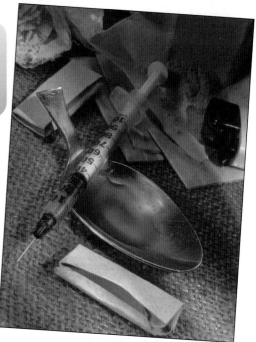

4 Ein gesundes Leben
Was sollte man machen, um gesund zu bleiben?

Beispiel: *Um gesund zu bleiben, sollte man viel Sport treiben und nicht rauchen.*

- viel Sport treiben?
- rauchen?
- gesund essen?
- viel Auto fahren?
- oft zu Fuß gehen?
- viele Hamburger essen?
- Müsli essen?
- viel Alkohol trinken?

„Heroin kann dein Leben ruinieren!"

4 Die Umwelt

The environment

die Grüne Gruppe

1a Lies den Artikel. Finde diese Ausdrücke im Wörterbuch oder in der Vokabelliste. Wie heißen sie auf Englisch?

Beispiel: 1 traffic

1 der Verkehr
2 die Umwelt
3 der Abfall
4 das Abgas
5 der Lärm
6 die Luft
7 atmen

1b Finde Sätze im Text aus Übung 1a für jedes Bild.

Beispiel: 1 Wir verpesten die Luft mit Autoabgasen.

Wer würde heutzutage in einer Stadt leben? Wir verpesten die Luft mit Autoabgasen. Man kann kaum atmen, weil es so viel Verkehr gibt: Busse, Autos und Motorräder überall. Und warum? Weil wir alle zu faul sind, um zu Fuß zu gehen oder mit dem Rad zu fahren. Aber schlechte Luft ist nicht das einzige Problem, das von Autos verursacht wird: In der Stadt ist es viel zu laut. Es gibt so viel Lärm, dass die Leute kaum noch miteinander sprechen können. Wir können weltweit durch das Internet kommunizieren, aber nicht mit anderen Menschen auf der Straße!

Auch sehr schlecht für die Umwelt ist der Abfall, den wir täglich auf die Straße schmeißen. Wir bei der Grünen Gruppe haben schon oft Proteste vor Hamburger-Restaurants durchgeführt, weil sie alles in Papier und Pappe einwickeln. Wir fordern: normale Teller und Tassen, keine Plastikteller und Pappbecher.

2 Hör zu und schreib Notizen auf Englisch: Welche Umweltprobleme gibt es in Wurmhausen? Welche Lösungen schlägt der Reporter vor?

Beispiel: Noise caused by traffic.

NACHRICHTEN

LESEN 3 Lies den Text und wähle die richtige Antwort. Schreib die Sätze auf.

Beispiel: 1 *Wurmhausen hat eine Fußgängerzone.*

WURMHAUSER NACHRICHTEN

Eine Schande für unsere Stadt!

Die ganze Stadt Wurmhausen ist sauer. Der Fernsehreporter Jürgen Schiller hat letzte Woche eine Sendung über unsere Stadt gemacht. Diese Sendung war sehr unfair, sagt Bürgermeister Erich Schmidt.

Schiller berichtet: „Es ist hier sehr laut. Es gibt sehr viel Verkehr."

Das stimmt nicht! Wir haben eine schöne Fußgängerzone. Natürlich gibt es Autos, Motorräder und Busse, aber die gibt es in jeder Stadt. Wurmhausen ist nicht schlimmer als andere Städte. Natürlich gibt es viel Lärm, aber das ist auch normal.

„Hier gibt es auch sehr viel Abfall. Viele junge Leute essen im Hamburger-Restaurant und werfen das Papier auf die Straße." Das gibt es vor jedem Imbiss in jeder Stadt Europas, nicht nur in Wurmhausen! Schiller sagt, dass die Luft schlecht ist. Jedoch ist die Luft in Wurmhausen viel besser als in der Großstadt. Natürlich produzieren Autos viele Abgase, aber das ist doch nicht unser Schuld!

Aber das Schlimmste ist, dass Schiller einen jungen obdachlosen Mann zeigt. Hier in Wurmhausen gibt es nicht viele Obdachlose. Jürgen Schiller kommt aus Hamburg, wo es viel mehr Obdachlose gibt.

Wir in Wurmhausen sagen: Jürgen Schiller soll nach Hamburg zurückfahren und dort bleiben!

1 Wurmhausen hat:
   a eine Fußgängerzone **b** keine Fußgängerzone **c** zwei Fußgängerzonen.

2 Abfall auf der Straße gibt es:
   a in jeder Stadt **b** in keiner Stadt **c** nur in Wurmhausen.

3 Der junge Mann ist:
   a müde **b** betrunken **c** obdachlos.

4 Die Abgase kommen:
   a von Fahrrädern **b** vom Hamburger-Restaurant **c** von Autos.

5 Die Luft in Wurmhausen ist:
   a besser als in der Großstadt **b** schlechter als in der Großstadt
   c gleich wie in der Großstadt.

6 In Wurmhausen gibt es:
   a mehr Obdachlose als in Hamburg **b** weniger Obdachlose als in Hamburg
   c genau so viele Obdachlose wie in Hamburg.

SCHREIBEN 4 Beschreib deine Stadt vom Gesichtspunkt „Umwelt".
- Was ist gut für die Umwelt?
- Was ist schlecht für die Umwelt?
- Gibt es Probleme mit Verkehr / Lärm / Abfall?
- Was könnte man tun, um alles besser zu machen?

5 Rettet die Umwelt!

Helping to save the environment

1a Lies die Tipps. Schreib auf Englisch, was wir alles machen könnten, um unsere Umwelt zu schonen.

Beispiel: *We could walk or cycle to school (because ...)*

Sturmflut, Krankheiten, das Ozonloch ... Wir wissen, dass mit unserer Umwelt nicht alles in Ordnung ist. Aber was können WIR machen, um diese Situation zu verbessern? LOGO zeigt es euch.

Es gibt immer eine Mülldeponie in der Nähe.

• **Öfter zu Fuß gehen**
Wie kommst du zur Schule? Wirst du von deinen Eltern mit dem Auto gefahren? Das ist oft unnötig. Man könnte zu Fuß gehen oder mit dem Rad fahren. Das ist nicht nur gut für die Umwelt, sondern auch für deine Gesundheit.

• **Elektrogeräte ausschalten**
Schau dich um. Ist das Licht an? Ist das nötig? Hast du die Stereoanlage ausgeschaltet? Das Video? Nein? Das alles verbraucht Energie. Du könntest die Geräte ausschalten. Schalte deine Geräte nur ein, wenn du sie brauchst.

• **Geh unter die Dusche**
Wie oft badest du? Dreimal, viermal in der Woche? Baden ist teuer und verbraucht viel Wasser und viel Strom, um das Wasser heiß zu machen. Aber du könntest duschen! Geh lieber unter die Dusche. Baden verbraucht zehnmal so viel Wasser wie Duschen!

• **Recycling**
Wirf deinen Müll nicht alles zusammen in den Mülleimer. Viele Sachen könnten recycelt werden, zum Beispiel Papier, Plastik, Getränkedosen und vor allem Glasflaschen. Manche Häuser haben zwei Mülleimer oder mehr. Aber wenn nicht, könntest du zur Mülldeponie gehen. Es gibt immer eine in der Nähe.

Grammatik

Der Konditional: conditional
könnte is the conditional form of *kann*, meaning 'could' (rather than 'can'). It is used in conjunction with the infinitive at the end:

Ich könnte duschen. Du könntest zu Fuß gehen.
Man könnte mit dem Rad fahren.
Geräte ausschalten.
recyceln.
zur Mülldeponie gehen.

Lern weiter ▶ 5.29, Seite 220

1b Was könnte man machen? Vervollständige die Sätze.

Beispiel: **1** *Statt alles in den Mülleimer zu werfen, könnte man zur Mülldeponie gehen.*

1 Statt alles in den Mülleimer zu werfen, ...
2 Statt mit dem Auto zu fahren, ...
3 Statt Geräte anzulassen, ...
4 Statt zu baden, ...

2 Hör zu, lies den Text und verbinde die Satzteile. Schreib die Sätze auf.

Beispiel: **1** d *Schadstoffe verursachen das Loch in der Ozonschicht.*

Interview mit Professor Otto von Glühstein von der Universität Heidelberg

Interviewer: Herr Professor, Sie sind doch Umweltexperte. Können Sie uns bitte Tipps geben, wie wir die Umwelt retten können?

Professor: Ist es Ihnen aufgefallen, dass in den letzten Jahren das Wetter immer schlechter geworden ist? Das hat alles mit der Globalerwärmung zu tun.

Interviewer: Woher stammt das Problem? Und was können wir dagegen tun?

Professor: Nun ja, das Problem stammt von uns Menschen. Wir sind faul und wollen überall hin mit dem Auto fahren. Aber Autos produzieren Schadstoffe und diese Schadstoffe haben das Loch in der Ozonschicht verursacht.

Interviewer: Aber was können wir dagegen tun?

Professor: Regel Nummer eins: nur Auto fahren, wenn es unbedingt nötig ist. Gehen Sie zu Fuß oder fahren Sie Rad. Das ist alles viel besser für die Gesundheit. Wenn Sie fahren müssen, dann fahren Sie bitte mit öffentlichen Verkehrsmitteln, zum Beispiel mit der Straßenbahn. Und wenn Sie unbedingt Auto fahren müssen, dann fahren Sie bitte langsam. Das macht weniger Lärm, stößt weniger Schadstoffe aus und spart Benzin.

1 Schadstoffe verursachen	**a** langsamer fahren.
2 Fahren Sie bitte	**b** ist gesünder als Autofahren.
3 Autofahrer sollten	**c** nur mit öffentlichen Verkehrsmitteln.
4 Die Globalerwärmung verursacht	**d** das Loch in der Ozonschicht.
5 Langsam fahren	**e** schlechtes Wetter.
6 Radfahren	**f** spart Benzin.

3 Lies die Texte aus Übung 1 und 2 nochmal. Schreib eine Liste von Sachen, die gut für die Umwelt wären.

Beispiel: *Man könnte zu Fuß in die Schule gehen.*
Man sollte duschen statt baden usw.

4 Partnerarbeit.

▲ Was ist schlecht für die Umwelt?
● Autofahren.
▲ Und?
● Abfall auf die Straße schmeißen.
▲ Was könnte man machen, um die Umwelt zu schonen?
● Radfahren.
▲ Hast du andere Ideen?
● Duschen statt baden.

Erfindet weitere Fragen und Antworten.

Abfall auf die Straße schmeißen – das ist schlecht für die Umwelt!

7356

Wörter

Charakter	**Personality**
Ich bin oft faul.	I am often lazy.
Mein Vater ist manchmal launisch.	My father is sometimes moody.
Meine Freundin ist sehr doof.	My friend is very stupid.
ziemlich streng.	quite strict.
immer freundlich.	always friendly.
nett.	nice.
lustig.	funny.
laut.	loud.
ruhig.	quiet.
fleißig.	conscientious.
intelligent.	intelligent.
Ich finde ihn / sie doof.	I think he / she is stupid.

Komparativ	**Comparative**
Er / Sie ist größer als ich.	He / She is bigger than me.
kleiner	smaller
schlanker	slimmer
dicker	fatter
älter	older
jünger	younger
intelligenter	more intelligent
Ich bin nicht so groß / klein / schlank /	I am not as big / small / slim / fat /
dick / alt / jung / intelligent wie er / sie.	old / young / intelligent as him / her.

Relativsätze	**Relative clauses**
Meine Schwester, die Tanita heißt, ist nett.	My sister, whose name is Tanita, is nice.
Mein Vater, der streng ist, heißt Thomas.	My father, who is strict, is called Thomas.
Ich glaube, dass das eine gute Idee ist.	I think that it's a good idea.

Familienprobleme	**Family problems**
Ich will im Bett bleiben, aber ich darf es nicht.	I want to stay in bed, but I'm not allowed to.
Ich wollte im Bett bleiben, aber ich durfte es nicht.	I wanted to stay in bed, but I wasn't allowed to.

sich mit … verstehen	**to get on with …**
Ich verstehe mich sehr gut / ziemlich gut / gut / nicht besonders gut /	I get on very well / quite well / well / not particularly well /
gar nicht gut	not at all well
mit meinem Bruder / Stiefbruder /	with my brother / stepbrother /
Halbbruder / Vater / Stiefvater.	half brother / father / stepfather.
mit meiner Schwester / Stiefschwester /	with my sister / stepsister /
Halbschwester / Mutter / Stiefmutter.	half sister / mother / stepmother.

Gesundheit	**Health**
Ich trinke nicht, ich rauche nicht und ich nehme keine Drogen.	I don't drink, I don't smoke and I don't take drugs.
Rauchen ist schlecht für die Gesundheit.	Smoking is bad for your health.
Man sollte nicht zu viel Fett essen.	You shouldn't eat too much fat.
Um gesund zu bleiben, sollte man viel Sport treiben und nicht rauchen.	To stay healthy, you should do lots of sport and not smoke.

Die Umwelt	**The environment**
der Verkehr	traffic
der Abfall	litter
das Abgas	emissions
der Lärm	noise
die Luft	air
atmen	to breathe
… ist gut / schlecht für die Umwelt.	… is good / bad for the environment.
Ich könnte duschen.	I could take a shower.
Du könntest zu Fuß gehen.	You could go on foot.
Man könnte mit dem Rad fahren.	One could go by bike.
Geräte ausschalten.	switch off appliances.
recyceln.	recycle things.
zur Mülldeponie gehen.	go to the rubbish dump.
Schadstoffe verursachen das Loch in der Ozonschicht.	Emissions cause the hole in the ozone layer.
Fahren Sie bitte nur mit öffentlichen Verkehrsmitteln.	Please only travel by public transport.
Autofahrer sollten langsamer fahren.	Car drivers should drive more slowly.
Globalerwärmung verursacht schlechtes Wetter	Global warming causes bad weather.
Langsam fahren spart Benzin.	Driving slowly saves petrol.
Radfahren ist gesünder als Autofahren.	Cycling is more healthy than driving.

Anweisungen

A stellt Fragen, B erfindet die Antworten.	A asks questions, B makes up the answers.
Ändere die Sätze.	Alter the sentences.
Bau die Sätze um.	Rearrange the sentences.
Beantworte die Fragen.	Answer the questions.
Benutze die Ausdrücke aus Übung ...	Use the expressions in Exercise ...
Benutze die Informationen unten.	Use the information below.
Beschreib ...	Describe ...
Beschreib dieses Bild.	Describe this picture.
Bestell die folgenden Sachen.	Order the following things.
Bring die Bilder in die richtige Reihenfolge.	Put the pictures in the correct order.
Das stimmt alles nicht!	It's all false!
Entwerfe ...	Design ...
Erfinde ...	Make up ...
Ergänze die Sätze.	Complete the sentences.
Erkläre ...	Explain ...
Erzähle, was passiert ist.	Describe what has happened.
Finde diese Wörter / Ausdrücke im Text.	Find these words / expressions in the text.
Finde Sätze für jedes Bild.	Find sentences for each picture.
Füll die Lücken aus.	Fill in the gaps.
Füll ihn / sie / es aus.	Fill it in.
Hör zu und schreib.	Listen and write.
Hör zu und wiederhole.	Listen and repeat.
Hör nochmal zu.	Listen again.
Jetzt du!	Now you!
Korrigiere diese Sätze.	Correct these sentences.
Kreuze ... an.	Tick ...
Lass deinen Aufsatz von deinem Lehrer / deiner Lehrerin korrigieren.	Get your essay marked by your teacher.
Lerne ihn / sie / es auswendig.	Learn it by heart.
Lies das Interview vor.	Read the interview out.
Mach das Gespräch nochmal.	Do the conversation again.
Mach Notizen.	Make notes.
Notiere die Antworten auf Deutsch / Englisch.	Note down the answers in German / English.
Partner(in) A buchstabiert.	Partner A spells.
Richtig, falsch oder nicht im Text?	True, false or not in the text?
Schau ... an.	Look at ...
Schreib das Formular ab.	Copy the form.
Schreib die Antworten auf.	Write down the answers.
Schreib die Lösungen in ganzen Sätzen auf.	Write down the solutions in full sentences.
Schreib die Tabelle ab und trag die Wörter ein.	Copy the table and write in the words.
Schreib die Wahrheit.	Write the truth.
Schreib (ganze) Sätze!	Write (complete) sentences.
Stell die Fragen und beantworte sie.	Ask the questions and answer them.
Trag die Informationen ein.	Write in the information.
Um wie viel Uhr ...?	At what time ...?
Unterstreiche ...	Underline ...
Verbinde ...	Link ...
Vergleiche ...	Compare ...
Vervollständige die Sätze.	Complete the sentences.
Wähle die richtige Antwort.	Choose the right answer.
Was passt zusammen?	What goes together?
Welche Wörter fehlen?	Which words are missing?
Welche Wörter passen in die Lücken?	Which words fit in the gaps?
Wenn die Sätze falsch sind, schreib die richtige Antwort auf.	If the sentences are wrong, write down the correct answer.
Wer bekommt was?	Who gets what?
Wer hat was gemacht?	Who did what?
Wer macht was (und wann)?	Who does what (and when)?
Wer spricht?	Who is speaking?
Wer will was machen?	Who wants to do what?
Wiederhole das Gespräch.	Repeat the conversation.
Wie viel ...?	How much ...?
Wo klickt man, um diese Informationen zu finden?	Where do you click in order to find out this information?

Prüfungstipps

Useful exam tips

On the next few pages you will find some useful tips to help you achieve the best possible marks in the exam. Good luck!

THEMEN

In all parts of the exam, you need to be able to say, write and understand a little about each of the topics covered. Here's a checklist to help you with your revision.

1 Ich / Meine Familie / Meine Freunde
2 Meine Schule / Mein Schultag
3 Hobbys / Freizeit (Sport, Fernsehen, Musik)
4 Zu Hause: Mein Haus / Mein Zimmer / Die Hausarbeit
5 Wo ich wohne (Meine Stadt / Unterschiede zwischen England und Deutschland) / Transport

6 Die letzten Ferien / Gestern / Letztes Wochenende
7 Das Wetter / die Umwelt / Gesundheit
8 Essen / Einkaufen / Dienstleistungen: Post, Bank usw.
9 Taschengeld / Jobs / Karriere / Betriebspraktikum
10 Pläne für nächstes Jahr

This book is based on the various exam bodies' specifications, so it's unlikely that you will be confronted with any vocabulary which isn't given in the book.

Rollenspiel (Role-play)

No matter how daunting it may seem, just 'go for it'. If you don't say anything, you definitely won't get any marks, but if you give it a try, you may. Simply learning the following twelve expressions will provide you with a good starting point for tackling many role-play situations:

Haben Sie ...? / Hast du ...?	*Have you got ...?*
Kann ich ...?	*Can I ...?*
Kann ich ... haben?	*Can I have ...?*
Gibt es ...?	*Is there ...? / Are there ...?*
Willst du ...? / Wollen Sie ...?	*Do you want ...?*
Ich möchte ...	*I'd like ...*
Kannst du ...? / Können Sie ...?	*Can you ...?*
Was kostet ...?	*What does ... cost?*
Ich nehme ...	*I'll have ...*
Wie komme ich am besten zum / zur ...?	*What's the best way to ...?*
Wo ist der / die / das nächste ...?	*Where's the nearest ...?*
Ist es weit?	*Is it far?*

In the Higher Speaking Test, you will be asked to deal with something 'unexpected'. It's a good idea to plan, in your preparation time, for what this 'unexpected' item might be. It's normally not too difficult and the clue will be in the task. For example, if you are supposed to be buying something, it will probably be out of stock and you'll have to decide what to buy instead. Or you might have just missed a train and have to ask when the next one is.

But make sure you listen to what the teacher says. Don't just assume you've guessed the 'unexpected' bit correctly!

Gespräch (Conversation)

Make sure you have a number of things to say about each topic, then grab the opportunity to say as much as you can. In this way, you keep control of the interview.

How not to do it:
Lehrer: Wie findest du die Schule?
Du: Schlecht.

How to do it:
Lehrer: Wie findest du die Schule?
Du: Ich mag die Schule nicht sehr gern. Wir haben zu viele Hausaufgaben und die Lehrer sind nicht besonders nett. Das Schulessen ist auch nicht gut und die Gebäude sind zu alt. Aber Deutsch finde ich natürlich toll!

Individual tips

- Make sure you say at least one thing about the **past** and one thing about the **future**. This is the key to a high grade. Even just one of each will earn you vital points.

- You can buy thinking time by saying *Also, ...* at the beginning of your reply. This is like saying 'Well, ...' in English.

- Make use of these helpful phrases:

Ich verstehe nicht.	*I don't understand.*
Wie bitte?	*Pardon?*
Ich weiß nicht.	*I don't know.*
Können Sie die Frage bitte wiederholen?	*Can you repeat the question?*
Kann ich einen Freund anrufen?	*Can I phone a friend?* – only kidding!

These can get you out of difficulties *and* gain you marks.

- Make your language sound more natural by using colloquial expressions like *natürlich* (of course), *selbstverständlich* (obviously) and *leider* (unfortunately). Make a note every time you come across a word like this which you think may come in useful. That will then make you stand out from other candidates.

- Don't forget, you get marks for expressing opinions.
  This can be as simple as saying:
  Ich mag ... (I like ...) or *Ich mag ... nicht* (I don't like ...).
  Use also: *Ich finde ...* (I think), *Ich glaube ...* (I believe ...) and *Meiner Meinung nach ...,* (In my opinion, ...), this last followed immediately by the verb.

Schreibtipps (Writing tips)

Everything you have learnt for the Speaking Test is also useful for the Writing Test. As with Speaking, it can't do any harm to do a bit more that you've been asked to do. Demonstrate how much vocabulary you know. It might gain you the extra point which will lift you into a higher grade.

Individual tips:

- You'll probably have to write a letter. Remember how to start and finish:
  Liebe ... (to a female) / *Lieber ...* (to a male)
  Vielen Dank für deinen Brief / deine Postkarte / deine E-Mail.
  ...
  Schreib bald wieder!
  deine ... (if you're female) / *dein ...* (If you're male)

- Don't forget opinions (again):
  Ich mag …
  Ich mag nicht …
  Ich finde … gut / schlecht.

- Try to put in at the very least one sentence indicating the **past** and one indicating the **future** (thus displaying your knowledge of tenses):
  Ich habe … (gemacht).
  Ich bin … (gefahren usw.)
  Ich möchte / will / werde … (machen).
  You can learn a couple of the most common ones (see pages 216–219) and then adapt them.

- Try to include one sentence starting *Ich kann …* or *Ich muss …* (plus the infinitive at the end).

- At Higher Level, try to insert a couple of imperfect form verbs (see page 219), at the very least *hatte* and *war*. Modals are useful here (*wollte, konnte, musste, durfte*), as is *sagte …*

- Try and use the *er* and *sie* forms and write about other people, not just yourself.

- You might very well have to write a formal letter. Beginn: *Sehr geehrte Damen und Herren, …* and finish *Hochachtungsvoll* or *Mit freundlichen Grüßen*. Use the *Sie* form when addressing someone in a formal letter. When asking questions and making requests, use the *Sie* form of some of the phrases in the section on *Rollenspiel* (above).

Hörtipps (Listening tips)

- You often don't need to understand everything. The important thing is to pick out the 'key words' in what you hear.
  At a simple level, you may hear something like:
  Meine Schwester Anke ist vierzehn.
  The question could be: *Wie alt ist Anke?* Answer: *14.*
  But you might also hear:
  Ich habe eine Schwester. Sie heißt Anke und sie ist 14 Jahre alt.
  The question and the answer are exactly the same. You have only had to listen out for one piece of information.

- Read the questions carefully, as there is often a clue in the question.

- Often, you are helped by the fact that there's a word which sounds like an English word.

- At Higher Level, think carefully about how you express the answer if it's in writing. Unless it says otherwise, you won't need to write a full sentence, but the examiner will be keeping an eye on spelling and grammatical correctness. Try to express your answer in a form you are pretty sure is accurate.

- You will always hear each piece twice and you will also be given sufficient time to read the question and to write down your answer. The technique should therefore be:
  - Read the question and make sure you know what to do.
  - Listen for the first time and make notes.
  - Listen for the second time and check that you haven't jumped to any wrong conclusions.
  - Write down your answer, making sure you are expressing it in a way which will make sense to the marker.

- Never leave a gap in your exam paper. It's always better to make a reasonable guess. Who knows, it may be the right answer?

Lesetipps (Reading tips)

- Often, you'll be asked to explain signs and notices. Look out for clues in the picture and helpful words such as *bitte, nicht, verboten,* etc.

- Make sure you have read the question carefully and answered it as clearly as you can.

- Answer in the same language as the question.

- If the question is to be answered in English or German, you don't need to waste time by answering in a full sentence unless you are told you should. Just give the important words to show you have understood.

- Don't worry if there are words and phrases you don't understand. Look for things you *do* understand and then you may be able to guess some of the rest. This applies particularly at Higher Level, where you may be confronted with 'authentic' texts with lots of unfamiliar vocabulary, much of which you may not need to understand in order to answer the question.

FALSCHE FREUNDE

For both reading and listening, study the following 'false friends' which often crop up in exams. They are not what they at first appear to be!

Viel Glück in der Prüfung!

also	*so*
Boot	*boat*
Chef	*boss*
Chips	*crisps*
eventuell	*possibly*
Gymnasium	*grammar school*
Hausmeister	*caretaker*
Keks	*biscuit*
Marmelade	*jam*
morgen	*tomorrow*
Notausgang	*emergency exit*
wer?	*who?*
der See	*lake*
Sonnabend	*Saturday*
Pralinen	*chocolates*
Speisekarte	*menu*

Finally, beware of words which have more than one German translation:

Saturday	*Samstag, Sonnabend*
orange	*Apfelsine, Orange*
mushrooms	*Pilze, Champignons*
carrots	*Karotten, Mohrrüben*
cousin	*Cousin, Vetter*

Speaking Tasks

Gespräch
Remember: use all the prompts to help you piece together a long, detailed response. Further details on page 38.

Rollenspiel
Remember: take it in turns to act out the parts of the role-play and try to include as many 'unexpected' responses as you can. Further details on page 38.

9 Die Arbeit

Gespräch 1

▲ Hast du einen Teilzeitjob?
● Sag:
  – ob du einen Job hast
  – wann und wo du arbeitest
  – wie viele Stunden du arbeitest
  – wie viel du verdienst
  – wie du die Arbeit findest
  – ob du letzte Woche gearbeitet hast
  – wie viel du letzte Woche verdient hast.

Gespräch 2

▲ Was machen deine Eltern und Geschwister?
● Sag:
  – was für einen Beruf dein Vater / deine Mutter hat
  – was deine Geschwister machen
  – wo diese Personen arbeiten
  – wie sie die Arbeit finden und warum.

Gespräch 3

▲ Erzähl mir etwas über dein Betriebspraktikum.
● Sag:
  – bei welcher Firma du gearbeitet hast
  – was für eine Firma das war
  – wie du dahin gekommen bist
  – wann der Arbeitstag begonnen hat
  – was du machen musstest
  – wann der Arbeitstag zu Ende war
  – wie du die Arbeit gefunden hast
  – ob du später dort arbeiten möchtest.

Gespräch 4

▲ Was möchtest du später werden?
● Sag:
  – ob du zur Uni oder zur Hochschule gehen willst
  – was du studieren wirst
  – ob du eine Lehre machen möchtest
  – was du werden willst
  – ob du heiraten oder Kinder haben möchtest.

Rollenspiel

You are ringing up a German company.

▲ Schiller.
▲ Frau Brinkmann ist nicht hier. Kann ich etwas ausrichten?
▲ Wie ist Ihr Name, bitte?
▲ Wie schreibt man das?

▲ In Ordnung. Auf Wiederhören.

● *(Ask to speak to Frau Brinkmann.)*
● *(Say you'd like to apply for the job as secretary.)*
● *(Reply.)*
● *(Spell your name and give your phone number.)*

Gespräch 1

▲ Wie sind deine Familienmitglieder und Freunde?
● Sag:
  - was für einen Charakter dein Vater hat
  - und die anderen Verwandten und Freunde
  - wie du diese Personen findest
  - wie du dich mit ihnen verstehst.

Gespräch 2

▲ Wie kann man die Umwelt schonen?
● Sag:
  - was für die Umwelt gut ist
  - was für die Umwelt schlecht ist
  - welche Probleme es in deiner Stadt gibt (Verkehr / Lärm / Abfall)
  - was man tun könnte, um alles besser zu machen

Rollenspiel

You are talking to your German penfriend.
▲ Rauchst du?
● ✗, ungesund.
▲ Trinkst du Alkohol?
● ✓, , schmeckt gut.
▲ Nimmst du Drogen?
● ✗, gefährlich.

Vortrag

You can write up all the information about your jobs, work plans, your family relationships, healthy living and the environment and learn it for possible use as a presentation (*Vortrag*) in the Speaking Test. Record it as well. It needs to last about three minutes and include references to the past and the future, as well as some opinions. You can use a photo and describe it as part of the presentation.

What a nightmare!
Tell the story of this awful day (using the *ich* form or the *er/sie* form).

1   **Zu Hause**   **2**   **In der Stadt**   **3**   **Beim Imbiss**

Wecker geklingelt / nicht gehört / Zähne geputzt / keine Zahnpasta

Pullover gekauft / zu klein / Kreditkarte verloren / zur Polizei gegangen / nicht gefunden

Bratwurst gegessen / sehr teuer / furchtbar geschmeckt

Unterwegs nach Hause   **Im Krankenhaus**

Unfall gehabt / Bein gebrochen / Krankenwagen gerufen / ins Krankenhaus gefahren

Krankenschwester nett / Familie gekommen / Weintrauben gegessen / gut geschlafen

Ende gut, alles gut!

tobias.schnitzler@logo.de

Lieber Jack!

Hallo, wie geht's? Mir geht's echt gut im Moment. Vielen Dank für deine E-Mail. Also, ich versuche jetzt, deine Fragen über meine Schule zu beantworten.

Die erste Frage: Was für eine Schule besuchst du?

O.K. Meine Schule ist eine ziemlich große Realschule. Sie heißt „Klaus Michelsburg Realschule". Es gibt hier ungefähr 900 Schüler. Es ist eine gemischte Schule, das heißt, es gibt Jungen und Mädchen. Das Schulgebäude befindet sich fast im Stadtzentrum, nicht weit vom neuen Krankenhaus.

Deine zweite Frage: Wie kommst du zur Schule?

Normalerweise fahre ich mit dem Rad zur Schule. Ich brauche nur zehn Minuten, um dorthin zu kommen. Wenn das Wetter aber sehr schlecht ist, fahre ich mit dem Bus. Gestern hat es geregnet und ich bin mit dem Bus gefahren.

Die dritte Frage: Was sind deine Lieblingsfächer?

Ich lerne gern Englisch und ich bin gut in Erdkunde, obwohl es schwierig ist. Kunst finde ich auch ganz interessant und entspannend, aber meine Lieblingsfächer sind Sport und Informatik. Englisch und Informatik sind sehr wichtige und nützliche Fächer. Sport gefällt mir sehr und die Sportlehrerin ist total spitze!

Die vierte Frage: Um wie viel Uhr musst du morgens in der Schule sein?

Mein Schultag beginnt früher als in England, glaube ich. Die erste Stunde fängt schon um Viertel vor acht an. Du bist sicher noch im Bett! Um 7.20, nach dem Frühstück, verlasse ich das Haus und bin gegen halb acht in der Schule. Wir haben sechs Stunden insgesamt und jede Stunde dauert 45 Minuten. Die Schule ist schon um 13.20 Uhr aus!

Die letzte Frage: Bekommst du viele Hausaufgaben?

Na, es geht. Normalerweise bekomme ich in zwei Fächern Hausaufgaben. Nach anderthalb Stunden bin ich aber fertig und ich kann dann etwas Interessantes machen.
Ich sehe fern oder höre Musik.
Morgen ist Samstag und ich spiele für die Schulmannschaft Handball. Am Sonntag fahren wir an die Küste. O.K., das wär's. Ich freue mich auf deine nächste E-Mail.

Tschüs,
dein Tobias

Hilfe

1   **Lies die E-Mail. Schreib die braunen Wörter auf Deutsch und Englisch auf.**

Beispiel: Es gibt = There are

2   **Du bist Tobias. Beantworte die Fragen.**

Beispiel: 1   *Meine Schule ist eine ziemlich große Realschule. Sie heißt „Klaus Michelsburg Realschule".*

1   Was für eine Schule besuchst du?
2   Wie viele Schüler gibt es?
3   Wo ist die Schule?
4   Wie kommst du zur Schule?
5   Wie lange brauchst du, um zur Schule zu kommen?
6   Wann fährst du mit dem Bus?
7   Wie findest du Kunst?
8   Was sind deine Lieblingsfächer?
9   Wie gefällt dir die Sportlehrerin?
10   Was hältst du von Englisch und Informatik?
11   Um wie viel Uhr beginnt die erste Stunde in deiner Schule?
12   Wann verlässt du das Haus?
13   Wie viele Stunden hast du pro Tag?
14   Wann ist die Schule aus?
15   Bekommst du viele Hausaufgaben?
16   Was machst du, wenn du mit den Hausaufgaben fertig bist?

3   **Beantworte die Fragen für dich.**

Beispiel: 1   *Meine Schule ist eine ziemlich große Gesamtschule in Selby. Sie heißt „Brayton High School".*

4   **Schreib eine E-Mail an deinen Brieffreund / deine Brieffreundin. Beschreib deine Schule.**

Siehe Hilfe

♦ If you use your answers to the questions in Exercise 3, you will already have written most of your text.

♦ You will gain higher marks for your coursework if you use simple linking words such as *und* (and) and *aber* (but) to lengthen your sentences.

Examples:

*Ich lerne gern Englisch **und** ich bin gut in Erdkunde.*	I like learning English **and** I'm good at Geography.
*Ich fahre mit dem Rad zur Schule, **aber** ich fahre mit dem Bus, wenn es regnet.*	I go to school by bike, **but** I travel by bus when it's raining.

♦ Try to use adjectives to talk about different subjects and give reasons using *weil* (because).

Examples:

*Ich mag Kunst, **weil** es interessant ist.*	I like Art **because** it's interesting.
*Ich mag Erdkunde nicht, **weil** es schwierig ist.*	I don't like Geography **because** it is difficult.

♦ Another way to give an opinion is to use *Ich finde …*

Example:

Ich finde Deutsch prima.	I think German is great.

Use this grid to make up more examples.

Ich finde	Sport	toll.
	Deutsch	prima.
	Geschichte	nützlich.
	Englisch	langweilig.
	Mathe	schwierig

♦ You can also use the expressions *gefällt mir (nicht) / gefallen mir (nicht)* to say you like or don't like something as an alternative for more variety in your writing.

Examples:

Mathe gefällt mir.	I like Maths.
Englisch und Musik gefallen mir nicht.	I don't like English and Music.

See how many similar sentences you can make from the grid below.

Informatik	gefällt	mir (nicht).
Werken		
Religion		
Theater		
Sport und Erdkunde	gefallen	

4 Die Ferien

Mein Urlaub in Österreich
Von Udo Hamann

Wie es war? Es war wirklich fantastisch! Meine Familie und ich haben vierzehn wunderschöne Tage in Kitzbühel verbracht. Kitzbühel ist eine relativ kleine, aber hübsche Stadt in Tirol. Es gab so viel zu tun. Ich möchte vom Anfang an beginnen.

Wir sind sehr früh mit dem Auto von zu Hause losgefahren und sind drei Stunden später am Flughafen in Hamburg angekommen. Wir sind dann direkt nach Salzburg in Österreich geflogen. Der Flug war sehr angenehm. Meine Schwester und ich haben einen kleinen Imbiss gegessen und Orangensaft und Cola getrunken. Meine Eltern haben ein Glas Wein getrunken!

Vom Flughafen in Salzburg hat uns ein Reisebus zu unserem Hotel in Kitzbühel gebracht. Das Hotel war am Stadtrand und war echt super. Ich hatte mein eigenes Zimmer mit Balkon, wo ich eine wunderschöne Aussicht auf die Berge hatte. Das Essen war auch spitze und die anderen Gäste im Hotel waren immer sehr freundlich. Viele Gäste waren Engländer und ich habe oft mit ihnen Englisch gesprochen, weil sie nur wenig Deutsch verstanden haben.

Fast jeden Tag haben wir etwas Neues unternommen. Wir sind viel im Freibad geschwommen, haben Radtouren gemacht und zu Mittag haben wir oft in einem herrlichen Restaurant gegessen. Am Wochenende sind wir auch mit der Seilbahn bis zum Gipfel des Kitzbühler Horns gefahren. Der Horn ist ein schöner Berg ganz in der Nähe. Später haben wir da ein Picknick gemacht.

Das Wetter war meistens gut, obwohl es an ein paar Tagen ein bisschen geregnet hat. Glücklicherweise war es nie kalt und wir haben immer Shorts und T-Shirts getragen.

Wir waren alle sehr traurig, als wir am letzten Tag das Hotel verlassen haben. Dieser Urlaub hat mir sehr gut gefallen, weil wir so viel gemacht haben. Hoffentlich fahren wir auch nächstes Jahr wieder nach Österreich.

1 **Lies den Bericht. Schreib die braunen Wörter auf Deutsch und Englisch auf.**

2 **Schreib diese Ausdrücke auf Deutsch auf.**
   Beispiel: **1** Es war wirklich fantastisch!

   I   It was really fantastic.
   2   There was so much to do.
   3   We set off from home very early.
   4   I had my own room.
   5   The food was great as well.

   6   Almost every day.
   7   The weather was mostly good.
   8   I often spoke English with them.
   9   I really liked this holiday.
   10 I hope that we'll go to Austria again next year.

Hilfe

3 **Verbinde die deutschen und die englischen Sätze und Satzteile.**
Beispiel: 1 *c*

1 Das Hotel war am Stadtrand.
2 Der Flug war sehr angenehm.
3 Glücklicherweise war es nie kalt.
4 Wir waren alle sehr traurig.
5 Viele Gäste waren Engländer.
6 Ich hatte mein eigenes Zimmer.
7 Drei Stunden später.
8 Am letzten Tag.

a Many guests were English.
b Three hours later.
c The hotel was on the edge of town.
d We were all very sad.
e I had my own room.
f The flight was very pleasant.
g On the last day.
h Luckily, it was never cold.

4 **Du bist Udo. Beantworte diese Fragen.**
Beispiel: 1 *Mein Urlaub in Österreich war wirklich fantastisch.*

1 Wie war dein Urlaub in Österreich?
2 Wie viele Tage hast du in Kitzbühel verbracht?
3 Wo liegt Kitzbühel?
4 Wie bist du dahin gefahren?
5 Was hast du im Flugzeug gegessen und getrunken?
6 Wie war dein Hotel?
7 Was hast du im Urlaub gemacht?
8 Wie war das Wetter?
9 Was für Kleidung hast du getragen?
10 Was möchtest du nächstes Jahr in den Ferien tun?

5 **Schreib jetzt deinen eigenen Bericht über einen Urlaub.**

Siehe Hilfe

✦ Make sure that you set out your writing logically with an introduction, a middle and an end.

✦ Remember to say **when and where** your holiday was, **how** you travelled, **who** went with you, **what the journey was like**, a description of your **accommodation** and **what you did** during the holiday.

✦ Start some sentences with a time phrase and remember to put the verb straight afterwards.

Examples:

*Fast jeden Tag **haben wir** etwas Neues unternommen.* — Almost every day we did something new.
*Später **haben wir** da ein Picknick gemacht.* — Later, we had a picnic there.

See how many sentences you can make using this grid.

Gestern	haben wir	wenig	gespielt.
Am Montag	sind wir	Fußball	gefahren.
Letztes Jahr	habe ich	an die Küste	gegessen.
Später	bin ich	ein Eis / eine Cola	getrunken.
Um 8 Uhr	haben sie	nach Spanien	geflogen.
Am Wochenende	sind sie	im Freibad	geschwommen.
Am ersten Tag		mit dem Bus	gemacht.
Am letzten Tag		zum Flughafen	

✦ Opinions need only be simple, but make sure that you have included some.

Examples:

***Ich finde** Tennis und Schwimmen **prima**.* — I think tennis and swimming are great.
*Der Flug **war gut**.* — The flight was good.
*Das Essen **war spitze**.* — The food was super.

✦ It's useful if you can justify some of your comments and opinions. Use the word *weil* (because) to do this, but be careful with the word order after *weil*.

Try to rearrange the following to form correct sentences using *weil*.

1 war / Reise / weil / die / sehr / langsam / wir / einem / sind / Bus / mit / alten / gefahren
(The journey was very slow because we travelled on an old bus.)
2 waren / wir / fit / weil / sehr / wir / Tennis / Tag / jeden / haben / gespielt
(We were very fit because we played tennis every day.)
3 uns / wir / haben / oft / gesonnt / weil / Wetter / so / das / gut / war
(We often sunbathed because the weather was so good.)

5 Marburg wartet auf Sie!

Herzlich Willkommen in Marburg!

Eine herrliche Stadt!

Ausgezeichnet!

Echt prima!

Die schönste Ecke in dieser Gegend

Der beste Tag unseres Urlaubs

Freundliche, hilfreiche Leute!

Ich werde Marburg nie vergessen!

Marburg nie besucht? Na, so was! Lesen Sie bitte, was unsere Gäste schon dieses Jahr über unsere Stadt gesagt haben.

Wo liegt Marburg? Nördlich von Frankfurt und nicht weit von Gießen (siehe Karte). Mit der Bahn oder mit dem Auto ist es leicht, Marburg zu erreichen.

Marburg ist die junge Universitätsstadt mit alter Tradition. Was kann man hier machen und sehen? Fast alles! Beginnen wir mit dem Marktplatz. Hier findet man das Rathaus (1512–26), das sehr attraktiv ist. Überall in dieser Stadt sieht man wunderbare Fachwerkhäuser. Fotoapparat nicht vergessen! Andenken kaufen? Kein Problem. Hier kann man etwas für Oma oder Opa finden. Die Einkaufsstraßen und die vielen Geschäfte sind herrlich. Das schöne Schloss (1576) sollte man am besten zu Fuß besichtigen. Sportler haben wir auch nicht vergessen. Es gibt Tennisplätze, Freibäder, Stadien für Fußball und für Leichtathletik und vieles mehr. Ja, hier ist immer was los!

Wo übernachten? Wir haben hier eine reiche Auswahl von Hotels und Pensionen. Alle sind preiswert und bequem. Bitten Sie im Informationsbüro um eine Hotelliste.

Wenn Sie Hunger oder Durst haben, dann finden Sie hier in Marburg die schönsten Restaurants und Gasthäuser. Möchten Sie vielleicht Pizza oder etwas Griechisches? Kein Problem in Marburg.

Informieren Sie sich sofort über unsere schöne Stadt. Es lohnt sich ganz bestimmt! Bis bald!

1 Lies den Artikel und verbinde die deutschen und englischen Ausdrücke.
Beispiel: 1 d

I A marvellous town.
2 I will never forget Marburg.
3 Not far from Gießen.
4 Everywhere in this town.
5 There's always something happening here.
6 In the tourist office.
7 Find out about our lovely town right away.
8 It's certainly worthwhile.

a Hier ist immer etwas los!
b Nicht weit von Gießen.
c Informieren Sie sich sofort über unsere schöne Stadt.
d Eine herrliche Stadt.
e Es lohnt sich ganz bestimmt!
f Überall in dieser Stadt.
g Ich werde Marburg nie vergessen.
h Im Informationsbüro.

2 **Beantworte die folgenden Fragen auf Deutsch. Wähle a, b oder c.**

Beispiel: **1** *b Marburg liegt nördlich von Frankfurt.*

1 Wo liegt Marburg?
  a Südlich von München.
  b Nördlich von Frankfurt.
  c In Ostdeutschland.
2 Was gibt es in Marburg für Studenten?
  a Es gibt viele Autos.
  b Es gibt ein Kino.
  c Es gibt eine Universität.
3 Wo ist das Rathaus?
  a Das Rathaus ist am Marktplatz.
  b Das Rathaus ist in der Fußgängerzone.
  c Das Rathaus ist gegenüber der Universität.
4 Wie alt ist das Schloss?
  a Das Schloss ist über 700 Jahre alt.
  b Das Schloss ist 200 Jahre alt.
  c Das Schloss ist über 400 Jahre alt.
5 Wo kann man in Marburg übernachten?
  a Man kann in Hotels übernachten.
  b Man kann im Rathaus übernachten.
  c Man kann im Freibad übernachten.
6 Wo bekommt man eine Hotelliste?
  a Man bekommt eine Hotelliste im Schloss.
  b Man bekommt eine Hotelliste im Informationsbüro.
  c Man bekommt eine Hotelliste im Fußballstadion.
7 Was gibt es für Sportler?
  a Für Sportler gibt es Restaurants.
  b Für Sportler gibt es Pensionen.
  c Für Sportler gibt es Tennisplätze und Freibäder.
8 Wo kann man essen?
  a Man kann im Stadion essen.
  b Man kann in den Restaurants und Gasthäusern essen.
  c Man kann im Sportgeschäft essen.

4 Wie kommt man am besten zur Stadt? (mit dem Auto? / mit dem Zug?)
5 Was kann man in der Stadt sehen / machen?
6 Wo kann man übernachten / gut essen?
7 Wo kann man Informationen über die Stadt finden?
8 Was haben Touristen über die Stadt gesagt?

Hilfe

◆ Make sure that you practise borrowing and adapting ideas and language from other similar texts. You can use expressions from the text on Marburg and from the other activities that you have done. You mustn't copy every word, of course, but you can make a selection of words and expressions to make your work more attractive and convincing.

◆ Asking questions and using quotations in your writing can help to make your work more professional. Look at the tourist quotations at the beginning of the piece about Marburg. Try to change them to make them your own.

Examples:
Eine herrliche Stadt → Eine wunderschöne Stadt.
Freundliche, hilfreiche Leute → Freundliche, hilfsbereite Menschen.

◆ Occasionally, try to use more than one adjective when describing something.

Examples:
Das schöne, alte Schloss.   The beautiful, old castle.
Alle sind preiswert und bequem.   All are good value and comfortable.

◆ You could use some of the following adjectives when writing about the various aspects of a town:

schön (beautiful)   *freundlich* (friendly)
alt (old)   *attraktiv* (attractive)
historisch (historic)   *herrlich* (marvellous)
modern (modern)   *preiswert* (good value)
hübsch (pretty)   *billig* (cheap)
sauber (clean)   *entzückend* (delightful)
interessant (interesting) *prima* (great)
groß (big)   *hilfreich* (helpful)
klein (small)   *ausgezeichnet* (excellent)
sympathisch (pleasant, nice)   *lecker* (delicious)

3 **Wähle jetzt eine andere Stadt oder Gegend und schreib eine ähnliche Broschüre (siehe Hilfe). Vergiss nicht, Folgendes zu erwähnen:**

1 Wo ist die Stadt / das Dorf?
2 Ist die Stadt im Norden / im Osten / im Süden / im Westen?
3 Ist die Stadt groß oder klein?

7 Freizeit

Hamburg, den 15. Juli

Liebe Sara!

Grüß dich! Hoffentlich geht es dir und deiner Familie recht gut. Es tut mir wirklich Leid, dass ich nicht früher geschrieben habe, aber in den letzten drei Wochen habe ich so viel unternommen. Unsere Schulferien haben am 21. Juni begonnen und seitdem habe ich fast jeden Tag etwas Tolles gemacht. Ich muss dir alles erzählen. Ich werde nichts vergessen!

Du weißt, dass ich sehr gern Tennis spiele, oder? Also, ich habe schon dreimal mit Freunden in der Sporthalle Tennis gespielt. Ich bin auch besser geworden und letzten Sonntag habe ich sogar Tom 6 zu 4 geschlagen! Er war nicht sehr froh darüber, aber danach sind wir in die Eisdiele gegangen, und er hat mir ein leckeres Spaghetti-Eis geschenkt. Wir werden auch nächstes Wochenende Tennis spielen.

Ich bin auch oft ins Kino gegangen und meine Freunde und ich haben mehrere herrliche Filme gesehen. Es gibt ein sehr gutes, neues Freibad hier in der Nähe und da das Wetter in den letzten Tagen recht warm gewesen ist, bin ich oft schwimmen gegangen. Hinterher habe ich mich auf der Sonnenterrasse ein bisschen gesonnt.

Nochmals vielen Dank für die nette Geburtstagskarte, Sara. Die Halskette, die du mir geschickt hast, ist auch echt prima. Ich trage sie fast jeden Tag. Zum Geburtstag habe ich auch ein Fahrrad von meinen Eltern bekommen. Es ist spitze und Kirsten, Thomas und ich sind oft im Park Rad gefahren.

Hast du je Handball gesehen? Das gibt es nicht in England, oder? Na, ich habe vorige Woche in Lübeck an einem Handballturnier teilgenommen. Meine Mannschaft hat das Halbfinale erreicht, aber wir haben leider verloren. Es war trotzdem fantastisch und hat viel Spaß gemacht.

O.K. Das wäre es für heute. Ich muss jetzt Schluss machen, da ich in einer Viertelstunde mit Karin und Sven ins Konzert gehe. Meine Lieblingsband spielt heute Abend in der Stadthalle.

Schreib bitte bald. Lass von dir hören!

Tschüs.
Deine
Karola

1 Schreib die braunen Ausdrücke auf Deutsch und Englisch hin.

Beispiel: Es tut mir wirklich Leid = I'm really sorry

2 Du bist Karola. Beantworte die Fragen.

1 Wo wohnst du?
2 Wann haben deine Schulferien begonnen?
3 Wo und mit wem hast du Tennis gespielt?
4 Wer hat am Sonntag das Tennisspiel gewonnen?
5 Wie war das Wetter in den letzten Tagen?
6 Wo bist du schwimmen gegangen?
7 Wer hat dir ein Fahrrad geschenkt?
8 Wo bist du Rad gefahren?
9 Wo hast du Handball gespielt?
10 Wie war das Handballturnier?

3 Du hast einen Brieffreund / eine Brieffreundin in Deutschland. Schreib einen Brief an ihn / sie und erzähle, was du in den letzten zwei Wochen in deiner Freizeit gemacht hast.

Vergiss nicht, Folgendes zu erwähnen:

1 Schreib das Datum und deinen Wohnort.
2 Beginn mit „Liebe" für ein Mädchen und mit „Lieber" für einen Jungen.
3 Schreib, was du in den letzten zwei / drei Wochen gemacht hast.
4 Was hat dir gut gefallen?
5 Warum?
6 Was hat dir nicht gut gefallen?
7 Warum nicht?
8 Wo hast du die Aktivitäten gemacht?
9 Mit wem hast du das gemacht?
10 Was hast du danach gemacht?
11 Was machst du heute Abend?
12 Was machst du nächstes Wochenende?

◆ Remember that you can finish a letter to a friend in different ways.
Examples:

Herzliche Grüße	Best wishes
Alles Gute	All the best
Viele liebe Grüße und Küsse	Many fond greetings and kisses

◆ Remember to show that you can write about the past using the perfect tense. Your coursework should contain examples of the present, the perfect and the future tense. Adapt some of the perfect tense sentences in your answers to Exercise 3 to include in your piece of work.

◆ In sentences when you say when, where and what you did, put the ideas in the following order:
1 WHEN   2 HOW   3 WHERE / WHERE TO

Examples:
Ich bin am Montag mit dem Zug nach Bremen gefahren.
      (when)   (how)   (where to)
Wir sind nach dem Frühstück mit dem Rad zur Schule gefahren.
        (when)   (how)   (where to)

Try to use some sentences in your writing which follow this pattern. Use this grid to help you. Make sure that your sentences make sense!

Ich bin	vorgestern	zu Fuß	in die Stadt gegangen.
Ich habe	am Dienstag	in der Sporthalle	Handball gespielt.
Wir haben	vor zwei Wochen	im Sportgeschäft	Sportschuhe gekauft.
Wir sind	am Wochenende	mit dem Auto	nach Lübeck gefahren.

◆ Here are two examples of the future tense from Karola's letter.

Ich werde nichts vergessen!	I won't forget anything!
Wir werden auch nächstes Wochenende Tennis spielen.	We will play tennis next weekend as well!

Use this grid to make more sentences in the future tense.

Ich werde	später	ins Kino	kaufen.
Wir werden	am Samstag	Fußball	gehen.
Er wird	nach dem Mittagessen	in die Stadt	spielen.
Sie wird	danach	Geschenke	fahren.
	um 7 Uhr	mit dem Computer	telefonieren.
	am Abend	Zeitschriften	lesen.
	nach der Schule	mit Freunden	

9 Betriebspraktikum

Mein Betriebspraktikum
Von Nils Bäcker

Familienname:	Bäcker
Vorname:	Nils
Alter:	15
Firma:	Hundert Prozent Sport AG
Stadt:	Bremen
Von:	12. Mai
Bis:	16. Mai
Arbeit:	Kunden helfen, putzen, Kaffee kochen

Der erste Tag meines Betriebspraktikums war endlich da. Ich hatte mich seit Wochen darauf gefreut, aber jetzt war ich ziemlich nervös.

Montag
Der Wecker hat um halb sieben geklingelt und ich bin sofort aufgestanden. Ich habe schnell geduscht und gefrühstückt. Um Viertel nach sieben war ich fertig und ich habe das Haus verlassen. Ich bin dann mit dem Bus ins Stadtzentrum gefahren. Das Sportgeschäft liegt nicht weit vom neuen Rathaus in der Fußgängerzone.
Herr Meyer, mein Chef, hat mich herzlich begrüßt und hat mich dann meinen neuen Kollegen vorgestellt. Die Arbeit hat um acht Uhr begonnen. An diesem ersten Tag aber habe ich nicht wirklich gearbeitet. Herr Meyer hat mir alles sehr genau und geduldig erklärt. Mein erster Tag hat mir ziemlich gut gefallen.

Dienstag
Um zwölf Uhr war ich schon todmüde! Meine Kollegen haben mir viel geholfen, aber ich habe mich heute Morgen kaum hingesetzt. Es war furchtbar! Ich habe mit so vielen Kunden gesprochen und tausend Fragen beantwortet. Ich war sehr froh, als ich früher als normal um 16 Uhr nach Hause gehen durfte.

Mittwoch
Heute war ein besserer Tag für mich. Ich habe im Büro gründlich Staub gesaugt und ab und zu Kaffee gekocht. Um zwölf Uhr habe ich Butterbrote für meine Kollegen geholt. Am Nachmittag habe ich auch mit dem Computer gearbeitet. Heute war es prima!

Donnerstag
Mein vorletzter Tag. Ich habe eine Menge Kunden bedient und viele Sportschuhe, Tennisschläger, Jogginganzüge, Schwimmsachen usw. verkauft. Ich war durstig und ich habe viel Cola getrunken! Die meisten Kunden waren ganz freundlich, aber eine alte Dame war sauer, weil ich ihr nicht schnell genug helfen konnte.
Das hat mir nicht gut gefallen.

Freitag
Ich habe mich an meinem letzten Tag ein bisschen traurig gefühlt. Es hat geregnet und das Geschäft war heute relativ leer und ruhig. Meine Kollegen und ich haben zu Mittag in einem Restaurant gegessen. Das war spitze! Am Ende des Tages habe ich mich bei Herrn Meyer und meinen Kollegen für ihre Hilfe und Geduld herzlich bedankt. Ich habe ihnen eine Schachtel Pralinen geschenkt. Ich glaube, dass ich viel bei meinem Praktikum gelernt habe. Es hat auch sehr viel Spaß gemacht.

Hilfe

1 Du bist Nils. Beantworte die Fragen.
Beispiel: 1 *Ich bin morgens um halb sieben aufgestanden*

1 Um wie viel Uhr bist du morgens aufgestanden?
2 Wie bist du zum Geschäft gekommen?
3 Wann hat die Arbeit angefangen?
4 Was hast du am Mittwoch Nachmittag gemacht?
5 Wann bist du am Dienstag nach Hause gegangen?
6 Was hast du am Mittwoch um 12 Uhr gemacht?
7 Wie viele Tage hast du im Geschäft gearbeitet?
8 Wie hast du dich am letzten Tag gefühlt?
9 Was hast du deinen Kollegen geschenkt?
10 Was hast du bei deinem Betriebspraktikum gelernt?

2 Beantworte diese Fragen über *dein* Praktikum. Schreib die Antworten in einer logischen Reihenfolge.

1 Wo hast du zu Mittag gegessen?
2 Was für Arbeit hast du gemacht?
3 Um wie viel Uhr bist du jeden Morgen aufgestanden?
4 Was hat dir bei dem Praktikum besonders gefallen?
5 Wie bist du zum Arbeitsplatz gekommen?
6 Wo hast du dein Praktikum gemacht?
7 Was hast du beim Praktikum schlecht gefunden?
8 Wie war der erste Tag?
9 Um wie viel Uhr hat dein Arbeitstag angefangen?
10 Wie viele Tage insgesamt hast du gearbeitet?
11 Wie hast du deine Kollegen gefunden?
12 Um wie viel Uhr konntest du nach Hause gehen?
13 Wie hast du dich am ersten Morgen gefühlt?
14 Was hast du deinen Kollegen am letzten Tag geschenkt?
15 Was hast du beim Praktikum gelernt?

3 Schreib jetzt ein Tagebuch über dein Betriebspraktikum.

◆ Use the questions in Exercise 2 to help you work out what to include in your piece about work experience. Write a few sentences for each day, but try to say something different each time.

◆ Include a form with your piece of writing, summarising the main details of your work experience. Look at Nils' form at the beginning of his account for a guide.

◆ Remember to show that you are able to manipulate the present, perfect and future tenses. This particular piece of work will mainly be in the perfect tense, but you can also fit in a couple of sentences in the present and the future.

Examples:
Normalerweise stehe ich gegen halb acht auf. Usually, I get up at 7.30.
Ich werde diese zwei Wochen nie vergessen! I'll never forget these two weeks!

◆ If you want to say that you worked with a named company such as Ford, Kodak or Boots, you can say the following:
*Ich habe **bei** Kodak gearbeitet.* I worked **at** Kodak.

◆ Remember to include opinions in your work and to justify some of the opinions with reasons. Check the *Hilfe* section in the coursework pages for Chapter 4 on how to use *weil* (because).

Use this grid to help you work out some opinions.

Mein Betriebspraktikum Der erste / letzte Tag Die Arbeit Das Büro	hat mir	gut gefallen. nicht gut gefallen.
Der Chef Der Nachmittag Die Kantine Der Vormittag Meine Kollegen Die Kunden	war waren	interessant / langweilig / prima / gut / lang / freundlich / teuer / sympathisch.

| Ich habe | die Arbeit alles die Uniform die Fabrik das Geschäft die Leute das Gebäude | schwierig super ungeduldig schick nicht hilfsbereit unsympathisch uninteressant | gefunden |

Im deutschen Fernsehen läuft auch der große Hit „Big Brother". Wer ist noch dabei?

„Big Brother" ist eine deutsche Fernsehsendung. Fünf Männer und fünf Frauen wohnen zusammen in einem Haus. Jede Woche muss eine Person das Haus verlassen! Jetzt bleiben nur vier Personen übrig.

Frank

Er ist 27, ist Kaufmann und kommt aus Luxemburg. Er hat viele Interessen und reist sehr gern. Er hat aber ein Problem. Seine Freundin ist während der Big Brother-Zeit weit weg. Sie ist im nichteuropäischen Ausland. Er sagt: „Meine Freunde meinen, ich bin total blöd."

Ebru

Sie ist 23, Single, aus Mülheim / Ruhr. Die Deutsch-Türkin arbeitet als Sekretärin. Sie raucht zu viel und ist eine Partygirl. Sie findet Brad Pitt und Antonio Banderas ganz toll. Sie sagt: „Musik ist mein Leben, ich liebe Tanzen."

Daniela

Sie ist 31, ist Single (geschieden) und kommt aus Nürnberg. Sie spricht mit einem sehr breiten süddeutschen Akzent. Sie arbeitet als Kauffrau und auch als Aerobic-Trainerin. Sie hat auch ein Problem – sie isst zu viel Spaghetti. Sie sagt: „Wenn ich im Haus bin, müssen alle mit mir Aerobic machen!"

Alexander

Er ist 25, Single, aus Gerlingen und arbeitet als Sportlehrer. Der Alex treibt sehr gern Sport. Im Fitnessstudio macht Alex alles, von Bodybuilding bis Tae-Bo. Neben dem Sport hat Alex auch noch andere Interessen: Er trifft sich gern mit seinen Freunden und reist gern. Er sagt: „Sport ist mein Leben, ich muss immer im Freien sein."

1 **Lies den Artikel. Wer ist das? Was ist die *beste* Antwort? Schreib Frank, Daniela, Ebru oder Alexander.**

Beispiel: 1 Frank

1   Er arbeitet in einem Büro.
2   Sie kauft viele Zigaretten.
3   Er arbeitet in einer Schule.
4   Sie tanzt sehr gern.
5   Er hat zurzeit keine Freundin.

6   Sie raucht nicht.
7   Sie war einmal verheiratet, aber jetzt nicht mehr.
8   Seine Freundin ist zurzeit nicht da.
9   Ihre Eltern kommen aus der Türkei.
10 Ihr Lieblingsessen ist italienisch.

2 **Was für Freunde und Freundinnen hast du? Schreib drei kurze Absätze über sie. Benutze „Er sagt" / „Sie sagt" wie oben.**

Beispiel:

Dave ist fünfzehn, Single, aus Manchester. Er sagt: „Mein Computer ist mein Leben. Ich liebe es, am Computer zu arbeiten." Ich sage: „Er ist blöd!"

Look at the statements 1–10 in Exercise 1. They provide you with lots of possible sentences – you only have to change a word or two. Don't forget to change *er* to *sie* or *sie* to *er*! Remember: *sein* = his and *ihr* = her.

3 **Schreib einen Bewerbungsbrief für einen Freund oder eine Freundin an „Big Brother". Lies die Sätze 1–10 aus Übung 1 nochmal!**

Beispiel:

Lieber Big Brother!
Meine Freundin heißt Anna, sie ist sechzehn Jahre alt und sie möchte bei Big Brother mitmachen. Sie ...
(treibt gern Sport? tanzt gern? hat viele Freunde? reist gern?)

Mit vielem Dank im Voraus,
...

Fakten und Informationen über die Sendung „Big Brother Deutschland"

Das Haus, wo sie wohnen, ist kein altes Haus! Das hat man in Hürth bei Köln speziell für diese Show gebaut.

Im Haus gibt es keine Einzel- oder Doppelzimmer. Es gibt nur zwei Schlafzimmer (eins für die Herren und eins für die Damen).

Es gibt auch auf der Toilette eine Kamera (nur zur Sicherheit – Bilder werden nicht gesendet!).

Jede/r Mitbewohner/in erhält ein „virtuelles" Taschengeld von € 3,00 pro Tag. Damit müssen sie alle Lebensmittel kaufen. Auch Warmduschen und Kochen muss von diesem Budget bezahlt werden (5 Minuten duschen 50 Cent, Herdbenutzung 25 Cent für 15 Minuten).

Der Garten ist nicht im Freien. Er ist mit Plexiglas überdacht. Außerdem ist ein Whirlpool installiert.

Die Mitbewohner müssen nicht im Haus bleiben – sie können das Haus jederzeit freiwillig verlassen, wenn sie wollen.

1 **Lies den Text. Welcher Satz ist richtig? Wähle a, b oder c.**
Beispiel: 1 a

I Das Big-Brother-Studio hat man:
   a dieses Jahr gebaut   **b** für die erste Show vor zwei Jahren gebaut   **c** noch nicht gebaut.
2 Beim Schlafen:
   a sind Frauen und Männer zusammen   **b** haben alle Einzelzimmer
   c müssen alle Frauen im selben Zimmer schlafen.
3 Auf der Toilette:
   a ist es nicht ganz privat   **b** ist alles sehr privat   **c** sehen Millionen Deutsche alles.
4 Alle im Big-Brother-Haus bekommen:
   a kein Taschengeld   **b** ein bisschen Taschengeld   **c** € 30,00 pro Woche.
5 Fünf Minuten in der Dusche kosten:
   a € 1,50   **b** € 0,50   **c** € 0,75.
6 Man kann das Haus verlassen,
   a wenn man will   **b** aber nur mit Erlaubnis vom Studio-Team
   c aber nur abends und am Wochenende.

2 **Du bist Journalist/in für die Zeitung „Morgen!" Schreib einen Artikel „Der Skandal von Big Brother!" mit den *falschen* Sätzen aus Übung I.**
Beginn:

Dieses Programm ist ein Skandal! Männer und Frauen schlafen alle zusammen, und es ist kaum zu glauben, aber auf der Toilette …

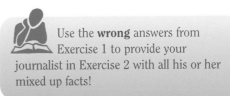

Use the **wrong** answers from Exercise 1 to provide your journalist in Exercise 2 with all his or her mixed up facts!

Das geht nicht!   Das ist eine Unverschämtheit!

Diese Sendung ist nicht für Kinder!

Die Schule

Sven

Ich hasse meine Schule. Das ist ein Gymnasium in Frankfurt und ich finde die Arbeit wirklich zu schwer. Ich wollte eine Gesamtschule besuchen, aber meine Eltern glaubten, das Gymnasium sei viel besser, weil ich vielleicht später auf die Universität gehen möchte (und das will ich nicht). Ich kann das einfach nicht. Ich bin schon einmal sitzen geblieben, weil ich schlechte Noten in Mathe (5), Deutsch (5) und Englisch (6) bekommen habe. Jetzt bin ich in einer Klasse, wo ich keine Freunde habe. Aber in zwei Jahren bin ich sechzehn und dann kann ich das Gymnasium freiwillig verlassen. Toll!

Lothar

Ich besuche eine Gesamtschule in der Nähe von Düsseldorf und bin da wirklich sehr zufrieden. Ich habe früher in Berlin gewohnt und habe da ein Gymnasium besucht, aber das war eigentlich nicht so gut. Hier klappt alles viel besser. Ich habe jetzt viele gute Freunde und Freundinnen und die meisten Lehrer und Lehrerinnen finde ich sehr sympathisch. Mein letztes Zeugnis war gut – in den meisten Fächern habe ich eine Zwei und in Englisch sogar eine Eins! Nächstes Jahr mache ich das Abitur und gehe dann hoffentlich auf die Uni in Köln.

1 **Zwei Schüler sprechen über ihre Schulen. Wer ist das? Sven oder Lothar?**
Beispiel: 1 *Lothar*

1 Er geht gern zur Schule.
2 Er wollte eine andere Schule besuchen.
3 Er möchte weiterstudieren.
4 Er findet die anderen Schüler in seiner Klasse sehr freundlich.
5 Er hat keine guten Noten.

6 Englisch ist sein schlimmstes Fach.
7 Er musste eine Klasse wiederholen.
8 Er will nicht auf die Uni gehen.
9 Englisch ist sein bestes Fach.
10 Er findet die Lehrer und Lehrerinnen sehr sympathisch.

2 **Was ist richtig? Wähle a, b oder c.**
Beispiel: 1 a

1 Sven hat: **a** in den meisten Fächern Probleme   **b** nur in Englisch Probleme
   c in der Gesamtschule Probleme.
2 Eltern haben gesagt, er müsste: **a** auf das Gymnasium gehen   **b** auf die Gesamtschule gehen
   c auf die Uni gehen.
3 Sven will: **a** an seiner Schule bleiben   **b** seine Schule verlassen   **c** an der Uni studieren.
4 Lothar hat früher: **a** in Düsseldorf gewohnt   **b** in Frankfurt gewohnt   **c** in Berlin gewohnt.
5 Lothar findet die Schule in Düsseldorf: **a** sehr gut   **b** ganz gut   **c** nicht sehr gut.
6 Lothar hat: **a** in den meisten Fächern Probleme   **b** nur in Englisch Probleme
   c in keinen Fächern Probleme.

3 **Schreib einen Brief an Svens Eltern von seinem Klassenlehrer.**

> Sehr geehrte Frau Buchmann, sehr geehrter Herr Buchmann! Ich muss Ihnen leider mitteilen, dass ich mit Sven gar nicht zufrieden bin. Er hat zurzeit viele Probleme in der Schule. Er findet die Arbeit ... usw.

Look at Sven's text. You can reuse many of the sentences, but remember to change *ich* verbs to *er* and *mein* to *sein*.

Schule in Großbritannien und in Deutschland

Brian Halse ist Lehrer. Er hat früher in einer Schule in Großbritannien gearbeitet, aber jetzt arbeitet er als Sprachlehrer in einer Gesamtschule in Hamburg.

„Es gibt viele Unterschiede zwischen Schulen in Großbritannien und in Deutschland. In Deutschland hat man selbstverständlich keine Schuluniform und das ist, glaube ich, viel besser. Zuerst hatte ich Probleme mit dem frühen Aufstehen hier in Deutschland, aber jetzt bin ich daran gewöhnt und ich finde es eigentlich besser, um acht zu beginnen, weil ich oft den Nachmittag frei habe. Ich finde es hier auch gut, dass man nicht in der Schule bleiben muss, wenn man keinen Unterricht hat. Es gibt, glaube ich, für Lehrer in Großbritannien einfach zu viel zu tun. Sie geben mehr Unterrichtsstunden und müssen sehr oft nach der Schule zu Veranstaltungen gehen. Die Schüler und Schülerinnen sind genau wie in Großbritannien, manchmal sympathisch, manchmal ein bisschen frech. Die meisten Deutschen lernen sehr gern Englisch, weil sie verstehen, wie wichtig Sprachen sind. Ich muss sagen, ich bin hier in Deutschland sehr zufrieden."

LESEN 1 **Lies den Artikel von Brian Halse und füll die Lücken aus. Es gibt mehr Wörter als Lücken.**

Herr Halse hat nicht (1) *immer* in Deutschland gearbeitet. Er war früher …(2)… in einer Schule nicht weit von London, aber vor vier Jahren ist er nach Hamburg umgezogen. Er ist mit …(3)… Leben in Hamburg jetzt sehr …(4)… Er steht jetzt ganz gern früh auf, weil er …(5)… mehr Freizeit hat. Er findet, dass die Lehrer und Lehrerinnen in Deutschland nicht so …(6)… zu tun haben. Die Schüler sind nicht …(7)… als in Großbritannien.

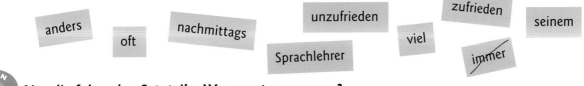

anders   oft   nachmittags   unzufrieden   zufrieden   seinem   Sprachlehrer   viel   immer

LESEN 2 **Lies die folgenden Satzteile. Was passt zusammen?**
Beispiel: 1 g

1 Man muss in Deutschland
2 Die Schule beginnt
3 Man hat mehr Freizeit
4 Wenn man keinen Unterricht hat, kann man
5 Es gibt viele Veranstaltungen
6 Man gibt nachmittags
7 Die Schüler und Schülerinnen sind

a um acht Uhr.
b keine Unterrichtsstunden.
c oft sehr nett.
d in England.
e in Deutschland.
f die Schule verlassen.
g sehr früh aufstehen.

SCHREIBEN 3 **Was meint ein Deutscher / eine Deutsche, der / die als Lehrer / Lehrerin in Großbritannien arbeitet? Schreib einen Artikel über ihn / sie.**

Herr / Frau … hat nicht immer in Großbritannien gearbeitet. Er / Sie war früher … in einer Schule nicht weit von … in Deutschland, aber vor … Jahren ist er / sie nach … umgezogen …

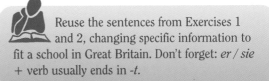

Reuse the sentences from Exercises 1 and 2, changing specific information to fit a school in Great Britain. Don't forget: *er / sie* + verb usually ends in -*t*.

Man kann im Internet jetzt Radio hören!

Willst du Radio im Internet hören?
Hier sind einige Adressen:

bayern3.de	Nachrichten aus Deutschland
bloomberg.com	Radio für Geschäftsleute, für Manager, für Banken
dasding.de	Jugendradio mit allem für moderne Teenager
dwelle.de	internationale Nachrichten in 35 Sprachen
disney.go.com/radiodisney	viel für sehr junge Kinder
vatican.va/news_service	Kirchenmusik und Messen
zdnet.com/zdtv/radio	Hightechnews

1 **Was könnte man empfehlen? Welche Internet-Adresse könnte interessant sein?**
Beispiel: 1 *dasding.de*

1 Martin und Dirk sind beide sechzehn Jahre alt.
2 Frau Müller ist zurzeit krank und kann nicht in die Kirche gehen.
3 Herr Schmidt ist Manager einer großen Firma in Frankfurt.
4 Frau Andersch hat einen fünfjährigen Sohn, der gern Radio hört.
5 Max Wohlmann arbeitet für eine neue Internet-Firma.
6 In der Gesamtschule „Willy Brandt" sind Schüler und Schülerinnen aus vielen Ländern.

2 **Und wo findet man das? Schreib eine (oder zwei) richtige Internet-Adresse(n) auf.**
Beispiel: 1 *bayern3.de*

1 Informationen über einen Zugunfall in Deutschland
2 Informationen über einen katholischen Gottesdienst
3 die allerletzte Popmusik
4 die Nachrichten auf Englisch
5 Trickfilme, Erzählungen
6 Informationen über den Dollarkurs

3 **Wer findet diese Webseiten interessant? Geschwister? Eltern? Freunde? Lehrer? Schreib fünf Sätze.**
Beispiele: *Mein Bruder findet vielleicht disney.go.com/radiodisney interessant, aber zdnet.com/zdtv/radio ist nichts für ihn!*
Mein Lehrer / meine Lehrerin (Herr / Frau / Fräulein ...) findet vielleicht ... interessant, aber ... ist bestimmt nichts für ihn / sie. ...

Was denkt die Jugend von heute?

Deutsche Teenager haben bei einer Umfrage mitgemacht.
Wir haben verschiedene de Fragen gestellt:

- **Was machen Sie am liebsten in Ihrer Freizeit?**
  Die meisten treffen sehr gern Freunde oder treiben Sport oder hören Musik. Nur dreizehn
  Prozent sehen gern fern.

- **Wie viel Zeit verbringen Sie an Ihrem Computer?**
  Die Antworten sind ganz unterschiedlich. Zwanzig Prozent verbringen mehr als eine Stunde
  pro Tag am Computer, aber zwanzig Prozent sitzen *nie* an einem Computer.

- **Wer ist für Sie ein Idol?**
  Die Resultate sind interessant: Umweltgruppen wie Greenpeace: 40 %; Sportler: 36%, aber
  Popstars nur 10% und Models 7%.

- **Zu wem haben Sie Vertrauen? ***
  Für fast alle sind Eltern und Freunde sehr wichtig, für fast zweiundneunzig Prozent. Lehrer
  sind auch ganz wichtig (49%), aber Politiker gar nicht!

* Vertrauen = trust

1 **Was machen die meisten? Richtig oder falsch?**
Beispiel: 1 *Richtig*

I In ihrer Freizeit sind die meisten Teenager gern mit ihren Freunden zusammen.
2 Die meisten sehen sehr gern fern.
3 Die meisten Teenager verbringen jeden Tag mehrere Stunden am Computer.
4 Als Idole sind Popstars nicht sehr beliebt.
5 Wenn sie Probleme haben, gehen die meisten zu ihren Eltern oder Freunden.
6 Lehrer sind wichtiger als Politiker.

2 **Beantworte die Fragen auf Englisch.**

I What is the most popular way of spending free time?
2 What do only 13% say they do in their free time?
3 What activity is evenly spread between those who do it a lot and those who never do it?
4 Which groups are well respected as role models (idols)?
5 Who do teenagers most often turn to when they have problems?
6 Who would they very rarely trust?

3 **Was meinst du? Was ist für dich im Leben wichtig? Schreib Sätze.**
Beispiel:

In meiner Freizeit gehe ich am
liebsten in die Disco und ich sehe
auch gern fern. An meinem
Computer verbringe ich ...

Reuse the sentences from Exercise 1
using *ich -e* verbs.
Remember: lieber   *preferably*
           am liebsten   *most of all*
Don't start every sentence with *ich*; alter the
word order for more variety.

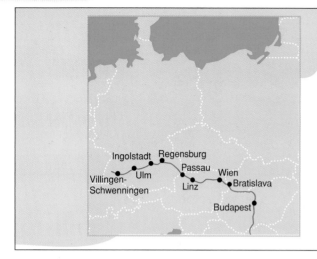

Radfahren an der schönen blauen Donau

Die Donau fließt durch ganz Österreich und bietet ein tolles Ferienerlebnis – eine Woche lang mit dem Rad schön fahren! Der Radfahrweg beginnt im Westen, in der Stadt Passau, an der deutsch-österreichischen Grenze. Der Weg ist flach (es gibt hier keine Berge!). Er folgt diesem schönen Fluss quer durch Österreich bis nach Wien im Osten, zur österreichischen Hauptstadt, und dann weiter bis zur ungarischen Grenze. Hier kann man jeden Tag Rad fahren, weit weg von den alltäglichen Verkehrsproblemen, denn der Weg ist autofrei! Deswegen ist er von Familien sehr beliebt – auch kleine Kinder können in voller Sicherheit Rad fahren. Alle zehn Kilometer findet man wunderbare kleine Gaststätten, wo man preiswert essen (und trinken) kann. Überall gibt es auch billige Übernachtungsmöglichkeiten – modernste Campingplätze und bequeme Gasthäuser. Ein unvergessliches Erlebnis! Fahr mit!

1 Lies den Text. Welche Sätze sind richtig? Hake nur *fünf* Sätze ab.
Beispiel: 1 ✓

I Passau liegt an der westlichen Grenze Österreichs.
2 Mit dem Rad von Passau bis Wien zu fahren dauert mindestens vierzehn Tage.
3 Wien liegt im Osten Österreichs.
4 Die Donau fließt vom Westen zum Osten durch Österreich.
5 Es gibt ab und zu Berge – ein Problem für Radfahrer!
6 Es gibt auf diesem Fahrweg keine Autos.
7 Der Weg ist für kleine Kinder sehr gefährlich.
8 Auf dem Fahrweg gibt es nur wenige Essmöglichkeiten.
9 Essen und Trinken sind nicht sehr teuer.
10 Es gibt Gasthäuser, aber sie sind schwer zu finden.
11 Es gibt viele Campingplätze.

2 Beantworte die Fragen (ganze Sätze, bitte!).
Beispiel: 1 Die Donau ist ein Fluss.

I Was ist die Donau?
2 Durch welches Land fließt die Donau?
3 Was kann man auf dem Fahrweg machen?
4 Was ist Wien?
5 Welches Verkehrsmittel ist auf dem Weg nicht erlaubt?
6 Warum ist der Weg von Familien so beliebt?
7 Wer fährt auch hier ganz sicher?
8 Wie oft findet man Gaststätten?
9 Wo kann man gut übernachten?
10 Wie sind die Campingplätze?
11 Wie lange dauert die Fahrt von Passau nach Wien?

Exercise 3 practises the perfect tense. Remember that the past participle goes at the end: Wir **haben** abends sehr gut **gegessen**.
Also, verbs of movement use *sein* rather than *haben*: Wir **sind** jeden Tag mit dem Rad **gefahren**.

3 Du hast mit Familie und Freunden sehr schöne Ferien an der Donau gehabt. Beschreib, was ihr gemacht habt.

Am ersten Tag (Sonntag) haben wir in … Fahrräder gemietet, und dann sind wir losgefahren. Wir waren insgesamt … Personen, zwei … und ihre zwei kleinen … , und auch meine ganze … Wir sind jeden Tag … … entlanggefahren. Es war wirklich … (Schreib weiter: gegessen (was?); getrunken (was?); war das für die Kinder sehr anstrengend? übernachtet (wo? wie lange?); Wien? (wie lange?); was für ein Erlebnis?)

Die Deutschen reisen immer gern

Hier schreiben zwei Deutsche von ihren Ferien:

Axel

Ich habe mit meiner Freundin mit dem Auto eine große Rundreise in Irland gemacht. Da es im März war, hat es dauernd geregnet, aber es hat trotzdem Spaß gemacht. Wir haben ein paar Tage in der Hauptstadt Dublin verbracht und wir haben wirklich Glück gehabt, weil wir am siebzehnten März da waren. Das war der Nationalfeiertag von Sankt Patrick und es war wirklich toll. Wir waren bis spät in der Nacht in einer Kneipe und haben schöne Musik gehört. Dann sind wir an die Westküste gefahren und haben da verschiedenes gemacht: Wir sind gewandert, wir sind mit dem Rad gefahren und wir sind auch einmal ganz allein im Meer geschwommen! Es war sehr, sehr kalt, aber es hat sich gelohnt! Wir fahren auch dieses Jahr wieder dahin.

Katrin

Unsere ganze Familie war zusammen im Juli in Südfrankreich. Wir waren insgesamt zehn Personen und wir haben für eine Woche ein wunderschönes altes Haus gemietet. Es war sehr schön, aber leider waren so viele Touristen da, dass alles immer voll besetzt war. Die Restaurants waren voll, die Strände waren voll, es gab zu viele Autos auf den Straßen und es war auch sehr teuer und sehr laut. Der Höhepunkt war der Nationalfeiertag am vierzehnten Juli: Das Feuerwerk war wunderbar und wir haben bis in die Nacht auf der Straße getanzt und gegessen. Aber nächstes Jahr brauche ich ein bisschen Ruhe und wir fahren deshalb nach Schweden. Wahrscheinlich nicht so warm, aber bestimmt nicht so laut!

---

1   **Lies die Berichte. Wer spricht? Axel, Katrin oder keiner von beiden?**

Beispiel: 1 Katrin

I   Das Wetter war gut.
2   Wir waren zu zweit unterwegs.
3   Ich war allein dort.
4   Das Wetter war eigentlich nicht sehr gut.
5   Es waren leider überall zu viele Leute.
6   Am Nationalfeiertag war absolut nichts los.

7   Beim Essen und Schwimmen waren wir nie allein.
8   Am Nationalfeiertag waren wir bis in die frühen Stunden auf der Straße.
9   Nächstes Jahr fahren wir nicht wieder dahin.
10   Nach ein paar Tagen haben wir die Stadt verlassen.
II   Nächstes Jahr wollen wir wieder dahin fahren.

---

2   **Was haben sowohl Katrin als auch Axel gemacht?**

Beispiel: 1 c

Sie haben beide ihre Ferien im …(1)… verbracht und waren auch beide nicht …(2)… dort. Sie fanden beide das Land …(3)… und waren auch beide am …(4)… da, wo sie viel …(5)… gehabt haben. Obwohl das Wetter sehr verschieden war, sind beide im Meer …(6)…
Sie fahren nächstes Jahr schon …(7)… ins Ausland.

| **a** allein   **b** geschwommen   **c** Ausland   **d** Nationalfeiertag   **e** schön   **f** Spaß   **g** wieder |

---

3   **Axel schreibt eine Postkarte an Katrin. Was schreibt er?**

Liebe Katrin!
Viele Grüße aus Irland! Das Wetter hier ist …
(Gestern … Morgen … usw.)
Bis bald,
Axel

Use the information from Axel's account to write the postcard for Exercise 3, but remember to use a **variety** of tenses: perfect, present and future.
Gestern haben wir auf der Straße getanzt.
Heute fahren wir an die Küste.
Wir möchten in zwei Tagen wieder zurück nach Deutschland fahren.

Die Berliner Mauer 1963–1989

Von 1961 bis 1989 bestand Berlin aus *zwei* Städten: Westberlin und
Ostberlin. Die Führung in Ostberlin hat im August 1961 die Berliner
Mauer gebaut und die Ostberliner waren dann in ihrem Staat
eingesperrt. Die Westberliner konnten nicht mehr nach Ostberlin.

Der Präsident der Vereinigten Staaten, Präsident Kennedy, hat
Westberlin im Juni 1963 besucht – er hat „Ich bin ein Berliner" gesagt.
Die Mauer ist mehr als achtundzwanzig Jahre lang eine Grenze
zwischen Ost- und Westberlin geblieben.

Ein Stück der Mauer in einer Kunstgalerie in Berlin

Erst am 9. November 1989 wurde die Mauer geöffnet und zehntausende von Ostberlinern haben in
dieser Novembernacht Westberlin besucht. Viele Westberliner sind auch zur Mauer gekommen, um die
Menschen aus dem Ostteil der Stadt zu begrüßen.

1 Was weißt du über die Geschichte Berlins? Lies den Text und beantworte die Fragen.
Beispiel: 1 *1961*

1 Wann hat man die Mauer gebaut?
2 Wer ist neunzehnhundertdreiundsechzig nach Berlin gekommen?
3 Wann hat man die Mauer geöffnet?
4 Wie lange hat es eine Mauer in Berlin gegeben?
5 Wo konnten die Westberliner nicht hingehen?
6 Wie viele Ostberliner waren am 9.11.89 in Westberlin?

2 Richtig, falsch oder nicht im Text?
Beispiel: 1 *Richtig*

1 Die Ostberliner konnten von 1961 bis 1989 nicht nach Westberlin.
2 Präsident Kennedy hat 1963 Ostberlin besucht.
3 Die Regierung in Ostberlin hat die Mauer gebaut.
4 Die Mauer war beim Abbau fast dreißig Jahre alt.
5 Am 9.11.89 konnten die Ostberliner wieder nach Westberlin gehen.
6 Keine Westberliner sind am 9.11.89 zur Mauer gekommen.

3 Was hat ein/e Ostberliner/in in ein Tagebuch geschrieben? Vervollständige die Sätze.

> August 1961
> Die Führung ...t eine ... Wir wohnen nicht mehr in Berlin, sondern in ...
>
> Juni 1963
> Der Präsident der ... besucht heute ... Aber wir Ostberliner können
> nicht nach ... ...
>
> August 1989
> Die Mauer hat heute Geburtstag. Sie ist ... ... alt.
>
> Der neunte November 1989
> Die ... ist geöffnet! Wir können jetzt wieder nach ... ... Berlin ist
> wieder eine ...!

All the
vocabulary
you need to do
Exercise 3 is contained
in the text (and in
Exercise 2). Remember
to change the verbs to
the **present** tense.

Schön fahren mit der Bahn?

Für die Eisenbahnen in Deutschland geht das nicht. Fast die Hälfte der Brücken sind über 75 Jahre alt und zwei Drittel der Tunnel wurden im 19. Jahrhundert gebaut.

Der Güterverkehr fährt jetzt sehr langsam und hat ein Durchschnittstempo von nur 18 km / h! Viele Wagen im Nahverkehr in den Großstädten sind jetzt mehr als 20 Jahre alt und sind mit Graffiti beschmiert.

Jeden Tag gibt es Probleme für Reisende, zum Beispiel: letzte Woche ist ein ICE (Intercity Express) drei Stunden in einem Tunnel in der Nähe von Würzburg stehen geblieben!

LESEN
1 Auch in Deutschland sind nicht alle mit der Bahn zufrieden. Lies den Zeitungsartikel. Welcher Satz ist richtig? Wähle a, b oder c.
Beispiel: 1 c

1 Ungefähr 50% der Brücken sind:
   a neulich gebaut   **b** im neunzehnten Jahrhundert erbaut   **c** über fünfzig Jahre alt.
2 Zwei Drittel der Tunnel sind:
   a sehr neu   **b** fünfzig Jahre alt   **c** über einhundert Jahre alt.
3 Der Güterverkehr fährt:
   a nicht sehr schnell   **b** sehr schnell   **c** ganz schnell.
4 Im Nahverkehr in den Großstädten sind die Wagen oft:
   a sehr modern   **b** in den letzten zehn Jahren gebaut   **c** ganz alt.
5 Die Wagen sehen oft:
   a sehr schön aus   **b** furchtbar aus   **c** alt, aber noch akzeptabel aus.
6 Der ICE:
   a hatte große Verspätung   **b** kam pünktlich in Würzburg an
   c hatte zehn Minuten Verspätung.

SCHREIBEN
2 Du bist mit dem ICE nach Würzburg gefahren, aber der Zug hatte drei Stunden Verspätung! Schreib jetzt einen Brief an die Zeitung.

Sehr geehrte Damen und Herren!
Ich fahre normalerweise gern mit dem Zug, aber gestern war meine Reise nach Würzburg kein schönes Erlebnis. Schon in Hamburg gab es Probleme. Der Express sollte um ... abfahren, aber wir sind erst um ... abgefahren. In Hannover gab es Probleme mit der Lokomotive und wir haben da ... Minuten gewartet. Im Zug-Restaurant konnte ich nicht ... und in einem ... in der Nähe von Würzburg sind wir ... Stunden stehen geblieben.
Das war das schlimmste ... meines Lebens. Ich ... nie wieder mit dem ... fahren!
Hochachtungsvoll,
...

You will have to invent some facts when doing Exercise 2 – read the sentences carefully and make sure what you add is logical.

SCHREIBEN
3 Schreib jetzt über eine schlimme Reise, die hier in England passiert ist. Das kann mit dem Bus, mit dem Auto oder mit dem Flugzeug gewesen sein.

Use the gapped letter from Exercise 2 as a model, but change the form of transport.

Auktionen sind jetzt auch im Internet zu finden!

Jetzt kannst du alles im Internet kaufen, ohne das Haus zu verlassen! Susi hat dieses Jahr ihre ganzen Weichnachtsgeschenke im Internet gekauft, weil sie zu müde war, in die Stadt zu gehen. Für ihre Schwester Gisela hat sie Sportschuhe gefunden und ihr Bruder Max bekommt eine schöne Motorradjacke, weil er auch im Winter sehr gern Motorrad fährt. Susi hat die Webseite „Top-Auktionen" gefunden.

Top-Auktionen

Titel	Aktuelles Gebot	Gebote*	Verbleibende Zeit
MQP Textil-Motorradjacke	€ 19,00	1	6 Tage
Motorrad-Katalog 1975	€ 6,00	11	1 Tag
Neu Znirp Design Damenbrille	€ 5,00	3	2 Tage
fila Sportschuhe, Größe 39, rot	€ 8,50	6	1 Tag
Top Roller	€ 500,00	11	6 Stunden
Neu Znirp Damenbrille	€ 5,00	3	2 Tage
Hosenanzug pepita, Gr. 38	€ 12,50	1	2 Tage

Gibt es ein Problem? Ja – man muss warten. Zum Beispiel musste Susi sechs Tage warten, bevor sie die Motorradjacke kaufen konnte. Warum sechs Tage warten? Weil andere Leute auch Gebote machen. Aber Susis Gebot von €19,00 war das beste und sie hat die Jacke bekommen!

* Gebot = offer

1 Lies den Artikel. Richtig, falsch oder nicht im Text?
Beispiel: 1 *Richtig*

1 Im Internet kann man einkaufen gehen.
2 Susi hat ihre Weihnachtsgeschenke in der Stadt gekauft.
3 Ihre Schwester treibt gern Sport.
4 Ihr Bruder fährt am liebsten Fahrrad.
5 Die Motorradjacke hat dreiundachtzig Euro gekostet.
6 Man kann alles sehr schnell auf dieser Seite kaufen.
7 Auf die Motorradjacke musste Susi fast eine Woche warten.
8 Auf die Sportschuhe musste sie drei Tage warten.

2 Beantworte die folgenden Fragen auf Englisch.

1 Why did Susi do her Christmas shopping on the Internet?
2 How many items did she buy?
3 What is the advantage of this site?
4 What is the disadvantage?
5 How did Susi manage to get the present for her brother at the price she wanted?

3 Du kaufst auf dieser Seite *zwei* Geschenke für Freunde. Schreib, was du gekauft hast.
Nützliche Fragen:
• Was hast du gekauft?
• Für wen hast du es gekauft?
• Warum?
• Was hat es gekostet?
• Wie viele Gebote hat es gegeben?
• Wie lange hast du gewartet?

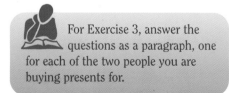
For Exercise 3, answer the questions as a paragraph, one for each of the two people you are buying presents for.

Touristen haben alles verloren!

Zwei schottische Touristen sind erst gestern in Dudelstadt angekommen und hatten sofort einen schlechten Eindruck von der Stadt. Sie hatten ihren BMW im Parkhaus in der Poststraße geparkt und wollten einen kurzen Einkaufsbummel durch die Altstadt machen. Als sie im Kaufhof an der Kasse bezahlen wollten, hat Frau Nan Sinclair (33) bemerkt, dass ihr Portemonnaie verschwunden war. Herr Alan Sinclair (42) hat plötzlich den Taschendieb gesehen und ist ihm schnell nachgelaufen. Unglücklicherweise ist Herr Sinclair draußen auf der Straße hingefallen und hat sich den rechten Arm gebrochen.

Er musste sofort ins Krankenhaus und als das unglückliche Ehepaar vier Stunden später zum Parkhaus zurückkam, entdeckten sie, dass ihr Auto mit all ihrem Gepäck nicht mehr da war. Der Taschendieb hatte offensichtlich den Autoschlüssel und die Parkkarte im Portemonnaie gefunden. Bis jetzt hat man das Auto nicht gefunden. Kein schönes Andenken für ausländische Touristen. Was denken sie jetzt von unserer Stadt?

1 Lies den Artikel und bring die Sätze in die richtige Reihenfolge.

Beispiel: g, ...

a Herr Sinclair ist dem Dieb nachgelaufen.
b Sie haben einen Einkaufsbummel gemacht.
c Sie sind zur Kasse gegangen.
d Man hat ihn zum Krankenhaus gebracht.
e Sie haben im Kaufhof eingekauft.
f Sie haben ihr Auto geparkt.
g Zwei Touristen aus Schottland sind in der Stadt angekommen.
h Sie sind endlich wieder zum Parkhaus gekommen.
i Frau Sinclair hat ihr Portemonnaie nicht gefunden.
j Er ist auf der Straße hingefallen.
k Sie haben entdeckt, dass ihr Auto verschwunden war.

2 Beantworte die Fragen (ganze Sätze, bitte!).

Beispiel: 1 *Sie sind in Dudelstadt angekommen.*

1 Wo sind sie angekommen?
2 Wo in Großbritannien wohnen Herr und Frau Sinclair? *Schottland*
3 Wo hatten sie das Auto geparkt? *im Parkhaus in der Pos...*
4 Wo wollten sie einen Einkaufsbummel machen? *durch die Altstadt*
5 Wo haben sie eingekauft? *Im Kaufhof*
6 Wo haben sie bemerkt, dass das Portemonnaie nicht mehr da war? *An der Kasse*
7 Wo ist Herr Sinclair hingefallen? *auf der Straße*
8 Wo war er vier Stunden lang? *Ins Krankenhaus*
9 Wo war das Parkhaus? *zuru*
10 Wo war der Autoschlüssel? *im Portemonnaie*
11 Wo war ihr Auto nicht am Ende der Geschichte?

3 Frau Sinclair muss eine kurze E-Mail an ihre Freundin in Luzern schreiben. Sie erzählt ihr, was passiert ist, aber sie hat nicht viel Zeit. Was schreibt sie? (Nicht mehr als 70 Wörter!)

```
Liebe Lotte!
Wir haben Pech gehabt! Wir sind heute in
Dudelstadt angekommen und haben unser Auto im …
```

4 Ein schweizerischer Tourist ist mit seinem Motorrad in deiner Stadt in Großbritannien angekommen. Er hat da auch Pech gehabt. Schreib einen Artikel auf Deutsch für eine schweizerische Zeitung!

Was läuft im Kino? „Dinosaurier" – ein Hitfilm überall auf der Welt!

„Dinosaurier" ist ein typisches Disney-Märchen: Auch hier sind die Dinos wie Menschen – kleine Kinder und große Erwachsene. Diese Dino-Geschichte ist aber mehr als ein schöner Trickfilm. Kleine (und große) Zuschauer im Kino haben bei diesem Film wirklich Angst!

Es gibt 23 verschiedene Dino-Spezies! 18 Monate lang reiste ein Spezialteam hierfür um die Welt, filmte in Venezuela, in Jordanien und auf Hawaii. Anatomische Dino-Details, wie die Muskeln, basieren auf Studien an Elefanten.

Sechs Jahre lang haben 350 Spezialisten an Story, Figuren und Software gearbeitet. Das Ergebnis: fantastisch! Während „Jurassic Park" aus 60 Effektaufnahmen besteht, sind es bei „Dinosaurier" 1300!

Ein Meilenstein der modernen Tricktechnik. Was Trick- oder Realfilm ist, kann man nicht mehr erkennen. Der Film hat 400 Millionen Mark gekostet – preiswert!

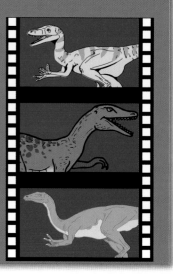

LESEN 1

Lies den Artikel. Welcher Satz ist richtig? Wähle a, b oder c.
Beispiel: 1 c

1 Der Film „Dinosaurier" ist:
　a nur für kleine Kinder　**b** für Erwachsene　**c** für Jung und Alt.

2 Die Dinos im Film sind:
　a sehr doof　**b** ganz sympathisch　**c** nicht sehr schön.

3 Viele Zuschauer im Kino haben:
　a gelacht　**b** geweint　**c** Angst gehabt.

4 Man hat:
　a überall in der Welt gefilmt　**b** nur in Hawaii gefilmt　**c** nur in Südamerika gefilmt.

5 In diesem Film gibt es:
　a viele Kinder　**b** viele Elefanten　**c** viele Trickfiguren.

6 Man hat sehr lange an diesem Film gearbeitet:
　a achtzehn Monate　**b** fünf Jahre　**c** mehr als fünf Jahre.

7 400 Millionen Mark für einen Film – das findet dieser Kritiker:
　a viel zu teuer　**b** nicht so teuer　**c** viel zu billig.

SCHREIBEN 2

Was hast du neulich im Kino gesehen? Schreib eine kurze Kritik von einem Film.

Ich war letzten Samstag im Kino und habe den Film .... gesehen. Ich fand diesen Film sehr .... Die .... im Film sind, meiner Meinung nach, ... Viele Zuschauer im Kino haben .... In dem Film gibt es viele .... Man hat, glaube ich, in .... gefilmt. Im Vergleich zu .... habe ich den Film .... gefunden. Man hat an diesem Film .... gearbeitet und er hat ungefähr .... gekostet. Für mich ist das ....

When tackling Exercise 2, take care that the vocabulary you choose to complete the sentences makes sense in the context. Read each whole sentence very carefully. Make certain it also makes grammatical sense: is a verb, noun or adjective required?

Alte Traditionen – der Maibaum

Hier spricht Frau Drechsler von einer alten Tradition in der Eifel in Südwestdeutschland.

In der Nacht zum ersten Mai sind viele Jungen (oft mit vielen Freunden) in den Wald gegangen und haben einen Baum gefällt. Dann haben sie den Baum zum Haus ihrer Freundinnen gebracht, und die Baumkrone mit bunten Bändern geschmückt. Als ich siebzehn war, hat mir mein Freund einen Maibaum aufgestellt. Das war sehr aufregend: Ich habe nicht geschlafen, sondern am Fenster gewartet. Als dann mein Freund mit seinen Freunden da war, musste ich an die Tür gehen und Brötchen und Bier anbieten. Ich war sehr stolz, nur mein Vater war etwas böse – er hatte Angst, dass der Baum bei starkem Wind unsere Fensterscheiben kaputtmachen würde. Außerdem musste mein Freund den Baum am 31. Mai wieder abmachen und wegbringen.

LESEN 1 Bring die folgenden Sätze in die richtige Reihenfolge.
Beispiel: *d, ...*

a Am Ende des Monats bringt er den Baum weg.
b Die Freundin kommt aus dem Haus.
c Er bringt den Baum in das Dorf.
d Am Beginn des Monats sucht der Freund einen Baum aus.
e Er macht den Baum am Haus der Freundin fest.
f Nach kurzer Zeit sieht der Baum sehr schön aus.
g Sie essen und trinken zusammen.

SCHREIBEN 2 Vervollständige diesen Bericht eines katastrophalen Maitags.

Am ersten Mai ist Fritz allein in den Wald … (seine Freunde hatten zu viel Bier …). Er hat nur einen sehr kleinen Baum … , aber es hat vier Stunden … , bis er ihn … hatte. Er hat ihn dann ins Dorf … , aber er hat keine schönen Bänder … Er hat an die Tür seiner Freundin … und hat … – nichts! Die Freundin hat … Fritz hat sehr laut … , aber er hat sie nicht … Dann hat der Vater die Tür … und hat ihn unglaublich laut … Armer Fritz!

gefällt   aufgemacht   gebracht   gedauert
getrunken
geklopft   gefunden   gefunden   gegangen
geweckt
angeschrieen   gewartet   gerufen   geschlafen

> Check the meaning of any past participles carefully. Remember: the dictionary form (the infinitive) may be somewhat different, e.g. *aufgemacht* will be *aufmachen*.

SCHREIBEN 3 Und du? Was hältst du von dieser Tradition? Warum würdest du das vielleicht *nicht* machen? Schreib noch drei Sätze.

Ich würde nachts nicht in den Wald fahren, weil es sehr gefährlich ist.
Ich würde keinen Baum fällen, weil das nicht sehr umweltfreundlich …
Ich würde den Baum nicht ins Dorf bringen, weil ich nicht sehr … bin.
Ich würde den Baum nicht mit bunten Bändern schmücken, weil … usw.

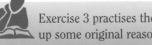

> Exercise 3 practises the use of *weil* to give reasons. NB You may be able to think up some original reasons (and more than one for some of the statements).

Gesund essen und nicht vergessen ...

a **Ballaststoffreiches Essen macht dick!**
Ballaststoffe wie Müsli, Brot, Gemüse und Obst helfen nicht, wenn man abnehmen will. Wenn man zu viel davon isst, dann wiegt man bestimmt neunzig Kilo.

b **Biolebensmittel sind gesünder als andere!**
Man muss essen und trinken, aber man will keine Chemikalien essen. Das ist einfach nicht gesund!

d **Vitamine sorgen für Power!**
Es ist selbstverständlich, dass Vitamine für den Körper sehr wichtig sind. Man muss sie so oft wie möglich einnehmen.

c **Fasten hilft dem Körper!**
Es ist wichtig, dass man ab und zu nichts isst. So fühlt man sich bestimmt besser.

e **Weißer Zucker ist ungesund!**
Er ist raffiniert und enthält viele Chemikalien.

LESEN 1

Ein Ernährungswissenschaftler ist mit den Zeitungsüberschriften nicht einverstanden. Ordne die Sätze 1–5 den Texten a–e zu.
Beispiel: 1 b

1 Das stimmt nicht. Der einzige Vorteil ist: Sie sind keinen chemischen Belastungen ausgesetzt.
2 Nein, das ist nicht richtig! Er ist weder schlechter noch besser als Ökohonig oder Schokoriegel.
3 Das glaube ich nicht – sie liefern dem Organismus keinerlei Kalorien. Nur Kohlenhydrate, Eiweiße und Fette versorgen den Körper mit Energie.
4 Das stimmt nicht. Das kann sogar ungesund und gefährlich sein, wenn man nicht genug isst.
5 Das ist falsch. Vollkornbrot, Bohnen und Linsen haben alle wenig Kalorien – sie enthalten kaum Fett. Sie füllen den Magen – das hilft beim Schlankwerden.

When writing your sentences for Exericise 2, look at texts a–e from Exercise 1 again and use them to base your statements on. Then add something extra (an example or a reason).

SCHREIBEN 2

Wie stehst du zu den Texten a–e aus Übung 1?
Beispiel: a Ich esse oft ballaststoffreiches Essen, zum Beispiel Müsli ...

SCHREIBEN 3

Was glaubst du? Hat der Ernährungswissenschaftler aus Übung 1 Recht? Oder bist du nicht so sicher? Schreib ein paar Sätze.
Beispiel: Man sagt, dass Biolebensmittel gesünder als andere sind, aber der Wissenschaftler sagt, dass das Unsinn ist. Ich glaube dem Wissenschaftler! ...

In Exercise 3, you need to either agree or disagree with what the nutrition expert has stated in Exercise 1. Here are some useful phrases:
Ich bin ganz überzeugt davon, dass ...
Ich kann kaum glauben, dass ...
Es ist seltsam, aber vielleicht ...

JUGEND 1999

Die Resultate einer Umfrage, die deutsche Teenager über Deutschland gemacht haben

Die Klasse 10b des Konrad-Röntgen-Gymnasiums hat eine Umfrage in ihrer Schule gemacht. Sie wollte wissen, was ihre Generation denkt und meint. Sie haben zuerst gefragt, welches Wort ihre Generation am besten beschreibt. Die meisten haben „realistisch" oder „cool" gesagt und fast niemand hat das Wort „politisch" erwähnt. Zur Frage: „Wovor hast du am meisten Angst?" haben sie Folgendes erwähnt: vor dem Krieg, vor der Einsamkeit, vor Arbeitslosigkeit, vor Umweltkatastrophen, vor Kriminalität und vor der Scheidung der Eltern. Und die Antworten auf ihre letzte Frage waren auch interessant: Die Frage war „Wogegen lohnt es sich zu kämpfen?" Und die Antworten waren: Gegen Umweltzerstörung (95%), gegen soziale Ungerechtigkeit (90%), aber gegen Autoritäten wie die Eltern oder die Lehrer nur 26%.

LESEN 1 Lies den Artikel und füll die Lücken aus.

Beispiel: 1 Die Jugend von **heute** glaubt Folgendes.

1 Die Jugend von … glaubt Folgendes.
2 Sie wollen gegen die Probleme der … kämpfen.
3 Die Autorität in der Schule ist eigentlich … großes Problem.
4 Ihre Generation hat kein Interesse an …
5 Der Krieg ist immer noch …

> Autobahnen   ein   gestern
> heute   möglich   Politik
> kein   Tradition
> Umwelt   unmöglich

LESEN 2 Wen oder was beschreibt man? Finde einen Ausdruck im Text, der am besten zum Satz passt.

Beispiel: 1 Eltern oder Lehrer.

1 Sie sind Freunde – keine Polizisten!
2 Die Atombombe hat man nicht abgeschafft. Sie ist noch da.
3 In den meisten Großstädten ist das wirklich ein großes Problem.
4 Hochwasser und Erdbeben gibt es auf allen Kontinenten.
5 Es gibt zu viele Singles in der Welt.
6 Wir sollten weniger Benzin kaufen.

> Check genders carefully when writing your text for Exercise 3 and remember that the word for 'the' after prepositions such as *vor* is *dem* (unless it's feminine, when it must be *der*).

SCHREIBEN 3 Und du? Was ist für dich wichtig oder nicht wichtig?

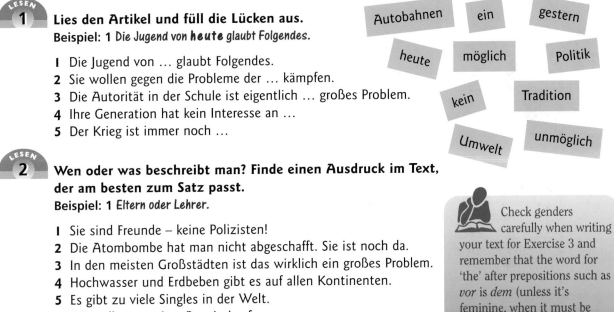

Ich würde gegen soziale Ungerechtigkeit kämpfen, aber ich würde nicht gegen Politiker kämpfen – es hat keinen Sinn. Meine Generation finde ich … und … , aber wirklich nicht … oder … Sie sind … anders als frühere Generationen. Ich selber habe am meisten Angst vor dem … und vor der … , aber d… … und … stören mich nicht sehr. Es erstaunt mich, dass in Deutschland so viele … und … Es ist auch kaum zu glauben, dass … Prozent … und …

Wo möchtest du in Europa arbeiten?

a Job in Kopenhagen
Firmenprofil: Internationaler Buchmacher
Jobprofil: Beantwortung von Fragen unserer deutschen Kunden per E-Mail oder Telefon • übliche Computerkenntnisse (Windows, NT, Internet, Mailprogramme) • freundliches Auftreten • gutes Deutsch / Englisch • Interesse an Sport, v.a. Fußball

b Düsseldorf: Wochenendjob, 14-tägig
Firmenprofil: Blumengeschäft in der Stadtmitte
Jobprofil: Alle anfallenden Arbeiten im Blumengeschäft
Sa.: 8.00–17.00, So.: 13.00–16.00
So.: 50% Lohnzuschlag

c Köln: Kellner / in
Firmenprofil: Restaurant und Weinhaus. Nur abends ab 18.00 geöffnet. Sonntags geschlossen.
Jobprofil: Unsere Kundschaft ist international. D.h. Fremdsprachen können Sie bei uns ständig praktizieren!

d In D, F, DK, GB, CH: Studentische Hilfskräfte – IT-Bereich
Firmenprofil: Ein erfolgreiches Team mit derzeit über 200 Mitarbeitern in 5 europäischen Ländern.
Jobprofil: Wir suchen studentische Hilfskräfte in allen Ländern aus dem Bereich Informatik. Kenntnisse in Office 2000 / Windows; Interesse an IT.

1 **Schau die Stellenbeschreibungen an. Wo werden die Arbeitnehmer arbeiten?**
Beispiel: 1 *d*

I Im Büro.   **2** In Dänemark.   **3** Im Stadtzentrum.   **4** Überall in Europa.   **5** Im Restaurant.

2 **Welche Stelle aus Übung I würdest du diesen Leuten empfehlen?**
Beispiel: 1 *d*

1 Frank ist Computerfan und möchte in Deutschland bleiben.
2 Anna kann nur samstags und sonntags arbeiten.
3 Gaby will nicht in Deutschland arbeiten.
4 Stefan kann Deutsch, Englisch und ein bisschen Italienisch, aber er hat gar kein Interesse an Computern.
5 Steffi arbeitet von 8.00 bis 16.00 im Büro, aber sie braucht mehr Geld!

3 **Welche Stelle aus Übung I würdest du wählen?**
Schreib einen Bewerbungsbrief.

4 Was ist dein Traumjob? Schreib eine Anzeige wie in Übung I. Benutze die Wörter aus den vier Anzeigen a–d: Firmenprofil, Jobprofil usw.

Sehr geehrte Damen und Herren!
Ich habe Ihre Anzeige im Internet gelesen. Ich möchte sehr gern bei Ihnen in … arbeiten. Ich habe großes Interesse an … und würde gern in Ihrem … arbeiten. Ich bin … und kann Englisch und auch … Ich bin bereit, am … zu arbeiten. Ich freue mich auf Ihre Antwort.
Hochachtungsvoll,

…

 Use the layout of one of the advertisements from Exercise 1 and as much of the language from them as is appropriate when you are writing your own advert in Exercise 4.

Chancen für alle: Initiative Neue Soziale Marktwirtschaft
www.chancenfüralle.de

Heike Voller ist Busfahrerin in Remscheid. Ein Journalist stellt ihr einige Fragen.

- *Frau Voller, Sie haben keinen typischen Frauenberuf.*
  Vielleicht, aber Frauen und Männer können beide Bus fahren!

- *Haben Sie sich immer für Autos interessiert?*
  Ach, gar nicht. Vor zehn Jahren war ich noch Friseurin.

- *Friseurin?*
  Ja, nach der Schule habe ich eine Lehre als Friseurin gemacht. Da habe ich auch eine Zeit lang gearbeitet. In der Zeit bin ich Mutter geworden. Ja, und dann endlich bin ich nach Spanien gefahren und habe dort in einem Friseursalon gearbeitet. In Spanien war ich

insgesamt fünf Jahre, aber wegen meiner Tochter bin ich wieder nach Deutschland gekommen.

- *Und dann kam die Sache mit dem Busfahren?*
  Nein, gar nicht, aber ich habe diese Annonce in der Zeitung gelesen: „Umschulung zur Buskraftfahrerin". Ich bin dahin gegangen, sie haben mich genommen, ich habe dann zwei Jahre Schule gemacht, und jetzt bin ich hier.

- *War die Ausbildung schwer?*
  Also, die erste Fahrstunde, die war schwer! Aber ich habe es am Ende geschafft!

 1 Lies das Interview. Richtig, falsch oder nicht im Text?
Beispiel: 1 Nicht im Text

I Als sie siebzehn war, hat sie in einem Friseursalon gearbeitet.
2 Vor zehn Jahren war sie Busfahrerin.
3 Sie hat ein Kind.
4 Sie hat im Ausland gearbeitet.
5 Sie hat nur einen Job gehabt.
6 Sie wollte nicht immer in Spanien bleiben.
7 Sie hat vom Busfahren im Radio gehört.
8 Die Ausbildung war anstrengend.
9 Die Ausbildung hat sechs Monate gedauert.

 2 Schreib für eine Schülerzeitung einen Artikel über Heike (70 Wörter).

> *Heike Voller arbeitet jetzt als ... Aber das war nicht immer so. Vor ... Jahren hat sie als ... gearbeitet. Sie ist dann ... Ausland ge... und hat als Friseurin in ... ge... Nach ... Jahren ist sie wieder nach ... gekommen und hat eine ... in der ... gelesen. Sie war ... Jahre in der Fahrschule und das war sehr ... Aber jetzt ist sie gelernte ...in! Sie hat es geschafft!*

 3 Wie alt bist *du* in fünfzehn Jahren? Was für einen Beruf wirst du dann haben? Schreib, was dir in den fünfzehn Jahren passiert ist.
Beispiel: Also, nach der Schule habe ich ... Dann habe ich ...

 Remember that the verbs will be in the perfect tense. Use the structures from Exercise 1, but change to *ich* forms.
Use a variety of sequence phrases at the start of sentences and then invert the word order, for example: *danach, dann, zwei Jahre später, gleich.*

 4 Kennst du jemanden, der älter (30? 40? 50?) ist und viele Jobs gehabt hat? Was hat er / sie gemacht? Wo? Wann? Warum? Was macht er / sie jetzt? Schreib Sätze.
Beispiel: Mein Nachbar heißt Robert Johnstone. Er ist jetzt 43 Jahre alt und hat viel in seinem Leben gemacht. Nach der Schule hat er ...

Jetzt kann man in der ganzen Welt Radio aus Deutschland hören

Claudia Schein ist aus Deutschland, aber sie wohnt jetzt mit ihrem Mann, einem US-Soldaten, in Amerika. Sie arbeitet da als Lehrerin. Sie ist mit ihrem neuen Leben sehr zufrieden und vermisst nicht viel aus Deutschland – aber sie sagt: „Ich möchte sehr gern deutsche Popmusik hören und auch Informationen über die Autokolonnen auf den deutschen Autobahnen." Jetzt kann sie das alles auch in Amerika hören; sie hat die Webseite von Bayern 3 (einem deutschen Radiosender) im Internet gefunden und hört jetzt jeden Tag Radio auf Deutsch und singt mit!

Guten Morgen!

1 Lies den Artikel und füll die Lücken aus.
Beispiel: **1** *Claudia Scheins Mann ist Amerikaner.*

1 Claudia Scheins Mann ist …
2 Sie wohnt zurzeit in …
3 Sie vermisst … aus Deutschland.
4 Sie hört im Internet … Radio.
5 Sie hat die deutsche Webseite beim … gefunden.
6 Sie hört das deutsche Radio …

deutsches   Deutschland   fast nie   Lesen   fast nichts   sehr oft   Surfen   den Vereinigten Staaten   Amerikaner

2 Lies die folgenden Satzteile. Was passt zusammen?
Beispiel: **1** *e*

1 Claudia Schein arbeitet zurzeit
2 Sie ist
3 Sie hört gern
4 Die Verkehrsinformationen hört sie
5 Sie freut sich,
6 bayern3.de ist

a deutsche Popmusik.
b sehr gern.
c ihre Lieblingsadresse.
d auf Deutsch zu singen.
e in einer Schule in Amerika.
f mit einem Amerikaner verheiratet.

3 Schreib jetzt einen kurzen Bericht über einen Engländer / eine Engländerin, der / die jetzt in Deutschland wohnt und gern britisches Radio im Internet hört!

Zur Hilfe:
• Wo in Deutschland wohnt diese Person?
• Was vermisst er / sie aus England?
• Welche Sendungen möchte er / sie im Radio hören?
• Wie hat er / sie die englischen Webseiten gefunden?
• Was macht er / sie jetzt?

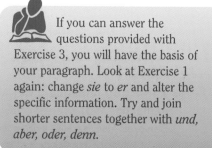

If you can answer the questions provided with Exercise 3, you will have the basis of your paragraph. Look at Exercise 1 again: change *sie* to *er* and alter the specific information. Try and join shorter sentences together with *und, aber, oder, denn*.

Die Bobbys haben jetzt Pistolen!

Bis jetzt sind die meisten Kriminellen in England unbewaffnet, weil das Gesetz so drakonisch ist. Wenn ein Krimineller eine illegale Waffe in England hat, kann er jahrelang im Gefängnis sitzen. Und bis jetzt tragen Polizisten in England nur Handschellen und Knüppel.

Aber die Bobbys in Nottingham haben jetzt mit der Tradition gebrochen. Weil sie jetzt viel mit gefährlicheren Drogenhändlern zu tun haben, tragen sie jetzt auch im Halfter eine Pistole, die Walther P 990.

Aber das Leben in England bleibt nicht so gefährlich wie in Deutschland – die Mordrate in London ist nur halb so hoch wie in Berlin. Auch in Nottingham bleibt es noch ganz sicher – seit Februar hat kein Polizist einen Schuss abgefeuert.

1 Lies den Artikel und beantworte die Fragen kurz auf Deutsch.

Beispiel: 1 Von Nottingham

1 Von welcher englischen Stadt spricht man?
2 Wie sagt man auf Deutsch „englische Polizisten"?
3 Was für Kriminelle sind in Nottingham ein Problem?
4 Was haben die Polizisten jetzt im Halfter?
5 Wie ist die Mordrate in London im Vergleich zu Berlin? (in Prozent)
6 Seit wann tragen die Polizisten Schusswaffen?

2 Beantworte die Fragen mit „ja" oder „nein".

Beispiel: 1 Nein

1 Haben die Polizisten in Nottingham immer Pistolen getragen?
2 Haben die Polizisten in Nottingham jetzt Pistolen?
3 Ist Walther P. der Polizeichef in Nottingham?
4 Sind die Drogenhändler gefährlich?
5 Ist das Leben in London so gefährlich wie in Berlin?
6 Haben die Polizisten in Nottingham ihre Pistolen benutzt?

3 Was meinst du? Ist das eine gute oder eine schlechte Initiative?
Schreib diesen Absatz ab und füll die Lücken aus.

Ich glaube, das ist eine … Initiative. Ich kann … verstehen, warum die Polizei mit den Traditionen gebrochen hat. Es ist … gute Idee, dass die Polizisten in … jetzt Pistolen tragen. Die Drogenhändler in dieser … sind … so gefährlich wie die Drogenhändler in … oder … Meiner Meinung nach ist es so … für alle.

auf keinen Fall   Berlin   bestimmt   gefährlicher   gut   gute   eine   keine   New York   nicht
Nottingham   schlecht   sicherer   Stadt   schlechte

There are enough words provided to allow you to express an opinion either for or against policemen carrying guns. You will not need to use all the words. Be careful to be consistent in your position!

Grammatik

Contents

1 Nouns

1.1 Genders

Each German noun has a gender. There are three genders: masculine, feminine and neuter.

1.2 Articles

a Definite articles

The word *the* is known as the definite article.

der *(m)*	die *(f)*	das *(n)*

masculine word: **der Mann** (*the man*)

feminine word: **die Frau** (*the woman*)

neuter word: **das Eis** (*the ice-cream*)

b Indefinite articles

The word *a* is known as the indefinite article.

ein *(m)*	eine *(f)*	ein *(n)*

masculine word: **ein Mann** (*a man*)

feminine word: **eine Frau** (*a woman*)

neuter word: **ein Eis** (*an ice-cream*)

These genders are what you would expect: masculine for a man, feminine for a woman and neuter for an ice-cream (a thing).

Not all 'things' are neuter in German. They could be any gender. You just have to learn them as you go along.

c Absence of articles

For nationalities (see p. 57) and jobs (see p. 144) the article is omitted in German.

1.3 Singular and Plural

In the plural, all nouns have the same word for *the*: **die**:

der Baum (the tree) → **die Bäume** (trees).

The indefinite article disappears completely:

Bäume (trees)

To form the plural of a noun, you can't add -s like you can in English. German has lots of different plural forms.

Here are the main ones:

singular noun	plural formation	plural noun
das Buch	(¨er)	Bücher
der Wagen	(-)	Wagen
der Tisch	(-e)	Tische
der Stuhl	(¨e)	Stühle
die Blume	(-n)	Blumen
der Vater	(¨)	Väter
das Auto	(-s)	Autos

NB Feminine nouns ending in **-keit**, **-heit** and **-ung** always form their plural with **-en**:

Krankheit → **Krankheiten**

All feminine nouns ending in -**in** always form their plural with **-nen**:

Freundin → **Freundinnen**

1.4 Cases

German has four cases: nominative (*Nom.*), accusative (*Acc.*), dative (*Dat.*) and genitive (*Gen.*). They are used in the following ways:

a The nominative case

The nominative case is used for the subject of the sentence. The subject is the person or thing doing the action of the verb.

Der Wagen ist neu.   *The car is new.*

Ein Hund bellt.   *A dog is barking.*

b The accusative case

The accusative case is used for the direct object of the sentence. The accusative case often follows certain prepositions (see 6.1, 6.3, pp. 221–2). The accusative is also used in time phrases, e.g. **jeden Tag**, **nächsten Monat**, **letztes Jahr**.

Wir kaufen den Wagen.   *We're buying the car.*

Ich esse eine Banane.   *I'm eating a banana.*

c The dative case

The dative case is used for the indirect object of the sentence. The dative case often follows certain prepositions (see 6.2–6.3, p. 221). Certain verbs are always followed by the dative case (5.8, p. 214).

Wir zeigen dem Kind das Boot.
 We're showing the boat to the child.

Ich gebe einer Polizistin meine Adresse.
 I'm giving my address to a policewoman.

d The genitive case

The genitive case is used to show possession. It is used less and less in spoken German. It is common to use the preposition **von ...** (+ dative case) instead.

Das ist die Freundin meines Bruders.
 That's my brother's girlfriend.

Das ist der Freund meiner Schwester.
 That's my sister's boyfriend.

The following tables show the different forms of the definite and indefinite articles in all four cases:

The definite article

	m	f	n	pl
Nom.	der Mann	die Frau	das Haus	die Kinder
Acc.	den Mann	die Frau	das Haus	die Kinder
Dat.	dem Mann	der Frau	dem Haus	den Kindern
Gen.	des Mannes	der Frau	des Hauses	der Kinder

Masculine and neuter nouns add **-s** or **-es** in the genitive singular.

All nouns add **-n** in the dative plural.

The indefinite article

	m	f	n	no pl
Nom.	ein Mann	eine Frau	ein Haus	–
Acc.	einen Mann	eine Frau	ein Haus	–
Dat.	einem Mann	einer Frau	einem Haus	–
Gen.	eines Mannes	einer Frau	eines Hauses	–

1 Nominative or accusative? Choose the correct form of the definite article to complete the following sentences.
Beispiel: 1 Der Baum ist klein.

1 ... Baum (*m*) ist klein.
2 Sie hat ... Telefonnummer (*f*).
3 Ich möchte ... Pullover (*m*).
4 ... Party (*f*) war toll!
5 ... Post (*f*) befindet sich um die Ecke.
6 Ich lese ... Buch (*n*).

2 Nominative or accusative? Choose the correct form of the indefinite article to complete the following sentences.
Beispiel: 1 Ein Kind weint.

1 ... Kind (*n*) weint.
2 Ich trinke ... Tasse (*f*) Tee.
3 Ich möchte ... Tasse (*f*) Tee.
4 ... Katze (*f*) ist ein nettes Haustier.
5 Das ist ... dickes Buch (*n*).
6 Ich kaufe ... Eis (*n*).

3 Fill in the correct article for the indirect object using the dative case.
Beispiel: 1 Wir geben der Katze Milch. (*We give milk to the cat.*)

1 Wir geben ... Katze (*f*) Milch. (*We give milk to the cat.*)
2 Was sagst du ... Lehrerin (*f*)? (*What are you saying to the teacher?*)
3 Er zeigt ... Mann (*m*) das Museum. (*He's showing the museum to a man.*)
4 Wir schicken ... Freundin (*f*) eine Geburtstagskarte. (*We're sending a birthday card to a friend.*)
5 Sie geben ... Mädchen (*n*) 50 Euro. (*They're giving the girl 50 euros.*)
6 Sie schreibt ... Freund (*m*) einen Brief. (*She's writing a letter to a friend.*)

2 Adjectives

Adjectives describe or give more information about nouns, for example, *big, small, happy, sad.*

2.1 Adjective endings

In English, an adjective can appear in one of two different places in a sentence:
- separated from the noun it describes: the tree is **small**

- immediately before the noun it describes: the **small** tree.

Take a look at the same phrases in German:
- **der Baum ist <u>klein</u>** *the tree is small*

- **der <u>kleine</u> Baum** *the small tree*

Notice that when the word **klein** appears immediately in front of the noun it describes, it has to have an ending. These endings change according to the gender and case of the noun, as shown below.

a Adjective endings with the definite article (der, die, das)

	m	*f*	*n*	*pl*
Nom.	der klein<u>e</u> Baum	die klein<u>e</u> Wohnung	das klein<u>e</u> Haus	die klein<u>en</u> Häu
Acc.	den klein<u>en</u> Baum	die klein<u>e</u> Wohnung	das klein<u>e</u> Haus	die klein<u>en</u> Häu
Dat.	dem klein<u>en</u> Baum	der klein<u>en</u> Wohnung	dem klein<u>en</u> Haus	den klein<u>en</u> Hä

These adjective endings are also used after the word for *this* (**dieser, diese, dieses**).

b Adjective endings with the indefinite article (ein, eine, ein)

	m	*f*	*n*	*no pl*
Nom.	ein klein<u>er</u> Baum	eine klein<u>e</u> Wohnung	ein klein<u>es</u> Haus	–
Acc.	einen klein<u>en</u> Baum	eine klein<u>e</u> Wohnung	ein klein<u>es</u> Haus	–
Dat.	einem klein<u>en</u> Baum	einer klein<u>en</u> Wohnung	einem klein<u>en</u> Haus	–

These adjective endings are also used after **kein** and after possessive adjectives (**mein, dein, sein,** etc). See 2.2, p. 209.

c Adjective endings with no preceding article

Sometimes you don't need an article in front of a noun, e.g. *black coffee, fresh air, cold water, small children, blue eyes.* These adjectives have slightly different endings:

	m	*f*	*n*	*no pl*
Nom.	schwarz<u>er</u> Kaffee	frische Luft	kalt<u>es</u> Wasser	kleine Kinder
Acc.	schwarz<u>en</u> Kaffee	frische Luft	kalt<u>es</u> Wasser	kleine Kinder
Dat.	schwarz<u>em</u> Kaffee	frisch<u>er</u> Luft	kalt<u>em</u> Wasser	klein<u>en</u> Kindern

This table is most useful for plural forms. Singular forms without an article are used less often than plural forms without an article.

4 Fill in the adjectives. They are all in the nominative case.
Beispiel: 1 Die neue Lehrerin beginnt morgen.

1 Die ... Lehrerin beginnt morgen. (neu)

2 Der … Mann wohnt im zweiten Stock. (alt)
3 Die … Äpfel schmecken gut. (grün)
4 Was kostet das … Auto? (schwarz)
5 Die … Hose liegt auf dem Bett. (braun)
6 Das … Heft ist unter dem Stuhl. (rot)
7 Ein … Kind ist hier. (klein)
8 Ein … Rockstar ist im Fernsehen. (englisch)
9 Ein … Hund bellt. (groß)
10 Ein … Mädchen ist im Krankenhaus. (jung)
11 Eine … Frau kommt morgen. (deutsch)

5 Fill in the adjectives. They are all in the accusative case.

Beispiel: 1 Ich kaufe eine billige Jacke.

1 Ich kaufe eine … Jacke. (billig)
2 Er kennt eine … Frau. (deutsch)
3 Ich liebe meinen … Wagen. (alt)
4 Sie hat ihr … Kind besucht. (krank)
5 Wir haben eine sehr … Tochter. (intelligent)
6 Siehst du das … Mädchen? (hübsch)

6 Fill in the adjectives. They are all in the dative case.

Beispiel: 1 Was sagst du dem neuen Lehrer?

1 Was sagst du dem … Lehrer? (neu)
2 Er zeigt der … Frau die Post. (alt)
3 Wir schicken unserer … Freundin eine Geburtstagskarte. (englisch)
4 Sie geben dem … Mädchen € 25,00. (arm)
5 Sie schreibt ihrem … Freund einen Brief. (gut)

2.2 Possessive adjectives

The possessive adjectives are the words for *my*, *your*, etc. They follow the same pattern as **ein**, **eine**, **ein**. Here is the full list:

Nom. singular		Nom. plural	
mein	*my*	unser	*our*
dein	*your (familiar)*	euer	*your (familiar)*
sein	*his, its*	Ihr	*your (polite)*
ihr	*her, its*	ihr	*their*

The endings of all these possessive adjectives change according to the case, for example:

	m	f	n	pl
Nom.	mein	meine	mein	meine
Acc.	meinen	meine	mein	meine
Dat.	meinem	meiner	meinem	meinen
Gen.	meines	meiner	meines	meiner

All the other possessive adjectives (**dein**, **sein**, etc. take the same endings).

7 Fill in the correct forms of the possessive adjectives. They can be in the nominative, accusative or dative case.

Beispiel: 1 Wo ist meine Schultasche?

1 Wo ist … Schultasche (*f*)? (*my*)
2 … Mutter (*f*) wohnt in Hamburg. (*their*)
3 Ich möchte … Kaffee (*m*) trinken. (*my*)
4 Wo ist … Uhr (*f*)? (*your, polite*)
5 … T-Shirt (*n*) ist schwarz. (*his*)
6 Wir schicken … Oma (*f*) ein Geburtstagsgeschenk. (*our*)

2.3 Comparative and superlative adjectives

a Comparative adjectives

You use these to compare people or things, for example when you're saying someone or something is smaller than someone or something else. You simply add **-er** to the adjective:

klein (*small*) → **kleiner** (*smaller*)

interessant (*interesting*) → **interessanter** (*more interesting*)

Some adjectives don't follow this pattern. You will need to learn them as you meet them. The two most common are **gut** (*good*) and **hoch** (*high*):

alt	→	älter
groß		größer
gut		besser
hoch		höher
jung		jünger

If you want to say *more interesting than* use **… als**:

Butter ist weicher <u>als</u> Holz.   *Butter is softer than wood.*

You can turn this sentence around to give the same meaning:

Holz ist nicht so weich wie Butter.

Wood is not as soft as butter.

b Superlative adjectives

Superlative adjectives are used to say that someone or something is the best, tallest, etc. In German, you normally add **-st** to the adjective or **-est** if the adjective ends in **-t** or a vowel:

klein	kleinst-
small	*smallest*
neu	**neuest-**
new	*newest*

As with comparatives, some superlatives don't follow the pattern:

gut	besser	best-
good	*better*	*best*
hoch	**höher**	**höchst-**
high	*higher*	*highest*

c Comparative and superlative adjective endings

As with normal adjectives, comparatives and superlatives must have an ending if they appear directly in front of a noun they are describing.

3 Adverbs

adjective	comparative	superlative
der kleine Baum	**der kleinere Baum**	**der kleinste Baum**
(*the small tree*)	(*the smaller tree*)	(*the smallest tree*)

Adverbs describe or give more information about verbs. Often in English they end in -*ly*. In German, they are the same as the adjective:

Ich fahre <u>schnell</u>.   *I'm driving quickly.*

4 Pronouns

We use pronouns to avoid repeating nouns. They are the words for *I, you, he, she*, etc. Here are the pronouns, together with their English meanings:

Nom. singular		Nom. plural	
ich	*I*	**wir**	*we*
du	*you (familiar)*	**ihr**	*you (familiar)*
er	*he / it*	**sie**	*they*
sie	*she / it*	**Sie**	*you (polite)**
es	*it*		

* **Sie** (with a capital letter) can be either singular or plural.

4.1 *You*

There are three words for *you* in German: **du**, **ihr** and **Sie**.

a du (singular)

You use **du** when you're talking to one person you know well. It's known as the familiar form. An adult uses **du** when talking to a child.

b ihr (plural form of du)

You use **ihr** when you are talking to more than one person you know well, e.g. a group of friends.

This is the familiar form, too. A teacher would use **ihr** when talking to a class.

c Sie (both singular and plural)

You use **Sie** when you are talking to someone you don't know very well. That's why it's known as the *polite* form. You can use **Sie** when talking to one person or more than one (singular or plural). A child would normally use **Sie** when talking to an adult or his or her teacher.

4.2 Direct and indirect object pronouns

Like nouns, pronouns change according to the case. Here is the full list of pronouns in the nominative, accusative and dative cases.

Nom.	Acc.	Dat.
ich	mich	mir
du	dich	dir
er	ihn	ihm
sie	sie	ihr
es	es	ihm
wir	uns	uns
ihr	euch	euch
sie	sie	ihnen
Sie	Sie	Ihnen

8 Fill in the missing direct object pronouns in the following sentences.
Beispiel: 1 Ich mag ihn nicht.

1 Ich mag … nicht. (*I don't like **him**.*)
2 Der Polizist sieht … nicht. (*The policeman can't see **us**.*)
3 Er liebt … sehr. (*He loves **her** very much.*)
4 Ich finde … sehr interessant. (*I find **you** (polite) very interesting.*)
5 Ich finde … unheimlich laut! (*I find **you** (familiar plural) incredibly loud.*)
6 Jens ruft … heute Abend an. (*Jens is phoning **me** this evening.*)

9 Fill in the missing indirect object pronouns in the following sentences.
Beispiel: 1 Sie schickt uns immer ein Geschenk.

1 Sie schickt … immer ein Geschenk. (*She always sends **us** a present.*)
2 Sag …, sie soll nach Hause kommen. (*Tell **her** she should come home.*)
3 Seine Eltern kaufen … einen neuen Computer. (*His parents are buying **him** a new computer.*)
4 Zu Weihnachten schenke ich … etwas Schönes. (*I'm giving **them** something nice for Christmas.*)

5 Wir geben .... 50 Euro. (*We're giving **you** (polite) 50 euros.*)

6 Zeig ... bitte, wo die Toilette ist. (*Show **me** where the toilet is, please.*)

4.3 *It* and *they*

In German, there are three ways of saying *it*. This is because there are three genders. The correct word for *it* depends on the gender of the noun, as in the following examples:

Der Baum → **er**
Die Blume → **sie**
Das Buch → **es**

The word for *they* is **sie**:

Die Bäume → **sie**

The above examples are in the nominative case. They change in the accusative and dative cases as in the table in 4.2 on p. 210.

10 Nominative, accusative or dative? Fill in the missing word for it in the following sentences.
Beispiel: 1 Hast du den Film gesehen? Hast du ihn gesehen?

1 Hast du den Film gesehen? Hast du ... gesehen?
2 Sie kauft die Tasche. Sie kauft ...
3 Das Rathaus liegt in der Friedrichstraße. ... liegt in der Friedrichstraße.
4 Sie gibt dem Hund einen Knochen. Sie gibt ... einen Knochen.
5 Wo ist der Bahnhof? Wo ist ...?
6 Wir holen das Auto aus der Garage. Wir holen ... aus der Garage.

4.4 Man

German has another pronoun, **man**. You use it to talk about people in general. In English we would normally say *you* or, if you were being rather posh, *one*. The verb following man follows the **er** / **sie** / **es** pattern.

Was kann man hier machen?
What can you do here.
Man kann ins Kino gehen.
You can go to the cinema.

5 Verbs

5.1 The infinitive

When you look up a verb in a dictionary, you will find its infinitive form, which ends in **-en**, e.g. **spielen** (*to play*).

You need to change the ending according to the pronoun you are using, in the same way as in English we change *I play* to *he plays*.

German verbs are divided into three categories:

- Regular or 'weak' verbs – these conform to a single pattern in the present, perfect and imperfect tenses (see below).

- Irregular or 'strong' verbs – these do not conform to a single pattern. They can change their vowels in the present, perfect and imperfect tenses. These need to be learnt separately – some of the common ones can be found in the Irregular verb tables on pp. 226–7.

- Mixed verbs – this is a small group of nine verbs which can act regularly or irregularly in the present, perfect and imperfect tenses. It's probably best to treat them as irregular and learn them as you meet them.

5.2 Present tense regular verbs

In English, we have two forms of the present tense. We can say *I play* or *I am playing*. In German, it is much easier: you always say **ich spiele**. This can mean either *I play* or *I am playing*.

Here are the different endings to most (regular) verbs in the present tense, using the verb **spielen** as the example:

spielen	*to play*		
ich spiel<u>e</u>	*I play*	wir spiel<u>en</u>	*we play*
du spiel<u>st</u>	*you play*	ihr spiel<u>t</u>	*you play*
er/sie/es spiel<u>t</u>	*he/she/it plays*	sie spiel<u>en</u>	*they play*
		Sie spiel<u>en</u>	*you play*

11 Put the correct endings on the present tense regular verbs in the following sentences.
Beispiel: 1 Wir gehen ins Kino.

1 Wir geh... ins Kino.
2 Wir find... Mathe leicht.
3 Sie (*pl*) trink... gern Kaffee.
4 Ich komm... aus Spanien.
5 Hamburg lieg... in Norddeutschland.
6 Schwimm... Sie jeden Tag, Frau Schröder?
7 Geh... du in die Stadt, Silke?
8 Er sing... sehr gut.
9 Komm... ihr mit ins Kino?
10 Sie (*sing*) mach... ihre Hausaufgaben.
11 Ich hör... gern Radio.

5.3 Present tense irregular verbs

Not all verbs follow the regular pattern. The two most important irregular verbs are **haben** (*to have*) and **sein** (*to be*).

haben	*to have*		
ich habe	*I have*	wir haben	*we have*
du hast	*you have*	ihr habt	*you have*
er/sie/es hat	*he/she/it has*	sie haben	*they have*
		Sie haben	*you have*
sein	*to be*		
ich bin	*I am*	wir sind	*we are*
du bist	*you are*	ihr seid	*you are*
er/sie/es ist	*he/she/it is*	sie sind	*they are*
		Sie sind	*you are*

All other irregular verbs just change in the **du** and **er / sie / es** forms and need to be learnt separately.

The common irregular verbs can be found in the Irregular verb tables on pp. 226–7.

fahren	*to go / to drive*
ich fahre	
du fährst	
er / sie / es fährt	

lesen	*to read*
ich lese	
du liest	
er / sie /es liest	
sprechen	*to speak*
ich spreche	
du sprichst	
er / sie / es spricht	

12 Use the Irregular verb tables on pp. 226–7 to complete the following sentences using the correct form of the verb in brackets.
Beispiel: 1 Er fährt mit der Bahn zum Fußballspiel.

1 Er … mit der Bahn zum Fußballspiel. (fahren)
2 Sie (*pl*) … bis 9 Uhr. (schlafen)
3 … du Zucker? (nehmen)
4 Ich … nichts zum Frühstück. (essen)
5 … ihr gern fern? (sehen)
6 Er … meinen Geburtstag nie. (vergessen)
7 Du … immer so schnell. (sprechen)
8 Sie (*sing*) … viel schneller als ich. (laufen)
9 Was … du? (lesen)
10 Wir … unseren Freunden. (helfen)
11 Susanne … ihren Freund im Kino. (treffen)

5.4 Separable verbs

Separable verbs have two parts: the main verb and an extra word at the front, called the prefix. A very common separable verb is **ankommen** (*to arrive*). This consists of the verb **kommen** (*to come*) plus the prefix **an-** which changes the meaning from to come to to arrive.

In normal sentences in the present tense, the prefix separates from the main part of the verb and goes to the end of the clause or sentence.

<u>**an**</u>**kommen** (*to arrive*) → **Ich** <u>komme</u> **an.**
(*I arrive / I'm arriving.*)

Ich <u>komme</u> **um 9 Uhr an.** *I'm arriving at 9 o'clock.*

13 Rearrange these sentences so that the words are in the right order. To help you, the prefix of the separable verb is in bold type.
Beispiel: 1 Wir steigen am Hauptbahnhof aus.

1 steigen am Hauptbahnhof **aus** Wir. (aussteigen)
2 um 9 Uhr **ab** fährt Der Zug. (abfahren)
3 **auf** Wir sehr früh stehen. (aufstehen)
4 **fern** sieht jeden Abend Er. (fernsehen)
5 **an** um 18 Uhr Der Film fängt. (anfangen)
6 ziehe einen Pulli **an** Ich. (anziehen)

14 Write sentences using the separable verb given in brackets.
Beispiel: 1 Wir kaufen nur bei Aldi ein.

1 Wir (einkaufen) nur bei Aldi.
2 Dieser Hund (weggehen) nie!
3 Sie (*pl*) (einsteigen) in den Bus.
4 Wann (zurückkommen) sie (*sing*)?
5 Wir (umziehen) am 15. Dezember.
6 Du (aussteigen) am Rathaus.

5.5 Inseparable verbs

There is a category of verbs which have prefixes similar to those for separable verbs, but these don't separate under any circumstances, even though they look as if they should. You need to recognise these when using the perfect tense (see 5.23, p. 219).

The inseparable prefixes are:

be- emp- ent- er- ge- miss- ver- zer-

versprechen (*to promise*) from **sprechen** (*to speak*):

ich verspreche   *I promise*

The common inseparable verbs can be found in the Irregular verb tables on pp. 226–7.

5.6 Modal verbs

There is a small but very important category of verbs called modal verbs which are almost always used along with another verb in a sentence.

The modal verbs are:

dürfen	to be allowed to
können	*to be able to*
mögen	*to like*
müssen	*to have to*
sollen	*to be supposed to*
wollen	*to want to*

You should notice two things about the other verb used with a modal:

• it's always in the infinitive form (see 5.1, p. 211)

• it's usually at the end of the sentence.

Ich kann zum Fußballspiel gehen.
         I can go to the football match.

Ich will zum Fußballspiel gehen.
         I want to go to the football match.

Here are the modal verbs in full. They are all irregular, so you will have to learn them separately.

können	*to be able to*
ich könnte	*i could/would be able*
ich kann	wir können
du kannst	ihr könnt
er / sie / es kann	sie können
	Sie können

wollen	*to want to*
ich will	wir wollen
du willst	ihr wollt
er / sie / es will	sie wollen
	Sie wollen

müssen	*to have to*
ich muss	wir müssen
du musst	ihr müsst
er / sie / es muss	sie müssen
	Sie müssen

dürfen	*to be allowed to*
ich darf nicht	*i must not*
ich darf	wir dürfen
du darfst	ihr dürft
er / sie / es darf	sie dürfen
	Sie dürfen

sollen	*to be supposed to*
ich sollte	*i should*
ich soll	wir sollen
du sollst	ihr sollt
er / sie / es soll	sie sollen
	Sie sollen

mögen	*to like*
ich möcht	*i would like to do*
ich mag	wir mögen
du magst	ihr mögt
er / sie / es mag	sie mögen
	Sie mögen

The phrase **ich möchte** (*I'd like*) is a special part of the verb **mögen** and is used often in German, with or without another verb.

Ich möchte ein Eis.   *I'd like an ice-cream.*

Ich möchte ins Kino gehen.
         I'd like to go to the cinema.

15 Change the sentences from *I can …* to *I want to …* and *I must …*

   Beispiel: 1 Ich kann heute Abend fernsehen.
                Ich will heute Abend fernsehen.
                Ich muss heute Abend fernsehen.

1   Ich kann heute Abend fernsehen.
2   Ich kann meine Hausaufgaben machen.
3   Ich kann Radio hören.

4 Ich kann in die Disco gehen.
5 Ich kann zu Hause bleiben.
6 Ich kann Tischtennis spielen.

16 Add the modal verb in brackets to the following sentences.
Beispiel: 1 Ich muss in die Stadt gehen.

1 Ich gehe in die Stadt. (müssen)
2 Wir bleiben zu Hause. (wollen)
3 Du machst deine Hausaufgaben. (müssen)
4 Ich gehe nicht ins Kino. (können)
5 Sie rauchen hier nicht. (dürfen)
6 Sie trinkt eine Cola. (mögen)
7 Er spielt Tennis. (wollen)
8 Ich gehe jetzt nach Hause. (müssen)
9 Ihr kommt morgen zu mir. (können)
10 Wir vergessen unsere Hefte nicht. (dürfen)
11 Kaufst du ein neues T-Shirt? (mögen)

5.7 Reflexive verbs

These verbs often refer to something you are doing to yourself. In English, we usually don't need to use a word for *myself*, but in German you can't leave it out.

Ich wasche <u>mich</u>, rasiere <u>mich</u> und ziehe <u>mich</u> an. *I wash, shave and dress.*

In the above sentence, **mich** is called the reflexive pronoun. Each form of the verb has its own reflexive pronoun.

personal pronoun	ich	du	er/ sie / es / man	wir	ihr	Sie / sie
reflexive pronoun, acc. case	mich	dich	sich	uns	euch	sich

NB Reflexive verbs can also be separable verbs, as in **sich <u>an</u>ziehen** (to get dressed). The infinitive is always given with **sich**.

17 Fill in the gaps with the correct reflexive pronouns.
Beispiel: 1 Ich wasche mich jeden Morgen.

1 Ich wasche … jeden Morgen. (sich waschen – *to get washed*)
2 Er zieht … um. (sich umziehen – *to get changed*)
3 Sie setzt … auf den Stuhl. (sich setzen – *to sit down*)
4 Ich lege … jetzt hin. (sich hinlegen – *to lie down / have a rest*)

5 Du regst … immer auf. (sich aufregen – *to get worked up*)
6 Wir erkälten … hier. (sich erkälten – *to catch a cold*)

The reflexive pronouns can also occur in the dative case. This happens, for example, when the verb has two objects, an indirect object as well as a direct object:

Ich putze <u>mir</u> die Zähne. *I'm cleaning my teeth.* (Germans say *I'm cleaning the teeth <u>to me</u>.*)

The dative reflexive pronouns are the same as the accusative forms except for **mir** instead of **mich** and **dir** instead of **dich**.

5.8 Verbs followed by the dative

There is a small group of verbs which are always followed by the dative when you would expect them to be followed by a direct object (as in English). The most common ones are: **helfen**, **folgen**, **danken**.

Können Sie <u>mir</u> bitte helfen?
Please can you help me?

Folgen Sie <u>dem</u> Mann! *Follow that man!*

Ich danke <u>Ihnen</u> sehr. *Thank you very much.*

5.9 Impersonal verbs

Some expressions only use the **es** form of the verb. The most common example of this is **Wie geht's?** (*How are you?*), short for **Wie geht es?** or **Wie geht es dir?**

Normally, the answer to this question is **Gut, danke** (*Fine, thanks*), but you can use the full version if you want:

<u>Es</u> geht <u>mir</u> gut, danke.

Whenever you want to show who is feeling fine, you don't change the **es**, you use the correct dative pronoun:

Es geht <u>uns</u> gut. *We're fine.*

Es geht <u>ihr</u> gut *She's fine.*

Other very common expressions that work in this way are:

Es tut mir weh.	*I'm hurting / It's hurting me.*
Es tut mir Leid.	*I'm sorry.*
Es gefällt mir.	*I like it.*
Es ist mir kalt / warm / übel.	
	I feel cold / warm / sick.

NB You can also miss out the **es** in the last example: **Mir ist kalt / warm / übel.**

If you want to say *there is / there are*, you use **es gibt** with the accusative case:

Es gibt einen Dom in der Stadt. *There's a cathedral in the city.*

5.10 zu + infinitive

Infinitives are usually used with another verb. Often, for example with modal verbs, all you need is that other verb:

Er will Tennis <u>spielen</u>. *He wants to play tennis.*

However, some expressions need to have the extra word **zu** in the sentence as well, e.g. the verb **hoffen** (*to hope*):

Ich hoffe, morgen ins Kino <u>zu gehen</u>.
I'm hoping to go to the cinema tomorrow.

Notice that the infinitive is at the end of the sentence and that there is a comma separating the two clauses in the sentence.

The most common verbs used with **zu** + infinitive are:

anfangen	*to start (doing something)*
aufhören	*to stop (doing something)*
helfen	*to help (someone to do something)*
hoffen	*to hope (to do something)*
Lust haben	*to want (to do something)*
vergessen	*to forget (to do something)*
versprechen	*to promise (to do something)*
vorhaben	*to intend (to do something)*

18 Join each pair of phrases to make one longer sentence using **zu** + infinitive.
Beispiel: 1 Ich verspreche, meine Schulaufgaben zu machen.

1 Ich verspreche …
   Ich mache meine Schulaufgaben.
2 Kann ich dir helfen, …
   Du trägst den schweren Koffer.
3 Sie hat vor, …
   Sie fährt im Sommer nach Berlin.
4 Er hat vergessen, …
   Er schreibt an seine Oma.
5 Wir haben angefangen, …
   Wir lernen Spanisch.
6 Sie sollten aufhören, …
   Sie sehen so viel fern.

5.11 *I like ...* and *I prefer ...*

a mögen / gefallen / gern

You can use the verb **mögen** to say you like something:

Ich mag Kekse. *I like biscuits.*

Another way of saying *I like it* or *I don't like it* is to use the verb **gefallen**.

Ich mag es / Das gefällt mir. *I like it.*
Ich mag es nicht / Das gefällt mir nicht.
I don't like it.

A third way of saying that you enjoy doing something in German is by adding the word **gern** straight after the verb in the sentence.

Ich esse <u>gern</u> Kekse. *I like eating biscuits.*

NB **gern** on its own does not mean *like*. You must always use it with a verb.

b lieber

To say that you prefer doing something, change **gern** to **lieber**:

Ich esse <u>lieber</u> Kekse. *I prefer eating biscuits.*

c am liebsten

To say you like eating something best of all, use **am liebsten**.

Ich esse <u>gern</u> Kekse, ich esse <u>lieber</u> Bonbons, aber ich esse <u>am liebsten</u> Eis.
I like eating biscuits, I prefer eating sweets, but I like eating ice-cream best of all.

5.12 Imperative

The imperative is used to give orders or instructions.

Frag deinen Vater! *Ask your father.*

Geh auf dein Zimmer! *Go to your room.*

As there are three words for *you* in German, there are three different ways of forming the imperative.

a Familiar singular (du form)

Take the **-st** off the **du** form of the verb and drop the **du**. For regular verbs, you can then add **-e**, but this is often left off in speech:

Du kaufst. → **Kauf(e)!**

You never add an **-e** to irregular verbs. Any umlaut on the verb disappears:

Du fährst.	→	**Fahr!**
Du liest.	→	**Lies!**

b Familiar plural (ihr form)

For all verbs, simply drop the **ihr**:

Ihr fahrt.	→	**Fahrt!**
Ihr kauft.	→	**Kauft!**
Ihr lest.	→	**Lest!**

c Polite singular / plural (Sie form)

For all verbs, simply invert the verb and the pronoun **Sie**:

Sie fahren.	→	**Fahren Sie!**
Sie kaufen.	→	**Kaufen Sie!**
Sie lesen.	→	**Lesen Sie!**

19 Change the following statements into commands.
Beispiel: 1 Bleib hier im Zimmer!

1 Du bleibst hier im Zimmer.
2 Du fährst mit dem Bus.
3 Du nimmst die zweite Straße links.
4 Du gehst um die Ecke.
5 Du rufst die Polizei an.
6 Du trinkst nicht so viel.

20 Rewrite the commands in Exercise 19 in the **ihr** and **Sie** forms.
Beispiel: 1 Bleibt hier im Zimmer!
Bleiben Sie hier im Zimmer!

5.13 Negatives

a nicht

Nicht means *not*. It usually comes immediately after the verb when there is no object.

Ich gehe <u>nicht</u> zum Fußballspiel.
I'm not going to the football match.

When there is an object, **nicht** usually comes directly after it:

Er mag Fußball <u>nicht</u>. *He doesn't like football.*

Some sentences have more than one verb. In such cases, make sure that **nicht** is positioned before the verb it refers to:

Ich kann meine Jacke nicht finden.
I can't find my jacket.

b The negative article: kein / keine / kein

Nicht is not the only way of saying *not* in German. Germans never say **nicht ein**, they say **kein**. Like **ein** it can change depending on gender and case. The endings are exactly the same as for **ein** (see 1.2, p. 206). Here are a couple of examples:

Ich habe <u>keine</u> Schwester. *I don't have / haven't got a sister.*

Er hat <u>kein</u> Geld.   *He hasn't got any money.*

5.14 Using the present tense for the future

Talking about the future in German is very straightforward. all you need to do is use the present tense and say *when* something is going to happen.

Wir spielen Tennis.   *We're playing tennis.*

→ **Wir spielen <u>morgen</u> Tennis.**
We are playing (or are going to play) tennis tomorrow.

Er fliegt nach New York.
He's flying to New York.

→ **Er fliegt <u>am Samstag</u> nach New York.**
He is flying (or is going to fly) to New York on Saturday.

21 Change the sentences from present to future by adding the time phrase in brackets.
Beispiel: 1 Ich mache heute Abend meine Hausaufgaben.

1 Ich mache meine Hausaufgaben. (heute Abend)
2 Ich gehe ins Theater. (nächste Woche)
3 Wir fahren nach Amerika. (nächstes Jahr)
4 Meine Freundin kommt zu Besuch. (nächsten Monat)
5 Er bleibt in Köln. (in den Sommerferien)
6 Sie feiert ihren Geburtstag. (Ende Mai)

5.15 Using werden for the future

You can also use the verb **werden** with an infinitive to talk about the future. You only need to do this if you are expressing a firm intention or making a resolution about the future, as in a New Year's resolution.

Ich <u>werde</u> früher ins Bett gehen.
I will go to bed earlier.

Notice that the main infinitive verb goes to the end of the sentence. Here is the verb **werden** in full:

ich werde	*I will*	wir werden	*we will*
du wirst	*you will*	ihr werdet	*you will*
er/sie/es wird	*he/she/it will*	sie werden	*they will*
		Sie werden	*you will*

22 Change the sentences from the present tense to the future using **werden**.

Beispiel: 1 Ich werde den ganzen Tag schwimmen.

1 Ich schwimme den ganzen Tag.
2 Sie arbeiten viel.
3 Er studiert nicht.
4 Fahrt ihr nach Deutschland?
5 Wir reparieren den Wagen.
6 Tragen Sie einen Schlips?
7 Die Kinder gehen auf den Spielplatz.
8 Liest du die Zeitung?
9 Sie bringt das Geschenk.
10 Ich ziehe mich nicht aus.

5.16 Conditional

a would

You use the conditional when you want to say *would*. In German, you use the following parts of the verb **werden** plus the infinitive at the end of the sentence.

ich würde	*I would*	wir würden	*we would*
du würdest	*you would*	ihr würdet	*you would*
er/sie/es würde	*he/she/it would*	sie würden	*they would*
		Sie würden	*you would*

Ich würde das Haus nicht kaufen.

> *I wouldn't buy the house.*

Sie würde ins Theater gehen.

> *She would go to the theatre.*

23 Change the sentences in Exercise 22 from the present tense to the conditional.

Beispiel: 1 Ich würde den ganzen Tag schwimmen.

b Conditional of haben and sein

You usually use **hätte** instead of **würde haben** and **wäre** instead of **würde sein**.

Ich hätte gern ein Eis.

> *I'd like an ice-cream.*

Ich wäre sehr glücklich.

> *I would be very happy.*

5.17 Perfect tense

You use the perfect tense to talk about things which happened in the past. It is made up of two parts:

• an auxiliary (or 'helping') verb – either **haben** or **sein**

• the past participle of the verb you wish to use, e.g. **gekauft**, **gesehen**, which goes at the end of the sentence.

Important! You must have both parts to form a sentence which makes sense.

Look at these examples:

Ich habe ein Eis gekauft.

> *I bought (or have bought) an ice-cream.*

Ich habe den neuen Film gesehen.

> *I saw (or have seen) the new film.*

5.18 Past participle

Verbs that are regular in their formation of the past participle (regular or 'weak' verbs) always follow the same pattern. Take off the **-en** from the infinitive and add **ge-** to the beginning of the stem and **-t** to the end.

infinitive		past participle
hören	*to hear / listen to*	**gehört**
machen	*to do / make*	**gemacht**
sagen	*to say*	**gesagt**

Verbs that are irregular in their formation of the past participle (irregular or 'strong' verbs) don't always follow the same pattern and need to be learnt separately. The most common ones are listed in the Irregular verb tables on pp. 226–7. Most of them begin with **ge-** and end with **-en**. There is often a vowel change in the stem.

infinitive		past participle
schlafen	*to sleep*	**geschlafen**
schreiben	*to write*	**geschrieben**
trinken	*to drink*	**getrunken**

24 Complete these sentences with the correct past participle of the verb in brackets.
Beispiel: 1 Ich habe ein Buch gelesen.

1 Ich habe ein Buch … (lesen)
2 Ich habe Pommes frites … (essen)
3 Ich habe einen guten Film … (sehen)
4 Ich habe zwei CDs … (kaufen)
5 Ich habe Karten … (spielen)
6 Ich habe eine Cola … (trinken)

5.19 Perfect tense with haben

25 Change the sentences in Exercise 24 to *she …* (**sie …**)
Beispiel: 1 Sie hat ein Buch gelesen.

26 Change the sentences in Exercise 24 to *we …* (**wir …**)
Beispiel: 1 Wir haben ein Buch gelesen.

27 Put these sentences into the perfect tense.
Beispiel: 1 Ich habe eine Cola getrunken.

1 Ich trinke eine Cola.
2 Ich mache meine Hausaufgaben.
3 Sie kauft ein neues Computerspiel.
4 Wir spielen Fußball.
5 Er hört immer Radio.
6 Du liest die Zeitung.
7 Ich schlafe bis 11 Uhr.
8 Sie sehen ihre Mutter.
9 Wir essen keinen Kuchen.
10 Ihr trinkt zwei Tassen Tee.
11 Schreibst du eine Postkarte?

5.20 Perfect tense with sein

Most verbs use **haben** as their auxiliary, but some of the most frequently used verbs take **sein**. Most of the verbs that take **sein** are verbs of motion or movement, e.g. **gehen** (*to go*), **schwimmen** (*to swim*), **kommen** (*to come*).

Ich <u>bin</u> ins Kino <u>gegangen</u>.
I went to the cinema.

Du <u>bist</u> jeden Tag <u>geschwommen</u>.
You swam every day.

Mein Onkel <u>ist</u> gestern <u>gekommen</u>.
My uncle came yesterday.

28 Put these sentences into the perfect tense using the correct part of **sein**.
Beispiel: 1 Ich bin ins Kino gegangen.

1 Ich gehe ins Kino.
2 Wann kommt er nach Hause?
3 Sie fahren mit dem Zug nach London.
4 Sie schwimmt jeden Tag im See.
5 Wir fliegen nach Rom.
6 Ich bleibe den ganzen Tag im Bett.
7 Du läufst schnell zum Supermarkt.
8 Mein Hund stirbt.
9 Gehst du zur Schule?
10 Wir wandern am Sonntag im Wald.
11 Die Kinder klettern auf den Baum.

5.21 Perfect tense of reflexive verbs

All reflexive verbs use **haben** as their auxiliary.

Ich <u>habe</u> mich gewaschen.   *I had a wash.*

Sie <u>hat</u> sich angezogen.   *She got dressed.*

29 Change these sentences from the present tense to the perfect tense.
Beispiel: 1 Ich habe mich jeden Morgen gewaschen.

1 Ich wasche mich jeden Morgen.
2 Wir ziehen uns um.
3 Ich setze mich auf den Stuhl.
4 Er legt sich jetzt hin.
5 Sie regt sich immer auf.
6 Du erkältest dich hier.

5.22 Perfect tense of separable verbs

When you form the past participle of separable verbs, the prefix (see 5.4, p. 212) is no longer separate.

infinitive		past participle
einkaufen	*to go shopping*	**eingekauft**
ankommen	*to arrive*	**angekommen**

Er hat im Supermarkt <u>eingekauft</u>.
He went shopping in the supermarket.

Wir sind um 11 Uhr <u>angekommen</u>.
We arrived at 11 o'clock.

Notice that these verbs can use either **haben** or **sein** as their auxiliary.

30 Rewrite these sentences in the perfect tense.

Beispiel: 1 Er ist am Bahnhof ausgestiegen.

  1 Er steigt am Bahnhof aus.
  2 Der Zug fährt um 9 Uhr ab.
  3 Wir stehen sehr früh auf.
  4 Er sieht jeden Abend fern.
  5 Der Film fängt um 18 Uhr an.
  6 Ich ziehe einen Pulli an.

5.23 Perfect tense of inseparable verbs

Inseparable verbs have no **ge-** in their past participle.

infinitive		past participle
erklären *to explain*		**erklärt**
bekommen	*to get / receive*	**bekommen**
vergessen	*to forget*	**vergessen**

Ich habe meinen Mantel vergessen.
                         I've forgotten my coat.

31 Rewrite these sentences in the perfect tense.

Beispiel: 1 Ich habe ihren Namen vergessen.

  1 Ich vergesse ihren Namen.
  2 Sie bekommt die Woche 7 Euro Taschengeld.
  3 Wir verstehen den Text nicht.
  4 Sie besuchen ihre Verwandten in Australien.
  5 Er erklärt das Problem.
  6 Du bestellst immer dasselbe Getränk.

5.24 Perfect tense of haben and sein

Haben and **sein** can also be used in the perfect tense.

Ich habe keine Zeit gehabt.   *I had no time.*

Ich bin in der Schule gewesen.   *I was in school.*

5.25 Imperfect tense regular verbs

You can also use the imperfect tense to talk about the past. The first thing to remember is that there is no difference in *meaning* between the perfect tense and the imperfect tense. The following two sentences can both mean *I bought a CD* or *I have bought a CD*.

Ich habe eine CD gekauft. *(perfect)*

Ich kaufte eine CD.   *(imperfect)*

The difference between the two tenses is that the perfect tense is *usually* used in spoken German and the imperfect tense is *usually* used in written German. But this isn't a hard and fast rule. So it doesn't matter which you use.

To form the imperfect tense of regular verbs, you add the following endings to the stem:

kaufen	*to buy*
ich kauf**te**	wir kauf**ten**
du kauf**test**	ihr kauf**tet**
er / sie / es kauf**te**	sie kauf**ten**
	Sie kauf**ten**

When the stem ends in **-t** or **–d**, the stem adds an extra **-e**:

warten   →   **wart<u>ete</u>**
arbeiten   →   **arbeit<u>ete</u>**

5.26 Imperfect tense irregular verbs

All irregular verbs change their stem in the imperfect tense. You then add the following endings to the stem:

fahren	*to go*
ich fuhr	wir fuhr**en**
du fuhr**st**	ihr fuhr**t**
er / sie / es fuhr	sie fuhr**en**
	Sie fuhr**en**

5.27 I had and I was

To say *I had* and *I was*, use the imperfect tense of **haben** and **sein**:

Ich <u>hatte</u> keine Zeit.   *I had no time.*

Ich <u>war</u> in der Schule.   *I was in school.*

haben	*to have*		
ich hatte	*I had*	wir hatten	*we had*
du hattest	*you had*	ihr hattet	*you had*
er/sie/es hatte	*he/she/it had*	sie hatten	*they had*
		Sie hatten	*you had*

sein	*to be*		
ich war	*I was*	wir waren	*we were*
du warst	*you were*	ihr wart	*you were*
er/sie/es war	*he/she/it was*	sie waren	*they were*
		Sie waren	*you were*

5.28 Imperfect tense of modal verbs

If you want to talk about the past using modal verbs, use the imperfect tense forms. Here is the verb **können** in full:

ich konnte	wir konnten
du konntest	ihr konntet
er / sie / es konnte	sie konnten
	Sie konnten

Here are the **ich** forms of the other modal verbs. The endings for the other parts follow the same pattern as **können**.

infinitive	ich form	English meaning
dürfen	**durfte**	was allowed to
können	**konnte**	could / was able to
mögen	**mochte**	liked
müssen	**musste**	had to
sollen	**sollte**	was supposed to
wollen	**wollte**	wanted to

NB When you use an imperfect tense modal verb with another verb, this second verb remains in the infinitive.

32 Rewrite these sentences to say *I wanted to …* (**ich wollte** …) and *I had to …* (**ich musste** …).
Beispiel: 1 Ich wollte heute Abend fernsehen.
Ich musste heute Abend fernsehen.

1 Ich konnte heute Abend fernsehen.
2 Ich konnte meine Hausaufgaben machen.
3 Ich konnte Radio hören.
4 Ich konnte in die Disco gehen.
5 Ich konnte zu Hause bleiben.
6 Ich konnte Tischtennis spielen.

33 Add the correct form of the modal verb in brackets in the imperfect tense to the following sentences.
Beispiel: 1 Ich musste in die Stadt gehen.

1 Ich gehe in die Stadt. (müssen)
2 Wir bleiben zu Hause. (wollen)
3 Du machst deine Hausaufgaben. (müssen)
4 Ich gehe nicht ins Kino. (sollen)
5 Sie rauchen hier nicht. (dürfen)
6 Sie trinkt eine Cola. (wollen)

5.29 konnte or könnte?

If you want to say *could*, meaning *was able to* (i.e. in the imperfect tense), you use the imperfect tense form **konnte**, as in the sentences in Exercise 33 above.

However, if you want to say *could*, meaning *would be able to* (i.e. the conditional), you use **könnte**. Look at these examples.

Ich war gestern krank. Ich <u>konnte</u> nicht zur Schule gehen.
I was ill yesterday. I couldn't (wasn't able to) go to school.

Ich habe heute keine Arbeit. Ich <u>könnte</u> ins Kino gehen.
I haven't got any work to do today. I could (would be able to) go to the cinema.

Here are the other parts of the verb:

ich könnte	wir könnten
du könntest	ihr könntet
er / sie / es könnte	sie könnten
	Sie könnten

34 Fill in the gaps with the correct form of **konnte** or **könnte**.
Beispiel: 1 Das Wetter war schön. Sie konnten sich am Strand sonnen.

1 Das Wetter war sehr schön. Sie … sich am Strand sonnen.
2 Was machen wir denn heute Abend? Wir … uns einen Film ansehen.
3 Hast du am Samstag Zeit? Du … zu uns kommen.
4 Ich hatte keine Zeit. Ich … ihn nicht besuchen.
5 Er will Deutsch lernen. Er … einen Sprachkurs machen.

5.30 Pluperfect tense

The pluperfect is made up of two parts:

• the imperfect tense of **haben** or **sein** (see 5.27, p. 219)

• the past participle of the main verb.

Ich hatte schon einen Mantel gekauft.
I had already bought a coat.

Er war schon angekommen.
He had already arrived.

As in English, the pluperfect in German is used to report events that took place before another event in the past.

Ich war müde, denn ich hatte den ganzen Tag gearbeitet.
I was tired, for I had worked all day.

Notice that the first part of the sentence (the main clause) is in the imperfect tense.

35 Join the following pairs of sentences using **denn** and the pluperfect.
Beispiel: 1 Sie schlief ein, denn sie hatte den ganzen Tag gearbeitet.

1 Sie schläft ein. Sie hat den ganzen Tag gearbeitet.
2 Wir sind enttäuscht. Unsere Freunde haben uns nicht besucht.
3 Sie sind verärgert. Der Zug ist schon abgefahren.
4 Er geht nach Hause. Er hat sein Geld vergessen.
5 Sie langweilt sich. Sie ist den ganzen Abend zu Hause geblieben.
6 Mir ist kalt. Ich habe keinen Pulli angezogen.

6 Prepositions

These are small words which tell you the position of something, e.g *on the desk* or *under the desk* or *next to the desk*. Examples are **auf**, **unter**, **mit**, **zu** and they almost always come before a noun, as in English, e.g. **auf dem Tisch** (*on the table*).

They also change the case of the noun that follows them, e.g. **mit dem Bus**.

There are three main groups of prepositions.

6.1 Prepositions with the accusative

The following prepositions are always followed by the accusative case.

durch	through
für	for
gegen	against
ohne	without
um	around

der Wald → **durch den Wald**

Ich laufe durch den Wald.
I'm running / walking through the forest.

36 Fill in the gaps with the correct form of the definite article.
Beispiel: 1 Ich sehe durch das Fenster.

1 Ich sehe durch … Fenster (*n*).
2 Ich kaufe ein Geschenk für … Lehrer (*m*).
3 Gehen Sie um … Ecke (*f*).
4 Ich komme durch … Fußgängerzone (*f*).
5 Er geht ohne … Mädchen (*n*).
6 Wir spielen gegen … beste Mannschaft (*f*).

NB **Entlang** (*along*) always comes after the noun:

Ich gehe die Straße entlang.
I am walking along the street.

6.2 Prepositions with the dative

The following prepositions are always followed by the dative case.

aus	out of / from
bei	at the house of
mit	with
nach	after
seit	since / for
von	by / of
zu	to / at

das Haus → **aus dem Haus**

Die Kinder kommen aus dem Haus.
The children are coming out of the house.

37 Fill in the gaps with the correct form of the definite article.
Beispiel: 1 Ich spreche mit dem Lehrer.

1 Ich spreche mit … Lehrer (*m*).
2 Ich fahre mit … Bahn (*f*) in die Stadt.
3 Sie ist seit … Wochenende (*n*) hier.
4 Das ist das Auto von … Arzt (*m*).
5 Wie kommt man zu … Bahnhof (*m*)?
6 Sie gehen nach … Mittagspause (*f*) zum Café.

6.3 Prepositions with the accusative or the dative

The following prepositions are followed by the accusative case when there is movement towards a place and the dative case when there is no movement towards a place.

an	at
auf	on
hinter	behind
in	in
neben	next to
über	above / over
unter	under / below
vor	in front of / before / ago
zwischen	between

Dat., no movement:

Meine Mutter arbeitet <u>in der</u> Schule.

My mother works in the school.

Acc., movement:

Meine Mutter geht <u>in die</u> Schule.

My mother is going to the school.

38 Fill in the gaps with the correct form of the word in brackets.
Beispiel: 1 Der Hund liegt unter dem Tisch.

I Der Hund liegt unter ... Tisch (*m*). (der)
2 Der Junge wohnt in ... großen Haus (*n*). (ein)
3 Sie geht in ... Supermarkt (*m*). (der)
4 Sie stehen vor ... Kino (*n*). (das)
5 Er hängt das Bild an ... Wand (*f*). (sein)
6 Ingrid legt die Teller auf ... Tisch (*m*). (der)
7 Sie sitzt auf ... Mantel (*m*). (mein)
8 Er besuchte uns vor ... Monat (*m*). (ein)
9 Gehen wir in ... Theater (*n*)? (das)
10 Stell die Schuhe hinter ... Stuhl (*m*). (der)
11 Wir wohnen in ... Stadt (*f*). (ein)

NB Some prepositions can combine with the article to form a single word. Here are the most common contractions:

an + dem	=	**am**
bei + dem	=	**beim**
in + das	=	**ins**
in + dem	=	**im**
zu + dem	=	**zum**
zu + der	=	**zur**

6.4 seit + present tense

In German, you use the present tense with **seit** (meaning *since* or *for*) to say how long you've been doing something.

Ich wohne hier seit August.

I've been living here since August.

Ich wohne hier seit 7 Jahren.

I've been living here for 7 years.

7 Word order

Simple sentences often follow the same pattern as English ones:

> Subject – Verb – Object

Mein Bruder hat eine Katze.

My brother has a cat.

Wir gehen in die Stadt.

We are going to town.

Dein Mantel ist im Wohnzimmer.

Your coat is in the living room.

7.1 Asking questions

There are two ways of forming questions: beginning with a verb or with a question word.

a Questions beginning with verbs

In German, all you have to do to make a question out of a simple phrase is to turn round (or 'invert') the subject and the verb.

statement	question
Sie trinkt immer Tee.	**Trinkt sie immer Tee?**
She always drinks tea.	*Does she always drink tea?*

Notice that in German you don't have to add anything for the word *does*.

39 Change the following sentences into questions.
Beispiel: 1 Spielst du gut Tennis?

I Du spielst gut Tennis.
2 Mein Freund bleibt zu Hause.
3 Das Mädchen kommt aus Griechenland.
4 Sein Bruder läuft gern Ski.
5 Sie gehen auf die Party.
6 Er trinkt Kaffee ohne Milch.

b Questions words

Another way of asking questions is to begin with a so-called 'question word' such as **Wann?** (*When?*), **Wo?** (*Where?*) or **Warum?** (*Why?*). Here are the most common ones:

Wann?	When?
Warum?	Why?
Was?	What?
Was für?	What sort of?
Wie?	How?
Wie viel?	How much?
Wo?	Where?
Wohin?	Where to?
Woher?	Where from?
Wer?	Who?
Welcher / Welche / Welches?	Which?

When you use a question word to ask a question, you have to invert the subject and verb as you do with questions beginning with verbs.

Was trägst du morgen zur Schule?
What are you wearing for school tomorrow?

Wie viel kostet der Pulli?
How much does the jumper cost?

Wer hat meine Tasche geklaut?
Who's pinched my bag?

7.2 Expressions of time and frequency

The golden rule of German word order is that the verb must always be the second 'idea' in the sentence. What does that mean? What is meant by an 'idea'? Look at this example:

My mother goes to church every week.

You can divide this sentence into four main 'ideas'. As you can see, an 'idea' can be expressed in more than one word.

1	2	3	4
My mother	goes	to church	every week.

The same sentence in German can be written in two different ways:

Meine Mutter <u>geht</u> jede Woche in die Kirche.
or
Jede Woche <u>geht</u> meine Mutter in die Kirche.

Notice that in both sentences the verb is the second 'idea'.

40 In the following sentences put the phrase in brackets straight after the verb.
Beispiel: 1 Ich mache heute Abend meine Hausaufgaben.

1 Ich mache meine Hausaufgaben. (heute Abend)
2 Sie geht ins Schwimmbad. (jeden Tag)
3 Er arbeitet in einer Drogerie. (samstags)
4 Sie spielen gegen Stuttgart. (am Sonntag)
5 Wir haben einen neuen Wagen gekauft. (vor drei Wochen)
6 Ich bin nach Frankreich gefahren. (letzten Sommer)

41 Now rewrite the sentences from Exercise 40, this time starting with the phrase in brackets.
Beispiel: 1 Heute Abend mache ich meine Hausaufgaben.

Time = When?	Manner = How?
Place = Where / Where to?	

7.3 Time, manner, place

In German, you always have to follow the **Wann? Wie? Wo?** rule. This means that time (*when?*) always comes before manner (*how?*) with place (*where?*) last. For example, consider the following English sentence:

I'm going to Cologne at the weekend by train.

In German, following the **Wann? Wie? Wo?** rule, the sentence looks like this:

	time	*manner*	*place*
Ich fahre	am Wochenende	mit dem Zug	nach Köln.

42 Join the phrases in the right order to make one sentence.
Beispiel: 1 Wir gehen am Freitag zusammen ins Theater.

1 Wir gehen / ins Theater / zusammen / am Freitag.
2 Sie wohnt / seit drei Jahren / in Dortmund / mit ihrer Schwester.
3 Sie spielen / mit ihren Kindern / im Garten / am Wochenende.
4 Ich fahre / zur Schule / mit der Bahn / jeden Tag.
5 Er bleibt / in Hamburg / bis November / bei seiner Tante.
6 Wir fahren / mit dem Zug / nach Frankreich / im Sommer.

43 Rearrange the six sentences in Exercise 42 above so that they all begin with the time phrase. Don't forget to invert the subject and verb.

Beispiel: 1 Am Freitag gehen wir zusammen ins Theater.

7.4 Co-ordinating conjunctions

Conjunctions are small words which join together two sentences or parts of sentences to form longer sentences. Here are four common ones in German:

aber	*but*
denn	*as* (meaning *because*)
oder	*or*
und	*and*

These don't affect the word order of the sentence at all, so they are as easy to use in German as they are in English.

Ich will ein Eis essen <u>und</u> dann ins Kino gehen.
I want to eat an ice-cream and then go to the cinema.

Ich muss meine Hausaufgaben machen, <u>aber</u> ich habe keine Lust.
I've got to do my homework, but I don't feel like it.

Notice that you have to put a comma before **aber**, but not before **und**.

7.5 Subordinating conjunctions

The following conjunctions make the main verb move to the end of the sentence.

damit	*so that* (*with the intention that*)
dass	*that*
ob	*if / whether*
wenn	*whenever / if*
weil	*because*

• **wenn**

Ich bleibe drinnen. Das Wetter ist schlecht.
 I stay indoors. The weather's bad.

→ **Ich bleibe drinnen, wenn das Wetter schlecht ist.**
 I stay indoors whenever / if the weather's bad.

• **weil**

Ich mache meine Hausaufgaben nicht. Ich habe keine Lust. *I'm not doing my homework. I don't feel like it.*

→ **Ich mache meine Hausaufgaben nicht, weil ich keine Lust habe.**
I'm not doing my homework because I don't feel like it.

44 Join these phrases together using **wenn** or **weil**.

Beispiel: 1 Ich bin immer sehr müde, weil ich spät ins Bett gehe.

1 Ich bin immer sehr müde. Ich gehe spät ins Bett. (weil)
2 Sie geht gern zur Schule. Der Unterricht ist immer interessant. (weil)
3 Er hört gern Musik. Er ist allein. (wenn)
4 Ich esse gern Pizza. Ich gehe in die Stadt. (wenn)
5 Wir mögen Mathe nicht. Der Lehrer ist zu streng. (weil)
6 Jürgen hat Kopfschmerzen. Er hat zu viel Bier getrunken. (weil)

damit, dass, ob

These are three more conjunctions that send the verb to the end of the sentence.

Ich rufe sie an, <u>damit</u> sie nicht kommt.
 I'll call her so that she won't come.

Ich weiß, <u>dass</u> er einen Hund hat.
 I know that he's got a dog.

Ich weiß nicht, <u>ob</u> er einen Hund hat.
 I don't know whether he's got a dog.

7.6 um … zu …

um … **zu** … is a very useful phrase which is used with the infinitive and means *in order to*. In English, we don't say *in order to* very much. Have a look at these two sentences:

I'm going to town to buy a book.
I'm going to town in order to buy a book.

We're much more likely to say the first sentence. It's shorter and easier. However, in German you can't leave out the *in order to*.

Ich gehe in die Stadt, <u>um</u> ein Buch <u>zu</u> kaufen.

There's always a comma before **um**. The verb in the second half of the sentence is always in the infinitive and it always goes to the end of the sentence.

45 Join the following pairs of sentences using **um … zu …**

Beispiel: 1 Sie fährt nach Frankreich, um den Eiffelturm zu sehen.

1 Sie fährt nach Frankreich. Sie will den Eiffelturm sehen.
2 Er ruft den Arzt an. Er will einen Termin machen.
3 Ich bleibe in der Schule. Ich will mit meinem Lehrer sprechen.
4 Wir fahren nach Hamburg. Wir wollen unsere Mutter besuchen.
5 Sie trainieren jeden Tag. Sie wollen das Turnier gewinnen.
6 Du solltest viel Gemüse essen. Du willst gesund bleiben.

7.7 ohne zu …

ohne zu … is another very useful construction which is used with the infinitive and means without doing something.

Er kam ins Zimmer, <u>ohne</u> zu klopfen.
He came into the room without knocking.

46 Join the following sentences using **ohne zu** …
Beispiel: 1 Er kam ins Zimmer, ohne zu klopfen.

1 Er kam ins Zimmer. Er klopfte nicht.
2 Sie ging nach Hause. Sie las den Brief nicht.
3 Er war den ganzen Abend in der Kneipe. Er trank kein Bier.
4 Ich suchte überall im Haus. Ich fand meinen Reisepass nicht.
5 Du gehst immer aus. Du trägst keinen Mantel.
6 Wir sprachen mit dem Mädchen. Wir wussten ihren Namen nicht.

7.8 Relative pronouns

You already know that when Germans ask a question beginning with *who* they use the word **wer**? However, you don't always use the word *who* in a question, e.g. I know a man *who* lives in London. In this sentence, the word *who* is not a question word, it's a relative pronoun. And in German you can't use **wer** as a relative pronoun because **wer** is *always* a question word. Instead, Germans just use the definite article, the word for *the*. Here is the same sentence in German.

Ich kenne einen Mann, <u>der</u> in London wohnt.

In German, the relative pronoun has to agree with the gender and case of the noun which it refers to.

Ich sehe eine Frau, <u>die</u> einen Hut trägt.
I can see a woman who's wearing a hat.

The relative pronoun can be used for things as well as people, so it can mean *that* or *which* as well as *who*.

Ich mag das Haus, <u>das</u> einen Garten hat.
I like the house that has a garden.

47 Join the following sentences with the correct relative pronoun.
Beispiel: 1 Karsten hat einen Bruder, der in München wohnt.

1 Karsten hat einen Bruder. Er wohnt in München.
2 Ich fahre mit der Straßenbahn. Sie fährt über Nollendorf.
3 Sie wohnen in dem Haus. Es liegt auf dem Hügel.
4 Fahren Sie mit dem Bus. Er hält dort an.
5 Ich habe eine Katze. Sie schläft auf meinem Bett.
6 Kennst du den Lehrer? Er arbeitet nur freitags.

8   Irregular verb tables

The following table lists the common German verbs which have irregular forms in the present, imperfect or perfect tenses. Please note the following.

• Past participles marked with an asterisk use **sein** to form the perfect tense.

• Modal verbs are not included. (See 5.6, p. 213 for a full list of modal verb forms.)

• **Haben** and **sein** are not included. (See 5.19, 5.20, 5.24, pp. 218–219.)

• Separable verbs are not included. Look up the main part of the verb without the prefix, e.g. for **ankommen** look up **kommen**.

infinitive	third person present tense	third person imperfect tense	past participle	English meaning
backen	bäckt	backte, buk	gebacken	to bake
beginnen	beginnt	begann	begonnen	to begin
beißen	beißt	biss	gebissen	to bite
bieten	bietet	bot	geboten	to offer
bitten	bittet	bat	gebeten	to ask for
bleiben	bleibt	blieb	geblieben*	to stay
brechen	bricht	brach	gebrochen	to break
brennen	brennt	brannte	gebrannt	to burn
bringen	bringt	brachte	gebracht	to bring
denken	denkt	dachte	gedacht	to think
empfehlen	empfiehlt	empfahl	empfohlen	to recommend
essen	isst	aß	gegessen	to eat
fahren	fährt	fuhr	gefahren*	to go / drive
fallen	fällt	fiel	gefallen*	to fall
fangen	fängt	fing	gefangen	to catch
finden	findet	fand	gefunden	to find
fliegen	fliegt	flog	geflogen*	to fly
fliehen	flieht	floh	geflohen*	to run away
frieren	friert	fror	gefroren*	to freeze
geben	gibt	gab	gegeben	to give
gefallen	gefällt	gefiel	gefallen	to please
gehen	geht	ging	gegangen*	to go
gewinnen	gewinnt	gewann	gewonnen	to win
halten	hält	hielt	gehalten	to hold
helfen	hilft	half	geholfen	to help
kennen	kennt	kannte	gekannt	to know
kommen	kommt	kam	gekommen*	to come
lassen	lässt	ließ	gelassen	to let / allow

laufen	läuft			
lesen	liest			
liegen	liegt			
nehmen	nimmt			
nennen	nennt			
reiten	reitet			
rennen	rennt			
riechen	riecht			
rufen	ruft			
scheinen	scheint			
schieben	schiebt			
schießen	schießt			
schlafen	schläft			
schlagen	schlägt			
schneiden	schneidet			
schreiben	schreibt	schrieb		
schreien	schreit	schrie	geschrie(e)n	
schwimmen	schwimmt	schwamm	geschwommen*	to swim
sehen	sieht	sah	gesehen	to see
singen	singt	sang	gesungen	to sing
sitzen	sitzt	saß	gesessen	to sit
sprechen	spricht	sprach	gesprochen	to speak
stehen	steht	stand	gestanden	to stand
steigen	steigt	stieg	gestiegen*	to climb
sterben	stirbt	starb	gestorben*	to die
tragen	trägt	trug	getragen	to wear
treffen	trifft	traf	getroffen	to meet
trinken	trinkt	trank	getrunken	to drink
tun	tut	tat	getan	to do
vergessen	vergisst	vergaß	vergessen	to forget
verlieren	verliert	verlor	verloren	to lose
wachsen	wächst	wuchs	gewachsen*	to grow
waschen	wäscht	wusch	gewaschen	to wash
werden	wird	wurde	geworden*	to become
werfen	wirft	warf	geworfen	to throw
wissen	weiß	wusste	gewusst	to know
ziehen	zieht	zog	gezogen	to pull
zwingen	zwingt	zwang	gezwungen	to force

Wortschatz

Deutsch-Englisch

A

ab — from
der Abend(-e) — evening
das Abendbrot — evening me...
das Abendessen(-) — evening ...
abends — in the e...
aber — but
die Abfahrt(-en) — de...
der Abfall(-e) —
das Abgas(-e) —
das Abitur —
die Abteil...
abtr...

	...al	
	...eal	
	...vening	
	...parture(s)	
	...itter	
		exhaust (fumes)
		German exam (A-level equivalent)
	...ung(-en)	department
	...ocknen	to dry up (dishes)
	abwaschen	to wash up
	Achtung!	attention
das	Adjektiv(-e)	adjective
	Afrika	Africa
	ähnlich	similar
die	Aktivität(-en)	activity
	alle	all
	allein(e)	alone
	alles	everything
	alltäglich	daily, everyday
der	Alltag	everyday life
	als	than, when
	also	so, therefore
	alt	old
das	Alter	age
die	Altstadt(¨e)	old town
	Amerika	America
der	Amerikaner(-)/	American
die	Amerikanerin (-nen)	(m/f)
	amerikanisch	American
die	Ampel(-n)	traffic lights
	an	on; to
	anbieten	to offer
das	Andenken(-)	souvenir
	andere	other
	ändern	to change
	anders	different
	anderthalb	one and a half
	anerkannt	recognised
das	Angebot(-e)	offer
	angeln	to fish
die	Angst(¨e)	worry, anxiety
	ankommen	to arrive
die	Ankunft	arrival(s)
	anprobieren	to try on

	ansehen	to look at
die	Ansichtskarte (-n)	postcard
	anstrengend	exhausting
	antworten	to answer
die	Anzeige(-n)	advert, small ad
	anziehen	to put on (clothes)
der	Anzug(¨e)	suit
der	Apfel(¨)	apple
der	Apfelsaft(¨e)	apple juice
die	Apfelsine(-n)	orange
die	Apotheke(-n)	chemist's
	arbeiten	to work
die	Arbeitsgemein- schaft(-en) (die AG)	after-school club
	arbeitslos	unemployed
die	Arbeitslosigkeit	unemployment
der	Arbeitsplatz(¨e)	workplace
der	Ärger	trouble
	arm	poor
der	Arm(-e)	arm
der	Artikel(-)	article
der	Arzt(¨e)/	doctor
die	Ärztin(-nen)	(m/f)
	Athen	Athens
	atmen	to breathe
	auch	too, also
	auf	on
	aufmachen	to open
	aufpassen	to watch, pay attention
	aufräumen	to tidy up
	aufregend	exciting
der	Aufsatz(¨e)	essay
	aufstehen	to get up
	aufwachen	to wake up
der	Aufzug(¨e)	lift
das	Auge(-n)	eye
die	Aula(-s)	school hall
	aus	out; from
die	Ausbildung	training, education
der	Ausdruck(¨e)	phrase, expression
der	Ausflug(¨e)	outing, excursion
	ausfüllen	to fill (in)
	ausgehen	to go out
	ausgezeichnet	excellent, with distinction
die	Auskunft(¨e)	information

das	Ausland	foreign countries
die	Ausrede(-n)	excuse
	ausschalten	to switch off, turn off
	aussehen	to look
	außerdem	besides
die	Aussprache	pronunciation
die	Ausstellung(-en)	exhibition
der	Ausstieg(-e)	exit
der	Austausch- partner(-)	exchange partner (m/f)
	austragen	to deliver
der	Ausverkauf	sale
	auswählen	to select
	auswendig	by heart
die	Autorität(-en)	authority
die	Autowerkstatt (¨e)	garage

B

	babysitten	to baby-sit
der	Bäcker(-)	baker
die	Bäckerei(-en)	baker's
das	Bad(¨er)	bath
	baden	to bath
die	Badewanne(-n)	bath
das	Badezimmer(-)	bathroom
der	Bahnhof(¨e)	station
	bald	soon
die	Banane(-n)	banana
der	Bär(-en)	bear
das	Bargeld	cash
der	Bart(¨e)	beard
der	Bauch(¨e)	stomach
die	Bauch- schmerzen (pl)	stomach ache
	bauen	to build
der	Bauer(-n)	farmer
der	Bauernhof(¨e)	farm
der	Baum(¨e)	tree
die	Baustelle(-n)	building site
	Bayern	Bavaria
der	Beamte(-n)/die Beamtin(-nen)	civil servant (m/f)
	beantworten	to answer
sich	bedanken	to say thank-you
	bedeuten	to mean
	bedienen	to serve
sich	befinden	to be (situated)
	befriedigend	satisfactory
	beginnen	to begin, start

	begrüßen	to greet, welcome
	bei	at
	beide	both
das	Bein(-e)	leg
das	Beispiel(-e)	example
	bekannt	known
	bekommen	to get
	Belgien	Belgium
	benutzen	to use
das	Benzin	petrol
	bequem	comfortable
	bereit	ready
der	Berg(-e)	mountain
der	Bericht(-e)	report
der	Beruf(-e)	profession
	berühmt	famous
die	Bescherung	giving out the presents
	beschreiben	to describe
	besichtigen	to visit
	besitzen	to own
	besonders	particularly, (e)specially
	besprechen	to discuss
	besser	better
	bestellen	to order
die	Bestellung(-en)	order
der	Besuch(-e)	visit
	besuchen	to visit (someone)
das	Betriebs- praktikum(-a)	work experience
	betrifft	regarding
	betrunken	drunk
das	Bett(-en)	bed
sich	bewerben	to apply
die	Bewerbung(-en)	application
	bewölkt	cloudy
	bezahlen	to pay
die	Bibliothek(-en)	library
das	Bier(-e)	beer
	bieten	to offer
das	Bild(-er)	picture
	billig	cheap
die	Biologie	biology
die	Birne(-n)	pear
	bis	until
ein	bisschen	a bit
	bitte	please
	bitten	to ask for
	blau	blue
	bleiben	to stay
	bleifrei	unleaded
es	blitzt	there's lightning
	blöd	stupid
	bloß	only, just
die	Blume(-n)	flower
die	Bluse(-n)	blouse

die	Bockwurst(ˍe)	boiled sausage
die	Bohne(-n)	bean
das	Bonbon(-s)	sweet
das	Boot(-e)	boat
	böse	cross, angry; naughty
	braten	to fry
die	Bratpfanne(-n)	frying pan
die	Bratwurst(ˍe)	fried sausage
	brauchen	to need
	braun	brown
	breit	wide
	bremsen	to brake, slow down
der	Brief(-e)	letter
der	Brieffreund(-e)/	penfriend
die	Brieffreundin (-nen)	(m/f)
die	Briefmarke(-n)	stamp
die	Brille(-n)	glasses, spectacles
	bringen	to bring
	britisch	British
die	Broschüre(-n)	brochure
das	Brot(-e)	bread
das	Brötchen(-)	bread roll
die	Brücke(-n)	bridge
der	Bruder(ˍ)	brother
	Brüssel	Brussels
die	Buchhandlung (-en)	book shop
der	Buchstabe(-n)	letter
	buchstabieren	to spell
	bügeln	to iron
die	Bundesbahn	Federal Railway
	bunt	coloured, colourful
die	Burg(-en)	castle
der	Bürgermeister(-)	mayor
das	Büro(-s)	office
die	Bushaltestelle(-n)	bus stop
das	Butterbrot(-e)	slice of bread with butter, sandwich

C

der	Campingplatz (ˍe)	camp site
der	Charakter(-)	character
der	Chef(-s)/die Chefin(-nen)	boss (m/f)
die	Chemie	chemistry
die	Chips (pl)	crisps
das	Computerspiel (-e)	computer game
die	Currywurst(ˍe)	sausage with curry sauce

D

	da	there, here; then
	dadurch	because of this
	dafür	for that
	dagegen	against it
	dahin	there
die	Dame(-n)	lady
die	Damenabteilung (-en)	ladies' department
	damit	with it
	danach	afterwards
	Dänemark	Denmark
	dankbar	grateful
	danke	thank you
	dann	then
	dass	that, so that
das	Datum(-en)	date
	dauern	to last
	decken	to lay, set
	dein	your
	denken	to think
	denn	because
	deshalb	therefore
	deutsch	German
der	Deutsche/ die Deutsche	German (m/f)
	Deutschland	Germany
	Dezember	December
der	Dialog(-e)	dialogue
	dich	you/your
	dick	fat
der	Dieb(-e)	thief
der	Dienst(-e)	service
	Dienstag	Tuesday
	diese	this
	dir	(to) you
der	Direktor(-en)/ die Direktorin (-nen)	head master (m/f)
der	Dokumentarfilm (-e)	documentary
der	Dom(-e)	cathedral
	Donnerstag	Thursday
es	donnert	it's thundering
	doof	stupid
das	Doppelhaus(ˍer)	semi-detached house
das	Dorf(ˍer)	village
	dort	there (place)
	dorthin	there (direction)
die	Dose(-n)	tin, can
	draußen	outside
	drinnen	inside
die	Droge(-n)	drug
die	Drogerie(-n)	chemist's
	DSP (darstellendes Spiel)	drama

	du	you (singular, familiar)
	dumm	stupid
	dunkel	dark
	durch	through
der	Durchfall(÷e)	diarrhoea
der	Durchgangs-verkehr	through traffic
das	Durchschnitts-tempo	average speed
	dürfen	to be allowed to do sth.
	durstig	thirsty
die	Dusche(-n)	shower

E

	Das ist mir egal!	I don't care.
das	Ehepaar(-e)	married couple
	ehrlich	honest
das	Ei(-er)	egg
	eigen	separate; own
	eigentlich	actually; really
die	Einbahnstraße (-n)	one-way street
der	Eindruck(÷e)	impression
	einfach	simple, easy
das	Einfamilienhaus (÷er)	detached house
	einführen	to introduce
	einige	a few
	einkaufen	to go shopping
das	Einkaufszentrum (-en)	shopping centre
die	Einladung(-en)	invitation
	einmal	once
die	Einsamkeit	loneliness
	einschlafen	to fall asleep
der	Einstieg(-e)	entrance
der	Eintritt(-e)	admission price
	einwerfen	to post
der	Einwohner(-)	inhabitant
das	Einzelbett(-en)	single bed
das	Einzelkind(-er)	only child
das	Eis	ice-cream
die	Eltern (pl)	parents
	empfehlen	to recommend
	eng	narrow
der	Engländer/	an English
die	Engländerin	person (m/f)
	englisch	English
	entfernt	away
	entlang	along
	entscheiden	to decide
die	Entschuldigung (-en)	excuse
	entspannend	relaxing
	enttäuschend	disappointing
	entweder ... oder	either ... or

	er	he
die	Erbsensuppe(-n)	pea soup
das	Erdbeben(-)	earthquake
die	Erdbeere(-n)	strawberry
das	Erdbeereis	strawberry ice-cream
die	Erdbeertorte(-n)	strawberry tart
das	Erdgeschoss(-e)	ground floor
	Erdkunde	geography
die	Erfahrung(-en)	experience
der	Erfolg(-e)	success
	ergänzen	to add
das	Ergebnis(-se)	result
	sich erholen	to relax
	erklären	to explain
die	Erlaubnis	permission
das	Erlebnis(-se)	experience, adventure
die	Erstaufführung (-en)	premiere
	erst	only; not until; just
	erste	first
der/	Erwachsene	(m/f) adult
die	(-n)	
	erzählen	to tell
	es	it
	essen	to eat
der	Esslöffel(-)	tablespoon
der	Essrest(-e)	left over
das	Esszimmer(-)	dining room
die	Etage(-n)	floor
	etwa	about
	etwas	something
	europäisch	European
	eventuell	perhaps

F

die	Fabrik(-en)	factory
das	Fach(÷er)	subject (at school)
die	Fähre(-n)	ferry
	fahren	to drive
die	Fahrkarte(-n)	ticket
der	Fahrplan(÷e)	timetable
das	Fahrrad(÷er)	bicycle
der	Fahrschein(-e)	ticket
der	Fahrstuhl(÷e)	lift
die	Fahrt(-en)	journey
	falsch	wrong
die	Familie(-n)	family
der	Familienname(-n)	surname
die	Farbe(-n)	colour
der	Fasching	carnival
	fast	almost
	faul	lazy
	Februar	February
	Federball	badminton
	fehlen	to miss

	feiern	to celebrate
das	Fenster(-)	window
die	Ferien (pl)	holidays
	fernsehen	to watch TV
der	Fernseher(-)	TV (set)
der	Fernsehturm(÷e)	TV tower
	fertig	ready
das	Fest(-e)	festival
das	Fett(-e)	fat
das	Feuerwerk(-e)	fireworks
das	Fieber	fever, high temperature
	finden	to find
der	Finger(-)	finger
die	Firma(-en)	company
der	Fisch(-e)	fish
das	Fitnesszentrum (-en)	fitness centre
	flach	flat
die	Flasche(-n)	bottle
das	Fleisch	meat
	fleißig	hard-working
	fliegen	to fly
	fließen	to flow
der	Flug(÷e)	flight
der	Flughafen(÷)	airport
das	Flugzeug(-e)	aeroplane
der	Flur(-e)	hallway
der	Fluss(÷e)	river
	folgende	following
	fordern	to demand
das	Foto(-s)	photo
der	Fotoapparat(-e)	camera
die	Frage(-n)	question
	Frankreich	France
der	Franzose(-n)	Frenchman
die	Französin(-nen)	Frenchwoman
	französisch	French
die	Frau(-en)	woman
das	Fräulein(-s)	Miss
	frech	cheeky, naughty
	frei	free
das	Freibad(÷er)	open-air pool
	Freitag	Friday
	freiwillig	voluntary
die	Freizeit	free time
die	Fremdsprache(-n)	foreign language
	sich freuen	to look forward to
der	Freund(-e)	friend (male)
die	Freundin(-nen)	friend (female)
	freundlich	friendly
	froh	happy
	früh	early
der	Frühling	spring
das	Frühstück	breakfast
	fühlen	to feel
der	Führerschein(-e)	driving licence
	füllen	to fill

	für	for
	furchtbar	terrible
der	Fuß(¨e)	foot
der	Fußball(¨e)	football
die	Fußgängerzone (-n)	pedestrian zone
das	Futur	future tense

G

die	Gabel(-n)	fork
	ganz	complete
die	Garage(-n)	garage
die	Gardine(-n)	curtain
der	Garten(¨)	garden
der	Gast(¨e)	guest
die	Gastfreundschaft	hospitality
das	Gasthaus(¨er)	inn
die	Gaststätte(-n)	restaurant
das	Gebäude(-)	building
	geben	to give
der	Geburtstag(-e)	birthday
die	Geburtstagskarte (-n)	birthday card
	geduldig	patient
Sehr	geehrte/r	Dear (in formal letter)
	gefährlich	dangerous
das	Gefängnis(-se)	prison
	gegen	against
die	Gegend(-en)	area
	gegenüber	opposite
	gehen	to go, walk
die	Geige(-n)	violin
	gelb	yellow
das	Geld(-er)	money
die	Geldstrafe(-n)	fine
	gemischt	mixed
das	Gemüse	vegetables
	genau	accurate
	genug	enough
	Genf	Geneva
das	Gepäck	luggage
	geradeaus	straight on
	gern (+ verb)	like doing
die	Gesamtschule (-n)	comprehensive school
das	Geschäft(-e)	shop
die	Geschäftszeit (-en)	business hours
das	Geschenk(-e)	gift, present
die	Geschichte(-n)	history
	geschieden	divorced
	geschlossen	closed, shut
die	Geschwister (pl)	brothers and sisters
das	Gesetz(-e)	law
das	Gespräch(-e)	conversation
	gestern	yesterday
	gesund	healthy

die	Gesundheit	health
das	Getränk(-e)	drink
	gewinnen	to win
das	Gewitter(-)	thunder and lightning
die	Gitarre(-n)	guitar
das	Glas(¨er)	glass
die	Glatze(-n)	bald (head)
	glauben	to believe
	gleich	equal
das	Gleis(-e)	platform
das	Glück	luck
	glücklich	happy
aus	Gold	made of gold
der	Gott(¨er)	God
der	Gottesdienst(-e)	worship, service
das	Grad(-e)	degree
das	Gramm	gramme
die	Grammatik	grammar
	grau	grey
	grausam	cruel
die	Grenze(-n)	border
	Griechenland	Greece
	griechisch	Greek
die	Grippe	flu
	groß	big
	Großbritannien	Great Britain
die	Größe(-n)	size
die	Großstadt(¨e)	large town
der	Großvater(¨)	grandfather
	grün	green
der	Grund(¨)	reason, ground
	gründlich	thorough
die	Grundschule(-n)	primary school
die	Gruppe(-n)	group
der	Gruselfilm(-e)	horror movie
der	Gruß(¨e)	greeting
	gucken	to look
	gut	good
das	Gymnasium(-ien)	grammar school
die	Gymnastik	exercises, gymnastics

H

das	Haar(-e)	hair
	haben	to have
der	Hafen(¨)	port
es	hagelt	it's hailing
das	Hähnchen(-)	chicken
	halb	half
das	Halbfinale	semi-final
die	Halbpension	half board
die	Hälfte(-n)	half
das	Hallenbad(¨er)	open air pool
die	Halskette(-n)	necklace
die	Halsschmerzen (pl)	sore throat
	halten	to stop, hold
die	Hand(¨e)	hand

das	Handballspiel(-e)	game of handball
der	Handschuh(-e)	glove
das	Handy(-s)	mobile phone
	hängen	to hang
	hart	hard, firm
	hassen	to hate
	hässlich	ugly
der	Hauptbahnhof (¨e)	main station
die	Hauptstadt(¨e)	capital
das	Haus(¨er)	house
die	Hausarbeit(-en)	household chores
die	Hausaufgabe(-n)	homework
nach	Hause	home
zu	Hause	at home
die	Hausfrau(-en)	housewife
der	Hausmann(¨er)	househusband
der	Hausmeister(-)	caretaker
das	Haustier(-e)	pet
die	Haustür(-en)	front door
das	Heft(-e)	exercise book
der	Heiligabend	Christmas Eve
die	Heimat	home town, native country
	heiraten	to get married
	heiß	hot
	heißen	to be called
	heiter	bright
die	Heizung(-en)	heating
	helfen	to help
	hell	light
das	Hemd(-en)	shirt
der	Herd(-e)	cooker
	herein	in
der	Herr(-en)	Mr, gentleman
die	Herrenabteilung (-en)	men's department
	herrlich	beautiful
	hervorragend	excellent
das	Herz(-en)	heart
	herzlich	kind, sincere
	heute	today
	hier	here
die	Hilfe(-n)	help
	hilfreich	helpful
	hilfsbereit	ready to help
die	Himbeertorte(-n)	raspberry tart
	hin und zurück	return (for tickets)
	hinein	in
	hinten	behind, at the back
	hinter	behind
	historisch	historical
	hoch	high
	Hochachtungsvoll	Yours faithfully
	hochfahren	to go up

die	Hochschule(-n)	*University/ college*
das	Hochwasser(-)	*high tide, flood*
	hoffen	*to hope*
	hoffentlich	*hopefully*
	hoffnungslos	*hopeless*
der	Holländer(-)	*Dutch person*
das	Holz(¨er)	*wood*
der	Honig	*honey*
	hören	*to listen to, hear*
die	Hose(-n)	*trousers*
	hübsch	*pretty*
die	Hühnersuppe(-n)	*chicken soup*
der	Hund(-e)	*dog*
	hungrig	*hungry*
	husten	*to cough*
der	Husten	*cough*
der	Hut(¨e)	*hat*

I

	ich	*I*
die	Idee(-n)	*idea*
	ihn	*him*
	ihr	*you (plural, familiar)*
	ihr, ihre	*her*
der	Imbiss(-e)	*fast-food counter*
	immer	*always*
das	Imperfekt	*simple past, imperfect tense*
	in	*in*
das	Informationsbüro (-s)	*information bureau*
der	Ingenieur(-e)/	*engineer*
die	Ingenieurin(-nen)	*(m/f)*
	inklusive	*inclusive*
	innen	*inside*
die	Insel(-n)	*island*
	interessant	*interesting*
das	Interesse(-n)	*interest*
	sich interessieren für	*to be interested in*
	interessiert sein	*to be interested*
das	Interview(-s)	*interview*
der	Ire(-n)/die Irin (-nen)	*Irish person (m/f)*
	irgendwann	*some time*
	irgendwo	*somewhere*
	Irland	*Ireland*
	Italien	*Italy*
der	Italiener(-)/	
die	Italienerin(-nen)	*Italian person (m/f)*
	italienisch	*Italian*

J

	ja	*yes*
die	Jacke(-n)	*jacket*

das	Jahr(-e)	*year*
das	Jahrhundert(-e)	*century*
	Januar	*January*
	je … desto	*the … the*
	jede	*each*
	jederzeit	*at any time*
	jedoch	*but*
	jemand	*somebody, someone*
	jetzt	*now*
die	Jugend	*youth*
die	Jugendherberge (-n)	*youth hostel*
der	Jugendklub(-s)	*youth club*
der/	Jugendliche(-n)	*young person*
die		*(m/f)*
	Juli	*July*
	jung	*young*
	Juni	*June*

K

der	Kaffee(-s)	*coffee*
	kalt	*cold*
	kämpfen	*to fight*
das	Kaninchen(-)	*rabbit*
das	Kännchen(-)	*pot*
	kaputt	*broken*
der	Karneval(-s)	*carnival*
die	Karte(-n)	*card, ticket*
die	Kartoffel(-n)	*potato*
der	Käse(-)	*cheese*
die	Kasse(-n)	*cash desk, till*
die	Katze(-n)	*cat*
die	Kathedrale(-n)	*cathedral*
	katholisch	*catholic*
	kauen	*to chew*
	kaufen	*to buy*
das	Kaufhaus(¨er)	*department store*
der	Kaugummi(-s)	*chewing gum*
	kaum	*hardly*
	kein, keine	*not a*
der	Keks(-e)	*biscuit*
der	Keller(-)	*cellar*
der	Kellner(-)/	
die	Kellnerin(-nen)	*waiter/waitress*
	kennen	*to know*
	kennen lernen	*to get to know*
die	Kerze(-n)	*candle*
die	Kette(-n)	*chain*
das	Kind(-er)	*child*
die	Kindersendung (-en)	*children's programme*
das	Kino(-s)	*cinema*
die	Kirche(-n)	*church*
die	Kirsche(-n)	*cherry*
die	Klamotten *(pl)*	*clothes (coll.)*
die	Klasse(-n)	*class*
die	Klassenarbeit (-en)	*(written) class test*

die	Klassenlehrerin (-nen)	*form tutor (female)*
	klassisch	*classical*
das	Klavier(-e)	*piano*
das	Kleid(-er)	*dress*
der	Kleiderschrank (¨e)	*wardrobe*
die	Kleidung	*clothes*
	klein	*small*
das	Kleingeld	*change*
das	Klima(-s or Klimate)	*climate*
	klingeln	*to ring*
das	Klo(-s)	*loo*
die	Kneipe(-n)	*pub*
	kochen	*to cook*
der	Kollege(-n)	*colleague (m)*
	Köln	*Cologne*
	komisch	*strange*
	kommen	*to come*
die	Kommode(-n)	*chest of drawers*
die	Komödie(-n)	*comedy*
die	Konditorei(-en)	*cake shop*
	können	*to be able to*
das	Konzert(-e)	*concert*
der	Kopf(¨e)	*head*
die	Kopfschmerzen (pl)	*head ache*
der	Körper(-)	*body*
	korrigieren	*to correct*
	kosten	*to cost*
	kostenlos	*free of charge*
das	Kostüm(-e)	*costume*
	krank	*ill*
das	Krankenhaus(¨er)	*hospital*
der	Krankenpfleger(-)	*nurse (male)*
die	Kranken- schwester(-n)	*nurse (female)*
der	Krankenwagen(-)	*ambulance*
die	Krankheit(-en)	*illness*
die	Krawatte(-n)	*tie*
die	Kreditkarte(-n)	*credit card*
der	Krieg(-e)	*war*
	kriegen	*to receive, get*
der	Krimi(-s)	*crime film/book*
die	Küche(-n)	*kitchen*
der	Kuchen(-)	*cake*
	kühl	*cool*
der	Kühlschrank(¨e)	*fridge*
die	Kultur(-en)	*culture*
der	Kunde(-n)/	
die	Kundin(-nen)	*customer (m/f)*
die	Kunst(¨e)	*Art*
die	Kur(-en)	*cure, treatment*
die	Kursarbeit(-en)	*coursework*
	kurz	*short*
die	Kusine(-n)	*cousin (girl)*
der	Kuss(¨e)	*kiss*
die	Küste(-n)	*coast*

L

das	Labor(-s)	science lab
	lachen	to laugh
der	Laden(∵)	shop
das	Lammfleisch	lamb (meat)
das	Land(∵er)	country
die	Landkarte(-n)	map
die	Landschaft(-en)	landscape
	lang	long
	langsam	slow
	langweilig	boring
der	Lärm	noise
	lassen	to let
	laufen	to walk
	launisch	moody
	laut	noisy, loud
das	Leben(-)	life
	lebendig	live, lively; alive
der	Lebenslauf(∵e)	CV
das	Lebensmittel(-)	food
	lecker	tasty, delicious
	leer	empty
der	Lehrer(-)/	teacher (m/f)
die	Lehrerin(-nen)	
	leicht	light, slight; easy
die	Leichtathletik	athletics
	es tut mir Leid	I'm sorry
	leiden	to suffer
	leider	unfortunately
	leihen	to lend; borrow
	leise	silent
	lernen	to learn
	lesen	to read
	letzte	last
die	Leute (pl)	people
das	Licht	light
	Liebe/r	Dear (on a letter)
	lieber (+ verb)	prefer
der	Liebesfilm(-e)	romantic film
das	Lieblingsfach(∵er)	favourite subject
die	Lieblingssendung (-en)	favourite programme
die	Lieblingsserie(-n)	favourite series
	am liebsten	best of all
	liefern	to deliver
	liegen	to lie, be situated
	links	left
die	Lippe(-n)	lip
das	Loch(∵er)	hole
der	Löffel(-)	spoon
der	Lohn(∵e)	wage
	losfahren	to leave
die	Lösung(-en)	solution
die	Lücke(-n)	gap
die	Luft(∵e)	air
	lügen	to lie
die	Lunge(-n)	lungs
	lustig	funny

M

	machen	to do, make
das	Mädchen(-)	girl
die	Mahlzeit(-en)	meal
	Mai	May
	malen	to draw, paint
	man	one, you
	manche	some
	manchmal	sometimes
	mangelhaft	poor
der	Mann(∵er)	man
	männlich	male
die	Mannschaft(-en)	team
der	Mantel(∵)	coat
der	Markt(∵e)	market
die	Marmelade(-n)	jam
	März	March
die	Maschine(-n)	machine
	Mathematik	maths
die	Mauer(-n)	wall
der	Mechaniker(-)	mechanic
das	Medikament(-e)	medicine
die	Medizin	medicine
das	Meer(-e)	sea
das	Meerschwein-chen(-)	guinea pig
das	Mehl	flour
	mehr	more
	mein	my
die	Meinung(-en)	opinion
die	Meinungsum-frage(-n)	opinion poll
	meistens	mostly
der	Mensch(-en)	person
	messen	to measure
das	Messer(-)	knife
die	Metzgerei(-en)	butcher's
	mich	me
	mieten	to hire, rent
die	Milch	milk
das	Mineralwasser	mineral water
	mir	(to) me
	mischen	to mix
	mit	with
der	Mitarbeiter(-)	employee, colleague
	miteinander	with each other, together
das	Mitglied(-er)	member
der	Mittag	midday
das	Mittagessen(-)	lunch
	mittags	at lunchtime
die	Mittagspause(-n)	lunch break
die	Mitte	centre
	mittelgroß	medium height
das	Mittelmeer	Mediterranean (Sea)
die	Mitternacht	midnight
	Mittwoch	Wednesday

M (cont.)

das	Möbel(-)	piece of furniture
	modisch	stylish, fashionable
	mögen	to like
die	Möglichkeit(-en)	possibility
der	Monat(-e)	month
	Montag	Monday
der	Mörder(-)	murderer
	morgen	tomorrow
	morgens	in the morning
das	Motorrad(∵er)	motorbike, motorcycle
	müde	tired
der	Müll	rubbish
die	Mülltonne(-n)	rubbish bin
	München	Munich
	mündlich	oral
die	Münze(-n)	coin
das	Museum(Museen)	museum
die	Musik	music
der	Muskel(-n)	muscle
	müssen	must, to have to
die	Mutter(∵)	mother

N

	nach	after, past; to
der	Nachbar(-n)	neighbour (male)
der	Nachmittag(-e)	afternoon
	nachmittags	in the afternoon
die	Nachricht(-en)	news
	nächste	next
die	Nacht(∵e)	night
der	Nachtisch	dessert, sweet
	nachts	at night
	in der Nähe	in the area, near
	nass	wet
	natürlich	natural, of course
die	Naturwissen-schaft(-en)	Science
der	Nebel(-)	fog
	neben	next to
	neblig	foggy
der	Neffe(-n)	nephew
	nehmen	to take
	nein	no
	nervig	irritating
	nervös	nervous
	nett	nice
	neu	new
das	Neujahr	New Year's Day
	neulich	recently
	nicht	not
	Nichtraucher	non-smoking
	nichts	nothing
	nie	never
die	Niederlande (pl)	Netherlands
	niedlich	cute
	niemand	nobody

	noch	still
	nochmal	again
der	Norden	the North
	nördlich	northern
die	Nordsee	North Sea
	normalerweise	usually
	Norwegen	Norway
der	Notausgang(¨e)	emergency exit
die	Note(-n)	mark
	notieren	to make a note
	nötig	necessary
der	Notruf(-e)	emergency call, number
	null	zero
die	Nummer(-n)	number
	nur	only
die	Nuss(¨e)	nut
	nützlich	useful

O

	ob	whether, if
	obdachlos	homeless
	oben	above
	Herr Ober!	Waiter!
die	Oberschule(-n)	college
die	Oberstufe(-n)	Sixth Form
das	Obst	fruit
	obwohl	(al)though
	oder	or
	offen	open
	öffentlich	public
	öffnen	to open
die	Öffnungszeit(-en)	opening time
	oft	often
	ohne	without
das	Ohr(-en)	ear
	Oktober	October
das	Öl(-e)	oil
die	Oma(-s)	granny
der	Onkel(-)	uncle
der	Opa(-s)	grandpa
das	Opernhaus(¨er)	opera house
der	Orangensaft(¨e)	orange juice
das	Orchester(-)	orchestra
	ordentlich	tidy
	ordnen	to put in order
der	Ort(-e)	place
	örtlich	locally
der	Osten	the East
das	Osterei(-er)	Easter egg
der	Osterhase(-n)	Easter bunny
	Ostern	Easter
	Österreich	Austria
die	Ostsee	Baltic Sea
das	Ozonloch(¨en)	hole in the ozone layer
die	Ozonschicht(-en)	ozone layer

P

	ein paar	a few
das	Päckchen(-)	packet
das	Paket(-e)	parcel
der	Palast(¨e)	palace
das	Papier(-e)	paper
	parken	to park
das	Partizip(-ien)	participle
der	Partner(-)/	partner (m/f)
die	Partnerin(-nen)	
der	Pass(¨e)	passport
	passen	to suit
	passieren	to happen
die	Pause(-n)	break
	Pech haben	to be unlucky
	peinlich	embarassing
das	Perfekt	perfect tense
	persönlich	personal
der	Pfeffer	pepper
der	Pfirsich(-e)	peach
die	Pflanze(-n)	plant
das	Pfund(-e)	pound
die	Physik	physics
	planen	to plan
der	Platz(¨e)	place, square
	plötzlich	sudden
	Polen	Poland
	politisch	political
die	Polizei	police
	Pommes frites(pl)	chips
das	Portemonnaie(-s)	purse
die	Post	post office
die	Postkarte(-n)	postcard
die	Postleitzahl(-en)	postcode
die	Pralinen	sweets (pl)
die	Präposition(-en)	preposition
das	Präsens	present tense
der	Preis(-e)	price
	preiswert	reasonably priced
	prima	excellent
der	Privatdetektiv(-e)	private eye
	probieren	to try
	produzieren	to produce
der	Programmierer(-)/	programmer (m/f)
die	Programmiererin (-nen)	
der	Prospekt(-e)	brochure
das	Prozent(-e)	percent
die	Prüfung(-en)	exam
der	Punkt(-e)	point
	pünktlich	on time
die	Pute(-n)	turkey
	putzen	to clean

Q

der	Quadratmeter(-)	square meter
	qualifiziert	qualified
die	Qualität(-en)	quality

	quer	crossways, diagonally
die	Quizsendung(-en)	quiz programme

R

das	Rad(¨er)	bike
	Rad fahren	to cycle
die	Rakete(-n)	rocket
der	Rasen(-)	lawn, grass
	rasieren	to shave
das	Rathaus(¨er)	town hall
der	Räuber(-)	robber
	rauchen	to smoke
die	Realschule(-n)	secondary school
die	Rechnung(-en)	bill
	Recht haben	be right
	rechts	right
	recyceln	to recycle
	reden	to talk
	regnen	to rain
	regnerisch	rainy
	reiben	to rub
	reich	rich
die	Reihenfolge(-n)	order
das	Reihenhaus(¨er)	terraced house
der	Reis	rice
die	Reise(-n)	journey, trip
	reisen	to travel
der	Reisescheck(-s)	traveller's cheque
	reiten	to ride (a horse)
die	Reklame(-n)	advert
die	Religion(-en)	RE
	rennen	to run
	reparieren	to repair
die	Republik(-en)	republic
	reservieren	to book
	retten	to rescue
das	Rezept(-e)	recipe; prescription
der	Rhein	Rhine
	richtig	correct, right
die	Richtung(-en)	direction
das	Rindfleisch	beef
der	Rock(¨e)	skirt
das	Rollenspiel(-e)	role play
	Rollschuh laufen	to roller skate
die	Rolltreppe(-n)	escalator
	rosa	pink
	rot	red
der	Rücken(-)	back
die	Rückfahrkarte(-n)	return ticket
der	Ruhetag(-e)	day off
	ruhig	quiet
	Rumänien	Romania
	rund	round
die	Rundfahrt(-en)	tour
	Russland	Russia

die	Rutschbahn(-en)	*slide*

S

die	Sache(-n)	*thing*
der	Saft(÷e)	*juice*
	sagen	*to say*
die	Sahne	*cream*
der	Salat(-e)	*salad*
das	Salz	*salt*
	sammeln	*to collect*
	Samstag	*Saturday*
der	Sänger(-)/	
die	Sängerin(-nen)	*singer*
	satt sein	*to have enough (food)*
der	Satz(÷e)	*sentence*
	sauber	*clean*
	sauer sein	*to be fed up*
die	S-Bahn(-en)	*suburban railway*
	schade	*pity*
der	Schadstoff(-e)	*harmful substance*
der	Schal(-s)	*scarf*
	schälen	*to peel*
	schauen	*to look*
der	Schauer(-)	*shower (of rain)*
der	Schauspieler(-)/	
die	Schauspielerin (-nen)	*actor/actress*
der	Scheck(-s)	*cheque*
die	Scheibe(-n)	*slice*
die	Scheidung(-en)	*divorce*
der	Schein(-e)	*note (money)*
	scheinen	*to shine*
die	Schere(-n)	*scissors*
	schicken	*to send*
das	Schiff(-e)	*ship*
das	Schild(-er)	*sign, notice*
der	Schinken(-)	*ham*
	schlafen	*to sleep*
	schlagen	*to hit*
die	Schlagsahne	*whipping cream*
das	Schlagzeug(-e)	*drumkit*
	schlank	*slim*
	schlecht	*bad*
	schließen	*to close, shut*
	schließlich	*finally*
der	Schlitten(-)	*sleigh*
das	Schloss(÷er)	*castle; lock*
der	Schluss	*end*
der	Schlüssel(-)	*key*
	schmecken	*to taste*
	schmeißen	*to throw*
der	Schmerz(-en)	*ache*
	schmücken	*to decorate*
	schmutzig	*dirty*
der	Schnee	*snow*
es	schneit	*it's snowing*

	schnell	*quick, fast*
das	Schnitzel(-)	*breaded veal cutlet*
der	Schnupfen	*cold*
der	Schnurrbart(÷e)	*moustache*
die	Schokolade(-n)	*chocolate*
	schon	*already*
	schön	*beautiful, handsome; fine (weather)*
	Schottland	*Scotland*
der	Schrank(÷e)	*wardrobe, cupboard*
	schrecklich	*terrible*
	schreiben	*to write*
die	Schreibware(-n)	*stationery*
	schriftlich	*written*
	schüchtern sein	*to be shy*
der	Schuh(-e)	*shoe*
das	Schulbuch(÷er)	*school book*
die	Schuld(-en)	*blame, guilt; debt*
der	Schuldirektor(-en)	*head master*
die	Schule(-n)	*school*
der	Schüler(-)/	
die	Schülerin(-nen)	*pupil, student (m/f)*
das	Schulgebäude(-)	*school building*
der	Schulhof(÷e)	*playground (in school)*
	schwach	*weak, slight*
	schwarz	*black*
der	Schwarzwald	*Black Forest*
	Schweden	*Sweden*
	Schweinefleisch	*pork*
die	Schweiz	*Switzerland*
	schwer	*hard, difficult; heavy*
die	Schwester(-n)	*sister*
	schwierig	*difficult*
das	Schwimmbad (÷er)	*swimming pool*
	schwimmen	*to swim*
die	See(-n)	*sea*
der	See(-n)	*lake*
	segeln	*to sail*
	sehen	*to see*
die	Sehenswür- digkeit(-en)	*sight*
	sehr	*very*
	sein	*to be*
	sein, seine	*his*
	seit	*since, for*
die	Seite(-n)	*page*
die	Sekunde(-n)	*second*
	selb(st)ständig	*independent*
	selbstverständlich	*of course*
	senden	*to send*
die	Sendung(-en)	*programme*
der	Senf	*mustard*

die	Serie(-n)	*series*
	servieren	*to serve*
	Servus	*Hello (Switzerland)*
der	Sessel(-)	*easy chair*
sich	setzen	*to sit down*
die	Sicherheit(-en)	*security*
	sie	*she*
	Silvester	*New Year's Eve*
der	Silvesterkracher(-)	*New Year's Eve fireworks (bangers)*
	singen	*to sing*
	sitzen	*to sit*
	sitzen bleiben	*to stay down, repeat (a year)*
	Ski fahren	*to ski*
	Slowakei	*Slovakia*
die	Socke(-n)	*sock*
	sofort	*straight away*
	solche	*such*
der	Soldat(-en)	*soldier*
	sollen	*should*
der	Sommer(-)	*summer*
die	Sommerferien (pl)	*summer holidays*
das	Sonderangebot (-e)	*special offer*
	sondern	*but*
	Sonnabend	*Saturday*
die	Sonne(-n)	*sun*
der	Sonnenbrand(÷e)	*sunburn*
	sonnig	*sunny*
	Sonntag	*Sunday*
	sonntags	*on Sundays*
	sonst	*otherwise*
	sorgen	*to care*
	sowie	*and, as well*
	Spanien	*Spain*
	spanisch	*Spanish*
	spannend	*thrilling, exciting*
	sparen	*to save*
die	Sparkasse(-n)	*savings bank*
der	Spaß(÷e)	*fun, joke*
	später	*later*
	spazieren gehen	*to go for a walk*
die	Speisekarte(-n)	*menu*
das	Spiel(-e)	*game*
	spielen	*to play*
der	Sportler(-)	*sportsman*
	sportlich	*sporty*
der	Sportschuh(-e)	*trainers*
das	Sportzentrum (-en)	*sports centre*
die	Sprache(-n)	*language*
	sprechen	*to speak*
die	Spritze(-n)	*syringe, injection*
der	Sprudel(-)	*sparkling mineral water*
die	Spülmaschine(-n)	*dishwasher*

der	Staat(-en)	state, country
das	Stadion(-ien)	stadium
die	Stadt(⸚e)	town
die	Stadtmitte	town centre
der	Stadtplan(⸚e)	map
der	Stadtrand(⸚er)	edge of town
	stark	strong
	statt	instead
	stattfinden	to take place
der	Staub	dust
	Staub saugen	to hoover
	stehen	to stand
die	Stelle(-n)	place
	stellen	to put
	sterben	to die
die	Stiefmutter(⸚)	stepmother
der	Stiefvater(⸚)	stepfather
	still	quiet
das	stimmt	that's right
der	Stock(⸚e)	stick
	stolz	proud
	stören	to disturb
der	Strand(⸚e)	beach
die	Straße(-n)	road
die	Straßenbahn(-en)	tram
	streng	strict
der	Strom	electricity
das	Stück(-e)	piece
der	Student(-en)/	student (m/f)
die	Studentin(-nen)	
das	Studentenheim (-e)	student hostel
	studieren	to study
der	Stuhl(⸚e)	chair
die	Stunde(-n)	hour
der	Stundenplan(⸚e)	time table
der	Sturm(⸚e)	storm
	stürmisch	stormy
	suchen	to look for
der	Süden	the South
die	Suppe(-n)	soup
	surfen	to surf
	süß	sweet
	sympathisch	pleasant, kind

T

die	Tabelle(-n)	table, grid
der	Tag(-e)	day
das	Tagebuch(⸚er)	diary
die	Tageshöchst-temperatur (-en)	highest temperature of the day
die	Tagesschau	German news programme
	täglich	daily
die	Tankstelle(-n)	petrol station
der	Tannenbaum(⸚e)	Christmas Tree
die	Tante(-n)	aunt
	tanzen	to dance

der	Tänzer(-)	dancer
die	Tasche(-n)	bag
der	Taschendieb(-e)	pick pocket
das	Taschengeld(-er)	pocket money
die	Tasse(-n)	cup
der	Tatort	German crime series
	tatsächlich	real, actual
	technisch	technical
der	Tee(-s)	tea
der	Teich(-e)	small lake
der	Teil(-e)	part
	teilnehmen	to take part
der	Teilzeitjob(-s)	part time work
das	Telefon(-e)	telephone
	telefonieren	to phone
die	Telefonzelle(-n)	telephone booth
der	Teller(-)	plate
der	Tennisschläger(-)	tennis racket
der	Teppich(-e)	carpet
	teuer	expensive
die	Textilgestaltung	textile design
das	Theaterstück(-e)	play
das	Thema(-en)	topic
das	Tier(-e)	animal
der	Tisch(-e)	table
das	Tischtennis	table tennis
die	Tochter(⸚)	daughter
die	Toilette(-n)	toilet
	toll	great
die	Tomate(-n)	tomato
das	Tor(-e)	gate
die	Torte(-n)	tart
	tragen	to wear; carry
die	Transportmög-lichkeit(-en)	public transport
	traurig	sad
	treffen	to meet
Sport	treiben	to play/practise sports
die	Treppe(-n)	stairs, staircase
der	Trickfilm(-e)	cartoon
	trinken	to drink
	trocken	dry
	trocknen	to dry
	tschechisch	Czech
	Tschüs	bye
	tun	to do
die	Türkei	Turkey
die	Turnhalle(-n)	gym
das	Turnier(-e)	tournament
die	Tüte(-n)	bag
	typisch	typical

U

die	U-Bahn(-en)	underground
	üben	to practise
	über	over, above
	überall	everywhere

	übernachten	to stay overnight
die	Überraschung (-en)	surprise
die	Übung(-en)	exercise
die	Uhr(-en)	clock
die	Uhrzeit(-en)	time
	um	at
	umsteigen	to change
die	Umwelt	environment
	unartig	naughty
	unbedingt	absolute
	und	and
	Ungarn	Hungary
	ungefähr	approximately
	ungenügend	unsatisfactory
	ungerecht	unfair
	ungesund	unhealthy
	unglücklich	unhappy
die	Universität(-en)	university
	unmöglich	impossible
	unordentlich	untidy
	uns	us
	unser, unsere	our
der	Unsinn	nonsense
	unten	at the bottom, down below
	unter	under
die	Unterhaltung (-en)	conversation
die	Unterhose(-n)	(under)pants
die	Unterkunft(⸚e)	place to stay
der	Urlaub(-e)	holiday
der	Unterricht	lessons, classes
	unterschiedlich	different
	unterschreiben	to sign
	unzufrieden	unsatisfied
	usw.	and so on, etc.

V

der	Vater(⸚)	father
	Vati	dad
der	Vegetarianer(-)	vegetarian
der	Veranstalter(-)	organiser
die	Veranstaltung (-en)	event
das	Verb(-en)	verb
	verbessern	to improve
	verbinden	to connect
	verboten	not allowed
	verbringen	to spend (time)
	verdienen	to earn
der	Verein(-en)	club
	vergessen	to forget
	verheiratet	married
	verkaufen	to sell
der	Verkäufer(-)/	salesperson (m/f)
die	Verkäuferin(-nen)	
der	Verkehr	traffic

das	Verkehrsamt(¨er)	information office
das	Verkehrsmittel(-)	mode of transport
sich	verkleiden	to dress up
	verlassen	to leave
sich	verletzen	to get hurt
sich	verlieben	to fall in love
	verlieren	to lose
	vermieten	to let
	vermissen	to miss
	verrückt	crazy
	verschieden	different
die	Verspätung(-en)	delay
	verstecken	to hide
	verstehen	to understand
	versuchen	to try
das	Vertrauen	trust
	verursachen	to cause
	verzweifeln	to despair
	viel	much
wie	viel(e)	how many
	viele	many
	vielleicht	perhaps
das	Viertel(-)	quarter
	voll	full
das	Vollkornbrot(-e)	wholemeal bread
die	Vollpension	full board
die	Vollversammlung (-en)	assembly
	von	of; from
	vor	in front of; to
die	Voraussetzung (-en)	precondition
	vorgestern	day before yesterday
	vorletzte	last but one
der	Vormittag(-e)	morning
	vorn(e)	in front
der	Vorname(-n)	first name
die	Vorspeise(-n)	starter
	vorstellen	to introduce
die	Vorstellung(-en)	performance
der	Vorteil(-)	advantage
die	Vorwahlnummer (-n)	dialling code

W

	wählen	to dial
	wahnsinnig	crazy
die	Wahrheit(-en)	truth
	wahrscheinlich	probably
der	Wald(¨er)	forest, wood
die	Wand(¨e)	wall
	wandern	to walk, to hike
	wann	when
	Warschau	Warsaw
	warum	why
	was	what

	waschen	to wash
das	Wasser	water
	wechseln	to change
	wecken	to wake (up)
der	Wecker(-)	alarm clock
	weder … noch	neither … nor
	wegen	because of
	wehtun	to hurt
	weiblich	female
das	Weihnachten	Christmas
	weil	because
der	Wein(-e)	wine
	weiß	white
	weit	far
	welche	which
der	Wellensittich(-e)	budgie
die	Welt(-en)	world
	weltberühmt	world famous
	wem	to whom
	wenig	little, a few
	wenn	if
	wer	who
	werden	to become, will (in future tense)
	werfen	to throw
	Werken	woodwork, metalwork
	wert	worth
der	Westen	the West
das	Wetter	weather
die	Wettervor-hersage(-n)	weather forecast
	wichtig	important
	wie	how
	wieder	again
	wiederholen	to repeat
die	Wiederholung (-en)	revision
auf	Wiederhören	goodbye (on the phone)
auf	Wiedersehen	goodbye
	wie viel	how many, how much
	Wien	Vienna
	Willkommen!	Welcome!
	windig	windy
	wir	we
	wirklich	really
	wissen	to know
der	Wissenschaftler(-)	scientist
	wo	where
die	Woche(-n)	week
das	Wochenende(-n)	weekend
	wofür	what for
	wogegen	against what
	woher	where from
	wohin	where to
der	Wohnblock(¨e)	block of flats

	wohnen	to live
der	Wohnort(-e)	home town/area
die	Wohnung(-en)	flat
der	Wohnwagen(-)	caravan
das	Wohnzimmer(-)	living room
	wolkig	cloudy
	wollen	to want
das	Wort(¨er)	word
	wunderbar	wonderful
der	Wunsch(¨e)	wish
	wünschen	to wish
die	Wurst(¨e)	sausage, cold meat

Z

die	Zahl(-en)	number
	zahlen	to pay
	zählen	to count
der	Zahn(¨e)	tooth
der	Zahnarzt(¨e)/	dentist (m/f)
die	Zahnärztin(-nen)	
der	Zauberer(-)	magician
der	Zeichentrickfilm (-e)	cartoon
	zeigen	to show
die	Zeit(-en)	time
die	Zeitschrift(-en)	magazine
die	Zeitung(-en)	newspaper
	zelten	to camp
das	Zeugnis(-se)	school report
	ziemlich	quite
die	Zigarette(-n)	cigarette
das	Zimmer(-)	room
die	Zitrone(-n)	lemon
	zu	to; too
der	Zucker	sugar
	zuckerfrei	sugar free
	zuerst	first
	zufrieden	satisfied
der	Zug(¨e)	train
der	Zugang(¨e)	entrance
das	Zuhause	home
die	Zukunft	future
	zurück	back
	zurückrufen	to call back
	zusammen	together
der	Zuschauer(-)	viewer
	zuverlässig	reliable
	zweimal	twice

Englisch-Deutsch

A

a	ein, eine
a few	einige
about	etwa
ache	der Schmerz(-en)
adult (m/f)	der/die Erwachsene(-n)
actor/actress	der Schauspieler (-)/ die Schauspielerin (-nen)
after	nach
again	nochmal, wieder
air	die Luft(ːe)
all	alle
almost	fast
alone	allein(e)
already	schon
also	auch
to answer	antworten, beantworten
apple	der Apfel(ː)
arm	der Arm(-e)
to arrive	ankommen
to ask	fragen
to ask for	bitten
at	bei, um
at home	zu Hause
Austria	Österreich
Austrian man/ woman	der Österreicher (-)/die Österreicherin (-nen)

B

bad	schlecht
bag	die Tasche(-n)
baker's	die Bäckerei (-en)
to be	sein
to be able to	können
to be allowed to do sth.	dürfen
to be called	heißen
to be interested	interessiert sein
because	denn, weil
to become	werden
bed	das Bett(-en)
bedroom	das Schlafzimmer(-)
big	groß
birthday	der Geburtstag (-e)
black	schwarz
boring	langweilig
breakfast	das Frühstück
brother	der Bruder(ː)
brothers and sisters	die Geschwister (pl)
to build	bauen
but	aber, jedoch, sondern
to buy	kaufen
bye	Tschüs

C

cake	der Kuchen(-)
cake shop	die Konditorei (-en)
camera	der Fotoapparat (-e)
car	das Auto(-s)
castle	das Schloss (ːer), die Burg(-en)
cat (m/f)	der Kater(-)/ die Katze(-n)
chair	der Stuhl(r)
change	das Kleingeld
to change	umsteigen, ändern, wechseln
cheap	billig
cheese	der Käse(-)
chemistry	die Chemie
chicken	das Hähnchen(-)
child	das Kind(-er)
chips	Pommes frites(pl)
cinema	das Kino(-s)
clean	sauber
clock	die Uhr(-en)
closed	geschlossen
cold	kalt; der Schnupfen
colour	die Farbe(-n)
to come	kommen
to cook	kochen
to cost	kosten
country	das Land(ːer)
crisps	die Chips (pl)
to cycle	Rad fahren

D

dark	dunkel
daughter	die Tochter(ː)
day	der Tag(-e)
Dear (in formal letter)	Sehr geehrte/r
Dear (on a letter)	Liebe/r
dentist	der Zahnarzt (ːe)/die Zahnärztin (-nen)

detached house	das Einfamilien- haus(ːer)
different	anders
difficult	schwierig, schwer
dirty	schmutzig
divorced	geschieden
to do	tun, machen
doctor (m/f)	der Arzt (ːe)/die Ärztin(-nen)
dog (m/f)	der Hund(-e)/die Hündin(-nen)
dress	das Kleid(-er)
to drink	trinken
to drive	fahren
dry	trocken

E

each	jede
ear	das Ohr(-en)
early	früh
to earn	verdienen
to eat	essen
environment	die Umwelt
European	europäisch
evening	der Abend(-e)
everything	alles
exchange partner (m/f)	der Austausch- partner(-)/die Austausch- partnerin (-nen)
excuse	die Ausrede(-n), die Entschul- digung(-en)
eye	das Auge(-n)

F

far	weit
farm	der Bauernhof (ːe)
a few	ein paar
to find	finden
to fish	angeln
flat	die Wohnung (-en); flach
flight	der Flug(ːe)
flower	die Blume(-n)
to fly	fliegen
foggy	neblig
food	das Lebensmittel(-)
for	für; seit
to forget	vergessen
French	französisch
friend	der Freund(-e)
friendly	freundlich

from	von; aus; ab	*hungry*	hungrig	*mountain*	der Berg(-e)
fruit	das Obst			*murderer*	der Mörder(-)
full	voll	**I**		*must*	müssen
		I	ich	*my*	mein
G		*if*	wenn; ob		
garage	die Garage(-n),	*ill*	krank	**N**	
	die Autowerkstatt	*illness*	die Krankheit(-en)	*to need*	brauchen
	(-e)	*in*	in, herein,	*new*	neu
			hinein,	*news*	die Nachricht
garden	der Garten(∺)	*invitation*	die Einladung(-en)		(-en)
German	deutsch	*it*	es, er, sie	*next*	nächste
German (m/f)	der/die			*next to*	neben
	Deutsche	**J**		*nice*	nett
to get	bekommen	*jam*	die Marmelade(-n)	*night*	die Nacht(∺e)
girl	das Mädchen(-)	*journey*	die Reise(-n),	*no*	nein
to give	geben		die Fahrt(-en)	*not*	nicht
glasses	die Brille(-n)	*juice*	der Saft(∺e)	*not a*	kein, keine
to go	gehen			*nothing*	nichts
to go for a walk	spazieren gehen	**K**		*now*	jetzt
to go out	ausgehen	*key*	der Schlüssel(-)		
to go shopping	einkaufen	*kitchen*	die Küche(-n)	**O**	
goodbye	auf Wiedersehen	*to know*	kennen, wissen	*of*	von
goodbye (on the	auf Wiederhören			*old*	alt
phone)		**L**		*on*	auf; an
Great Britain	Großbritannien	*lake*	der See(-n)	*only*	nur; bloß; erst
grey	grau	*language*	die Sprache(-n)	*only child*	das Einzelkind
ground floor	das Erdgeschoss(-e)	*last*	letzte		(-er)
		later	später	*open*	offen
H		*to learn*	lernen	*to open*	aufmachen
hair	das Haar(-e)	*left*	links	*opinion*	die Meinung(-en)
half	halb, die Hälfte	*letter*	der Brief(-e); der	*opposite*	gegenüber
	(-n)		Buchstabe(-n)	*or*	oder
happy	froh, glücklich	*library*	die Bibliothek(-en)	*other*	andere
hard	schwer, hart	*lift*	der Aufzug(∺e),	*our*	unser, unsere
to have	haben		der Fahrstuhl(∺e)	*out*	aus
to have breakfast	frühstücken	*light*	hell, leicht; das	*over*	über
he	er		Licht(-er)		
head	der Kopf(∺e)	*to like*	mögen	**P**	
health	die Gesundheit	*to listen to*	hören	*parents*	die Eltern (pl)
heart	das Herz(-en)	*to live*	wohnen, leben	*to pay*	bezahlen, zahlen
heavy	schwer	*living room*	das Wohnzimmer	*people*	die Leute (pl)
help	die Hilfe(-n)		(-)	*pet*	das Haustier(-e)
to help	helfen	*long*	lang	*to phone*	telefonieren
her	ihr, ihre	*to look for*	suchen	*physics*	die Physik
here	hier			*play*	das Theaterstück
high	hoch	**M**			(-e)
his	sein, seine	*to make*	machen	*to play*	spielen
history	die Geschichte	*many*	viele	*to play/practise*	Sport treiben
	(-n)	*map*	die Landkarte	*sports*	
holiday(s)	der Urlaub(-e),		(-n), der	*pocket money*	das Taschengeld
	die Ferien (pl)		Stadtplan(∺e)		(-er)
home	das Zuhause;	*married*	verheiratet	*police*	die Polizei
	nach Hause	*meal*	die Mahlzeit(-en)	*policeman/*	der Polizist
homework	die Hausaufgabe	*medium height*	mittelgroß	*policewoman*	(-en)/die
	(-n)	*to meet*	treffen		Polizistin(-nen)
hot	heiß	*milk*	die Milch	*poor*	arm; mangelhaft
hour	die Stunde(-n)	*month*	der Monat(-e)	*potato*	die Kartoffel(-n)
house	das Haus(∺er)	*more*	mehr	*pound*	das Pfund(-e)
how	wie	*morning*	der Vormittag(-e)	*prefer*	lieber (+ verb)
how many	wie viel(e)				

pupil, student (m/f)	der Schüler (-)/die Schülerin (-nen)	small	klein	**V**	
		to smoke	rauchen	vegetable	das Gemüse(-)
		some	manche	very	sehr
Q		soon	bald	village	das Dorf(¨er)
quarter	das Viertel(-)	to stand	stehen	to visit (someone)	besuchen
question	die Frage(-n)	to stay	bleiben		
quick, fast	schnell	stepfather	der Stiefvater(¨)	**W**	
quiet	ruhig, still	stepmother	die Stiefmutter (¨)	to walk	laufen
				wall	die Mauer (-n), die Wand(¨e)
R		still	noch		
rain	der Regen	stormy	stürmisch		
to rain	regnen	straight on	geradeaus	to want	wollen
rainy	regnerisch	strict	streng	wardrobe	der Schrank(¨e), der Kleider-
to read	lesen	strong	stark		schrank(¨e)
red	rot	sugar	der Zucker		
return (for tickets)	hin und zurück	sun	die Sonne(-n)	to wash	waschen
right	rechts	sunny	sonnig	to watch TV	fernsehen
river	der Fluss(¨e)	to swim	schwimmen	we	wir
road	die Straße(-n)			weather	das Wetter
room	das Zimmer(-)	**T**		week	die Woche(-n)
round	rund	table	der Tisch(-e)	weekend	das Wochenende (-n)
to run	rennen	to take	nehmen		
		to talk	reden, sprechen	wet	nass
S		teacher (m/f)	der Lehrer(-)/die Lehrerin(-nen)	what	was
sad	traurig			when (in questions)	wann
salt	das Salz	terraced house	das Reihenhaus (¨er)		
Saturday	Samstag, Sonnabend	terrible	furchtbar, schrecklich	where	wo
				white	weiß
to save	sparen	thank you	danke	who	wer
to say	sagen	that	dass	why	warum
school	die Schule(-n)	the (feminine)	der, die, das	window	das Fenster (-)
Science	die Naturwissen- schaft(-en)	then	dann	windy	windig
		to think	denken	with	mit
Scot (m/f)	der Schotte(-)/die Schottin(-nen)	this	diese	without	ohne
		thunder and lightning	das Gewitter(-)	woman	die Frau(-en)
sea	das Meer(-e), die See(-n)			to work	arbeiten
		time	die Zeit(-en), die Uhrzeit(-en)	work experience	das Betriebs- praktikum (-a)
seat	der Sitz(-e)				
to see	sehen	to	an; zu	to write	schreiben
to sell	verkaufen	today	heute	wrong	falsch
to send	schicken, senden	together	zusammen		
she	sie	tomorrow	morgen	**Y**	
shoe	der Schuh(-e)	tooth	der Zahn(¨e)	year	das Jahr(-e)
shop	das Geschäft(-e), der Laden(¨)	town	die Stadt(¨e)	yellow	gelb
		town hall	das Rathaus(¨er)	yes	ja
short	kurz	train	der Zug(¨e)	yesterday	gestern
should	sollen	to travel	reisen	you	du, ihr, Sie
to show	zeigen	trousers	die Hose(-n)	you/your	dich, dein
sight	die Sehens- würdigkeit(-en)	TV (set)	der Fernseher(-)	young	jung
simple	einfach	**U**			
since	seit	uncle	der Onkel(-)		
sister	die Schwester(-n)	under	unter		
size	die Größe(-n)	to understand	verstehen		
skirt	der Rock(¨e)	unemployed	arbeitslos		
to sleep	schlafen	unfortunately	leider		
slim	schlank	until	bis		
slow	langsam	us	uns		